Kontaktadresse nach EU-Produktsicherheitsverordnung:
produktsicherheit@droemer-knaur.de

AF716063

KNAUR.LEBEN

Terry O'Sullivan
Natalia O'Sullivan

Die prägende Kraft unserer Ahnen

Anleitungen, Übungen und Meditationen, um generationsübergreifende Familienwunden zu heilen

Aus dem Englischen von Alexandra Baisch

KNAUR.LEBEN

Die Originalausgabe erschien 2021 unter dem Titel
Ancestral Healing Made Easy bei Hay House Inc. USA.

Besuchen Sie uns im Internet:
www.knaur-leben.de

Deutsche Erstausgabe November 2022
Knaur.Leben Taschenbuch

Redaktion: Martina Darga
Covergestaltung: atelier-sanna.com, München
Coverabbildung: © atelier-sanna.com
Abbildungen im Innenteil: S. 21, wiederholt, Triff/Shutterstock.com;
S. 86, 87 le-tex publishing services GmbH nach O'Sullivan;
S. 88 AVA Bitter/Shutterstock.com; S. 88 Okvov/Shutterstock.com;
S. 269 Andie Redmond; S. 269 Sophie Ziegler
Satz: Adobe InDesign im Verlag
Printed in Germany
ISBN 978-3-426-87938-2

2 4 5 3

Für unsere Kinder
Sequoia, Ossian und Bede.

Inhalt

Vorwort

Dieses Buch erschließt sich allen Leserinnen und Lesern, ob sie nur über wenig oder keine persönliche Erfahrung mit Ahnenheilung verfügen oder sich bereits eingehender damit befasst haben. Auf den folgenden Seiten haben wir eine umfassende und unkomplizierte Anleitung für Übungen der Ahnenheilung zusammengestellt. Außerdem enthält das Buch ein breites Spektrum an Meditationen, Heilmethoden und Ritualen, mit denen wir unsere Ahnen heilen, ehren und in Erinnerung behalten können.

Wir leben in einer Gesellschaft, die sich beständig auf »Experten« beruft, und vergessen darüber, dass unsere eigene Lebenserfahrung und unsere Beziehungen zu Familienmitgliedern uns tatsächlich selbst dazu befähigen, die Übungen der Ahnenheilung durchzuführen, die in diesem Buch vorgestellt werden. Unserer Meinung nach brauchen die Menschen einfach nur ein bisschen Ermutigung, um ihren inneren Ahnenheiler zu erwecken und ihre Gabe voller Selbstvertrauen anzuwenden.

Einführung

Dieses Buch ist eine Reise durch das Labyrinth des persönlichen Ahnenerbes, das jeden Menschen, unabhängig davon, ob er spirituell ist oder nicht, dazu anleitet, von der Kraft der Ahnen zu zehren. Egal, ob du an Gott und ein Leben nach dem Tod glaubst oder an die Wissenschaft und die Genetik, die Energie jener, die vor dir von hier gegangen sind, kann zu einer treibenden Kraft in deinem weiteren Leben werden.

Indem wir zusätzlich zu unserer DNA, unserer Ethnie und Kultur auch noch unsere Familiengeschichte entdecken, begreifen wir, was für wunderbare und schreckliche Wahrheiten unsere Wurzeln verbergen. Ein solches Wissen kann uns dabei helfen, besser zu verstehen, wer wir sind, und mit diesem Buch bekommen wir die entsprechenden Hilfsmittel an die Hand, um die Auswirkungen von genetischen Erinnerungen auf unser Wohlbefinden zu heilen. Durch diese Bewusstwerdung ist es uns möglich, persönliche Einschränkungen, Verhaltenszüge und tief verwurzelte Überzeugungen über die Welt um uns herum zu erkennen. Noch wichtiger ist, dass wir auf diese Weise ein Verständnis erlangen, wie und warum negative Einflüsse und Traumata, die sich durch unsere Familienlinie ziehen, nicht nur unsere Beziehungen sowie unsere physische und mentale Gesundheit beeinflussen, sondern auch unsere spirituellen Verbindungen.

Tatsächlich sind Gaben und Talente vererbte Eigenschaften,

die häufig eine Generation überspringen. Selbst wenn sich lebende Verwandte nicht für die von uns eingeschlagene Richtung interessieren oder sogar eindeutig dagegen sind, können wir unter unseren Ahnen durchaus jemanden finden, der dieselben Talente und Gaben besaß wie wir. Manche von uns können sich glücklich schätzen, in eine Familie hineingeboren worden zu sein, in der unsere angeborenen Talente und einzigartigen Persönlichkeiten von Angehörigen gefördert und ermutigt werden, während das bei anderen nicht der Fall ist.

Es ist jedoch nie zu spät, unseren kreativen Pfad aufzuspüren und die Wunden und Brüche zu heilen, die sich durch unseren Stammbaum ziehen. Sobald uns bewusst wird, dass wir genau die Probleme widerspiegeln, die unsere Familie erlernt und vererbt bekommen hat, lassen sich die dafür verantwortlichen Einflüsse bestimmen, die ihrerseits wieder von gewaltigem Wert dafür sein können, ein besseres Verständnis für uns selbst zu erlangen. Mehr über unser Familienerbe zu erfahren, hilft uns zu verstehen, inwiefern wir von unserer Familie beeinflusst werden, und Wege zu finden, um diese Einflüsse zu heilen.

Es gibt Methoden, Übungen, Rituale und Meditationen, mit denen du an deinem Vermächtnis arbeiten kannst, um so das Positive anzunehmen und dich vom Negativen zu lösen. Dadurch erlangst du die Fähigkeit, darüber zu entscheiden, ob du mit den alten Mustern weitermachen und sie wirklich an die nächste Generation weiterreichen willst, oder ob du lieber für einen Bruch mit der Vergangenheit sorgen willst. Abgesehen davon erlangst du durch das Verbinden mit deinen Vorfahren und das Bewahren ihres Andenkens ein Verständnis für deine Beziehung zu ihnen.

Solltest du gerade mit psychischen Problemen zu kämpfen haben und/oder um einen Nächsten trauern, dann ist jetzt vielleicht nicht der richtige Zeitpunkt, um dich mit den düsteren Aspekten deines Familienvermächtnisses zu befassen. In diesem Fall ist es wohl sinnvoller, zu dem Bereich der Ahnenheilung zurückzukehren, wenn du bereit bist, dich mit den Traumata auseinanderzusetzen, die dir und deiner Familie in der Vergangenheit widerfahren sind.

Unsere Geschichte

Unser Interesse für die Geisterwelt und die Ahnen fing an, als wir beide jung waren. Wir hatten immer schon den Eindruck, dass es jenseits dieser Welt noch etwas anderes geben musste.

Terry O'Sullivan

Direkt nach dem Zweiten Weltkrieg lebten wir bei meinen Großeltern. Ich schlief bei meinen Eltern im Schlafzimmer, und ich weiß noch, dass ich mich ruhig verhalten musste, weil mein Großvater im Schlafzimmer nebenan immer um 5 Uhr früh für die Arbeit aufstand. Schon als kleiner Junge sah ich sowohl »Menschen« als auch »Dinge«, die andere nicht sehen konnten. Niemand verstand oder sorgte sich um das, was ich »sah«, sie nannten das meine »Fantasie«-Welt.

Nachdem wir von dort weggezogen waren, wurden die Visionen schwächer, was sich mit der Zeit deckt, als ich mich damit beschäftigte, meinen Platz in der Welt zu finden. Tatsächlich hatte ich meine früheren Erfahrungen mit der »Fantasiewelt« fast vergessen, und erst als ich während eines Abendmahls in der katholischen Kirche (mein Vater war Katholik) eine weitere hatte, war mein Interesse an theologischen Mysterien erneut geweckt, wie zum Beispiel Begegnungen mit Engeln oder mit der unsichtbaren Geisterwelt.

Hätte ich jemandem erzählt, dass ich einen Engel gesehen hatte, so hätte mir niemand geglaubt. Aber ich hatte einen gesehen, und ich hatte auch eine außerkörperliche Erfahrung gemacht, bei der ich meinen Körper verlassen und in einen Raum erhoben wurde, der in gleißendes Licht getaucht war. Meine Geheimwelt wurde fortan von Visionen und Träumen erhellt. Aber die Einzige, mit der ich darüber sprechen konnte, war Großmutter Cooke, meine Großmutter mütterlicherseits. Sie war Wahrsagerin und ihre Mutter eine wahrhafte Roma. In ihr hatte ich jemanden gefunden, mit dem ich endlich meine »Fantasiewelt« teilen konnte, durch die ich ein Ahnenvermächtnis entdeckte, das mich ganz instinktiv führte. Die darauffolgenden Jahre erlaubten es mir, meine »Fantasiewelt« tatsächlich als eine Realität anzunehmen.

Ich befasste mich mit Spiritismus, was mir dabei half, meine Fähigkeiten zu schärfen, um die Toten deutlicher zu sehen und zu lernen, wie man erdgebundene Geister errettet. Danach bekam ich die Gelegenheit, mich mit den Traditionen der amerikanischen Ureinwohner vertraut zu machen, die mir beigebracht haben, wie stark unsere Verbindung zur Erde ist. Bei diesen Unterweisungen stellte ich fest, dass die Erde das Vermächtnis unserer Ahnen ist – dass wir geboren werden, leben, sterben und dann zu unseren Ursprüngen zurückkehren. Das dabei erlangte umfassende, tiefgreifende Wissen und die Erfahrung konnte ich später in meine Methoden als Seelenheiler einbringen.

Auf diese Unterweisungen folgte für mich die Entdeckung des tibetischen Buddhismus. Durch ihn lernte ich, wie wichtig es ist, die Menschlichkeit wie auch die Vergänglichkeit aller Dinge anzuerkennen. Der Glaube der amerikanischen Ureinwohner lehrte mich, dass der Ort des Todes und der Lebensweg untrennbar miteinander verbunden sind. Durch die Weisheit des tibetischen Buddhismus wurde ein Vertrauen in mir geweckt, dass ich sowohl an das Leben als auch an den Tod glauben konnte, wie auch die Überzeugung, dass mein Sein auch noch nach dem Tod einen Sinn ergeben wird.

In Afrika ist mir erst dann, als ich allein in der Kalahariwüste war, bewusst geworden, dass ich auf einer Erweckungsreise meiner spirituellen Gaben war. Dort wurde ich in den alten Traditionen eines afrikanischen Stammes als Sangoma initiiert – als Schamane und Heiler. Die Prinzipien ihrer Tradition beruhen auf der Kommunikation mit den Ahnen, die konsultiert wurden, um mir einen Namen zu verleihen, der zu meinen Gaben und zu meinem Leben passte. Mir wurde der Name Dabulamanzi verliehen, was so viel wie »Öffner von Türen« bedeutet und mir wiederum bewusst machte, dass wir die Tür zu unseren Ahnen offen halten müssen, damit sie zu uns kommen und uns leiten können. Im Gegenzug erkennen wir vielleicht, dass wir alle wie eine Kette von Gebetsperlen sehr eng miteinander verbunden sind.

Natalia O'Sullivan

Durch meinen Beruf als Heilerin und Geisttherapeutin fand ich heraus, dass wir alle an den Dysfunktionen und Wunden unserer Vorfahren leiden, die es verdienen, geheilt zu werden. Sobald wir uns unserer Ahnenvergangenheit zuwenden, können wir erlernen, das Vermächtnis unserer Ahnen zu verwandeln.

Bei meiner Tätigkeit als Mediatorin für Verstorbene haben mich die Veränderungen, denen ich beiwohnte, zutiefst bewegt. Das Versöhnen, Heilen und Knüpfen neuer Verbindungen zwischen meinen Kunden und ihren Ahnen haben offengelegt, dass ein fortwährendes Vermächtnis besteht, das an gegenwärtige und zukünftige Generationen weitergereicht werden kann.

Was meine Geschichte betrifft, so haben meine Eltern unser Familienvermächtnis geändert, indem sie nach Großbritannien gezogen sind. Meine Mutter ist während des Spanischen Bürgerkrieges in Spanien aufgewachsen, also zu einer Zeit, die für viele von großer Tragödie geprägt war. Mein Großvater gehörte zu denen, die unmittelbar davon betroffen waren, da er 1938 hingerichtet wurde, weil er sich gegen das Franco-Regime gestellt hatte. Somit blieb meine Großmutter allein zurück und trauerte die meiste Zeit ihres Lebens.

Während der Sechziger- und Siebzigerjahre haben unzählige Familien Spanien eher aus ökonomischen als aus politischen Gründen verlassen, und viele von ihnen sind nach Großbritannien gegangen. Meine Mutter folgte ihrer Schwester Teresa und kam in den frühen Sechzigerjahren nach Großbritannien, wo sie meinen Vater kennenlernte. Mein Vater wurde in den Dreißigerjahren in Ungarn geboren und ist während des Zweiten Weltkriegs aufgewachsen. Nach dem Krieg war es um Ungarn selbst nicht so gut bestellt, zum einen, weil es ein Verbündeter Deutschlands gewesen war. Insbesondere aber, weil Ungarn dann vom kommunistischen Russland besetzt war. Das bedeutete, dass Familien wie meine, die Grundbesitzer und Bauern waren, verfolgt wurden und ihr Land beschlagnahmt wurde. Mein Vater flüchtete 1956 mit 18 Jahren während des Ungarischen Volksaufstands und reiste als Flüchtling quer durch Europa bis nach Großbritannien. Diese kurze, aber einschneidende Periode in der Geschichte hatte einen gewaltigen Einfluss auf meine Familie väterlicherseits.

Eine Ahnenheilerin werden – Natalias Reise

Mein ganzes Leben über war meine Beziehung zu meiner Familie sehr von Emotionen gesteuert, doch sie wurde immer von der spirituellen Beziehung zu meinen Ahnen geleitet und unterstützt. Seit meiner Kindheit tauchen sie in meinen Träumen auf, durch deutlich vernehmbare oder indirekte Gedanken und Vorahnungen, entweder bevor ein Kind gezeugt wird oder wenn jemand aus der Familie Hilfe oder Führung benötigt. Meine Gabe stammt daher, in eine Familie hineingeboren worden zu sein, in der die

Fertigkeiten von Ahnenkommunikation und -heilung praktiziert werden. Ich bin die Auserwählte meiner Generation, an die diese Gabe weitergereicht wurde. Innerhalb einer Familie von Hellsehern und Heilern gibt es häufig ein Kind, das diese Gaben vererbt bekommt, doch mit ihnen geht auch eine Bürde einher.

Schon als Kind wusste ich, dass ich in jeglicher Hinsicht überaus sensibel war. Ich konnte unzählige Informationen, die zirkulierten, sehen, hören, spüren und berühren, die von anderen weder gesehen noch gehört wurden. Was mich umgab, überwältigte mich. Nicht nur konnte ich Vorahnungen empfinden und erspüren, ich konnte auch hören und wahrnehmen, was andere dachten, oder ihre Stimmung ausloten, ohne dass sie sich dazu äußerten. Hielten andere meine Hand fest oder berührten mich, dann spürte ich ihre Energie oder las ihre Gedanken. Häufig fühlte ich mich deswegen unwohl oder unglücklich.

Außerdem spürte ich die Trauer und den Verlust, die meinen Großeltern widerfahren waren. Ganz besonders stark waren diese Gefühle, wenn wir beieinander zu Besuch waren, wenn mich der Sog der Familiengeschichten erfasste, zusammen mit der unausgesprochenen Tiefe der Verzweiflung und Trauer. Übernachtete ich bei ihnen, dann suchten mich die Ahnen nachts auf und gaben mir das Gefühl, mich mit ihren Gedanken, Gefühlen und ungelösten Problemen zu überfallen.

Abgesehen davon, dass ich die Menschen lesen konnte, spürte ich auch, wenn jemand krank war. Selbst wenn sich die Krankheit noch nicht manifestierte, konnte ich sagen, ob jemand sterben würde oder dem Tod nahe war. Dann befiel mich eine überwältigende Trauer, und ich wollte nur noch ein tiefes, langes Weinen ausstoßen. Sie gaben mir auf ihre Weise zu verstehen, dass sie nicht mehr lange unter uns weilen würden. Als wir einmal einen Freund meines Vaters besuchten, war mir auch ohne ein Wort von ihm klar, allein anhand des Blicks, den er mir zuwarf, dass ich ihn an diesem Tag zum letzten Mal sehen würde. Ein paar Tage später starb er.

Manche Häuser und Orte erfüllten mich mit Furcht, weil ich dort die toten Ahnen einer Familie wahrnahm. Inzwischen weiß ich, dass sie nur versuchten, eine Verbindung zu mir herzustellen. Für gewöhnlich ziehen die Ahnen weiter, doch manche bleiben aus persönlichen Gründen bei ihren Familien zurück, und viele kommen, weil sie ihren lebenden Nachfahren helfen wollen. Im Teenageralter beschloss ich dann, dass es so nicht weitergehen konnte. Mir wurde bewusst, dass es einen Weg geben musste, wie diese Furcht und Beklemmung aufgelöst werden konnten – denn ich wusste, dass es nicht meine waren, dass ich »überschattet« wurde, wie man es nennt.

Also machte ich eine Ausbildung zum Medium und zur Geisterheilerin in Richmond bei Gilly Griffiths, die selbst Geistermedium und Heilerin ist. Dort lernte ich dann auch meinen Mann Terry kennen, der für ihre Studenten Workshops über Geistheilung hielt. Je mehr ich meine Beziehung zu meinen Vorfahren betrachtete und den Heilvorgang von anderen unterstützte, umso mehr schwanden meine Ängste und Befürchtungen.

Recht schnell entdeckte ich meine Begeisterung für Ahnenheilung, die schließlich zu meinem Beruf wurde. Durch meine eigene Geschichte weiß ich, wie man transgenerationale Traumata heilt. Als Angehörige von Nachfahren einer Familie, die Krieg, Genozid und Hungersnot durchlitten hatten, erkenne ich, dass sich durch unser Ahnenerbe sowohl mentale wie auch physische Probleme bei uns äußern. Je mehr ich mit anderen an ihren eigenen Geschichten arbeite und mich mit deren persönlichem Ahnenerbe befasse, umso stärker werden mein Fokus und Enthusiasmus in diesem Bereich. Das wiederum befähigt meine Kunden und ihre Angehörigen – verstorbene, gegenwärtige und zukünftige –, ein erfüllteres, glücklicheres und zufriedeneres Leben zu führen.

Unser Aufeinandertreffen

Ich (Natalia) lernte Gillian Griffiths kennen, als ich 19 Jahre alt war. Während ich eine mehrjährige Ausbildung bei Gilly absolvierte, hatte ich viele, wirklich schwierige übersinnliche Begegnungen und erschien häufig mit Geschichten von heimgesuchten Häusern und zahlreichen Auseinandersetzungen von verwandten Ahnen und Geistern zum Unterricht. Mit Gillys Hilfe wurde ich zu einer Expertin, den Geistern beim Weiterziehen zu assistieren, bis ich in einen besonders böswilligen Fall der Heimsuchung verwickelt wurde, der unsere übersinnlichen und geistigen Fähigkeiten bei Weitem überschritt. Zu diesem Zeitpunkt schlug sie vor, mich einem ihrer Freunde vorzustellen, Terry O'Sullivan, der ein berühmter Geisterjäger, Seelenretter und Heiler war. Das war 1984.

Der Workshop, den Gilly organisierte, war der Beginn meiner Beziehung mit Terry. Unsere Verbindung entstand durch unser geteiltes spirituelle Interesse, und ich ließ mich von ihm in die Arbeit als Seelenretterin einweisen. Seitdem haben wir schon überall auf der Welt gearbeitet, Hunderte Wohnungen aufgesucht und Menschen dabei geholfen, ihr Ahnenvermächtnis von den Schatten zu befreien, die Seelen der Toten freizugeben und das Land zu heilen. Über viele Jahre hinweg haben wir mit Einzelpersonen und deren Familien gearbeitet, wobei unser Hauptanliegen war, einen Raum zu schaffen und den Menschen beizubringen, wie sie die Wunden in ihrer Familie und die an sie vererbten Probleme angehen können. Indem wir ihr persönliches Heilen vorantreiben, helfen wir ihnen, auch die Wunden derer heilen zu lassen, die vor ihnen da waren, und tragen dadurch auch dazu bei, ihre gegenwärtigen Zwistigkeiten und Probleme zu beseitigen. So können sie das zukünftige Erbe ihrer Familie ändern und ihre Zukunft positiver, förderlicher, gesünder und befreiter gestalten.

Zusammen haben wir Bücher über Seelenrettung und Ahnenheilung geschrieben, um bei anderen ein Verständnis für das Geisterreich und diese tiefe Verbindung zu wecken, die wir alle zu unseren Ahnen haben. Da das Physische und das Spirituelle koexistieren, finden sich überall auf der Welt Überzeugungen dafür, dass ein körperlicher Tod nichts als ein befreiender Übergangsritus ist, um den Geist ins Licht und ins Reich der Ahnen zu befördern.

Teil I

Die menschliche Geschichte

Kapitel 1

Was ist Ahnenheilung eigentlich?

»Wenn ich mit Menschen arbeite, dann bitte ich sie,
ihren Stammbaum durchzuschütteln, um zu sehen,
was herunterfällt, welche Geheimnisse sich darin verstecken,
welche Geschichte noch nie erzählt wurde,
welches Trauma nie ganz verheilt ist.«
MARK WOLYNN

Ahnenheilung ist eine zielgerichtete Absicht, die Schatten, Wunden und ungelösten Traumata unserer Ahnenreihe freizusetzen und somit unseren Familienstammbaum zu heilen. Die Schatten der innigen Beziehung, die wir mit unseren Ahnen teilen, können eine subtile Auswirkung auf unser psychologisches und emotionales Verhalten haben. Entschlüsselt und vergleicht man seine eigenen Wesenszüge mit den Umständen der Ahnen, dann kristallisiert sich langsam eine Geschichte heraus. Während man den Wurzeln seiner Ahnen im Familienerbe nachspürt, werden Muster deutlich, die einen die vermeintlich irrationalen Befürchtungen und psychologischen, emotionalen und physischen Schwierigkeiten erkennen lassen.

Natürlich werden sowohl die Beziehungen während der Kindheit wie auch im Erwachsenenalter dadurch beeinflusst, wie man von seiner Familie aufgezogen wurde. Das trifft auch dann zu, wenn man adoptiert oder von einem alleinerziehenden Elternteil großgezogen wurde, ganz unabhängig davon, ob man seine Familie kennt oder nicht. Biologische und genetische Beziehungen spielen eine wichtige Rolle dabei, wie wir uns selbst wahrnehmen. Ziel der Ahnenheilung ist es, sich mit den Einflüssen zu befassen, die vom biologischen Erbe herrühren und sich womöglich ganz wesentlich auf unser Verhalten und unsere Überzeugungen auswirken. Gleichzeitig werden diese Einflüsse äußerlich auch von der Umwelt geformt, in die wir hineingeboren wurden und in der wir aufwuchsen. Es ist diese Kombination aus Konditionierung und Erbe, die unsere Selbstwahrnehmung prägt und bestimmt, welche Art Beziehung wir zu anderen unterhalten. Darin besteht die Realität unseres Ahnenerbes.

Genau wie wir nicht steuern können, wer uns zur Welt bringt, können wir auch nicht beeinflussen, wie wir erzogen werden, oder die Kultur, in die wir hineingeboren werden, zwingen, uns willkommen zu heißen. Doch wir können verändern, wie wir selbst darüber denken. Wir können uns voller Entschlossenheit dazu entscheiden, mit einer konkreten Absicht in unseren Heilungsprozess zu starten. Wir sind die treibende Kraft, die die notwendigen Vorgänge in Gang setzt, um einige oder alle dieser Probleme mit unserer Familie zu bereinigen.

Warum jetzt?

Unsere Gesellschaft steckt gerade in den Geburtswehen eines neuen Zeitalters der Umweltverantwortlichkeit. Wir müssen mit dem Klimawandel zurechtkommen, müssen uns mit der Furcht und Hoffnungslosigkeit der Vorstellung befassen, dass die Menschheit ausgelöscht werden könnte, mit Geschlechts- und Rassenungleichheiten, nationalen und internationalen Krisen oder politischen und ökonomischen Katastrophen, die für einen Wendepunkt in unserer Menschheitsgeschichte sorgen.

All diese Krisen haben ihre Ursache darin, dass es uns als Gesellschaft an einem Gefühl der Verbundenheit mit einer geistigen Abstammung mangelt. Genau diese Verbindung sollte aber eigentlich als Anker dienen, der uns angesichts schwieriger Herausforderungen mit Mut und Vertrauen erfüllt. Viele wissen nicht mehr zu schätzen, dass wir alle Teil eines heiligen Kontinuums sind. Ebenso sind wir alle Nachfahren unserer eigenen Ahnen, wie auch wir selbst Ahnen derer werden, die auf uns folgen.

Hinzu kommt, dass die Verbindung zu unserer anzestralen Vergangenheit von dem Sog der gewaltigen Veränderungen überlagert wurde, die in den letzten 150 Jahren stattgefunden haben. Die Mobilität hat unsere gesellschaftskulturellen Wertvorstellungen verändert wie auch den Bezug, den wir zu den unterschiedlichen Generationen in unserer Familie haben. Was wir als Unantastbarkeit der Heimat bezeichnen, wurde von einer mobilen Gesellschaft abgelöst. Die Familien leben inzwischen deutlich isolierter, was sich sowohl auf die jüngeren wie auch auf die älteren Generationen auswirkt, da wir nicht länger von einer Großfamilie unterstützt werden. Viele Kinder kennen ihre weitläufigen Verwandten häufig gar nicht mehr und wissen nicht, wie es sich anfühlt, Teil eines größeren Clans zu sein.

Natürlich beeinflusst das auch, wer wir sind, schließlich sind wir alle Teil dieser Vernetzung mit der Gesellschaft. Daher ist es von größter Bedeutung für uns, zu lernen, was in dieser entscheidenden Zeit von uns erwartet wird. Also muss das Bewusstsein für die Vernetzung zwischen den Generationen – vergangenen, gegenwärtigen und zukünftigen – schleunigst wiederhergestellt werden, um zu verhindern, dass sich nachteilige gesellschaftliche und kulturelle Einflüsse ausbreiten, die wiederum der Zukunft unserer Gesellschaft ernsthaft schaden können.

Unseren Kindern einen Sinn für die Tradition und das Wissen zu vermitteln, wer sie als Teil einer Familiengemeinschaft sind und wo ihre Familie herkommt, wird ihnen ein Gefühl der Sicherheit verleihen, wenn sie sich mit Schwierigkeiten konfrontiert sehen. Die meisten von uns ignorieren und vernachlässigen, inwiefern unsere Ahnenfamilie sowohl unser Leben wie auch das unserer Nachfahren unterstützen kann. Würden wir ihre Gegenwart anerkennen, so würde das unsere innere Ruhe und unser Wohlbefinden enorm verbessern.

In den meisten Traditionen wird gelehrt, dass die Ahnen einen rechtmäßigen Platz im Leben ihrer Nachfahren haben. Selbst ihre Namen werden an die Nachfahren weitergegeben, zusammen mit ihrer Weisheit, ihren Gaben und Talenten. Das, womit sie sich beschäftigten, ihre religiösen Praktiken und moralischen Überzeugungen dienen als Leitfaden, wie sich die Menschen innerhalb ihrer Familie, der Sippe, der Gemeinschaft und der Gesellschaft als Ganzes verhalten sollten.

Unsere Vorfahren waren in der Lage, Veränderungen in ihr Leben zu integrieren, weil neue Ereignisse, Herausforderungen und Übergangssituationen von der Pubertät bis zum Tod geehrt wurden. Durch Traditionen und Rituale wurden sie in das alltägliche Leben eingebettet. Außerdem haben unserer Vorfahren – im Gegensatz zu heute, wo wir von vielerlei Quellen sich ständig verändernder und häufig erschütternder Nachrichten überwältigt werden – die »Neuigkeiten« in Form von Geschichten um die abendlichen Stammesfeuer erzählt. Probleme und Ereignisse wurden im Hinblick auf die Ahnengeschichte erörtert. Ein Gespür für Tradition und kollektive Erinnerungen von Erfolgen und Niederlagen könnte noch übertroffen werden, wenn wir uns einer Verbindung zwischen allen Generationen bewusst würden. Wir würden ein Kontinuum wahrnehmen und ein besseres Verständnis dafür erlangen, wer wir sind und woher wir kommen.

Weshalb es von Bedeutung ist

Sowohl die Weisheit der Ahnen wie auch ihre Verletzungen können weitergegeben werden und über viele Generationen bestehen bleiben. Gehen wir die »richtigen Beziehungen« mit unseren Ahnen ein, können wir auf ihre Hilfe zählen, um alte Wunden und ungelöste Probleme zu beheben. Doch die Ahnen können uns nicht helfen, ehe wir es zulassen, und wenn wir sie nicht um ihre Hilfe bitten, dann kommt auch keine. Erkennen wir jedoch ihre Existenz an, kann ein Kontinuum zwischen den Lebenden und den Toten für eine Verknüpfung mit der Vergangenheit sorgen, durch die wir Inspiration und Unterstützung finden.

Bei der Ahnenheilung geht es allem voran darum, zu verstehen, dass wir mit unseren neuen Körpern als Überbringer dieser alten Geschichten fungieren und ihnen mit unseren modernen Vorstellungen begegnen. Unsere Ahnen hinterließen ihre Schwierigkeiten, und jetzt müssen wir uns ihrer ungelösten Probleme annehmen. Nicht immer übergaben sie uns dieses Erbe absichtlich. Manchmal ist es unabänderlichen Umständen zuzuschreiben, dann wieder falschen Entscheidungen.

Selbst wenn das Leben unserer Ahnen von Tragik überschattet war, so beinhaltet ihre Existenz doch immer auch etwas, das wertvoll für uns ist. Vielleicht haben sie ein unentdecktes, ungenutztes und verborgenes Talent oder aber eine Gabe, eine Kraft oder Tugend an uns weitergereicht. Es ist hilfreich, diese Geschichten über unsere Ahnen zu entdecken, selbst dann, wenn es uns nicht gelingt, weiter zurückzureisen als bis zu unseren Großeltern. Wir können der Welt systematisch offenbaren, wer diese Menschen waren und sie so gewissermaßen weiterleben lassen. Betrachten wir also, was für sie wichtig war, mit dem Ziel, genau diese Eigenschaften in unser eigenes Leben zu integrieren.

Eine Familie wird durch ihre Geschichte am Leben erhalten. Wenn wir die Geschichten weitergeben, jene, die wichtig zu sein scheinen, wie auch die weniger bedeutsamen, so ermöglicht dieser bunte, für gewöhnlich zu gleichen Teilen aus Wahrheit und Mythos bestehende Teppich den Nachfahren, die Parallelen zwischen ihrem Leben und dem ihrer Vorfahren zu ergründen. Es gibt zu viele Familien, die ihre Geschichten unbeabsichtigt oder unbewusst unter Verschluss halten. Vielleicht handelt es sich dabei auch um ein dunkles Geheimnis, über das niemand redet, oder eine Erbkrankheit, die an die nachfolgenden Generationen weitergegeben werden kann. Dabei kann ein solches Wissen maßgeblich dazu beitragen, keine Schuldgefühle, Scham oder Verlegenheit zu empfinden, wenn andere unsere Lebensgeschichte in Bezug auf ihre eigene betrachten, oder durch das Enthüllen von Krankheiten oder gesundheitlichen Problemen tatsächlich Leben zu retten. Wenn wir ehrlich sein können und unsere Leichen nicht im Keller verstecken, wenn wir jegliche Scham oder Skandale unserer Vorfahren überwinden, dann würde dies das Leben für unsere Nachkommen um ein Vielfaches einfacher machen. Denn dann können sie Frieden schließen, sich mit den Fehlern und Überschreitungen früherer Generationen auseinandersetzen und ihnen sogar vergeben.

Stelle dir dein Vermächtnis als gebetsperlenartigen Verbund vor, wobei jede einzelne Perle alle Errungenschaften eines jeden Familienmitglieds enthält. Die Gebetsperlen hängen aneinander, sind miteinander verbunden und bilden eben durch ihre Verbindung ein untrennbares Ganzes. Jede Perle enthält ihre eigene Geschichte, wird aber an die nächste Perle weitergegeben, wie im Samen in einer Blutlinie. Diese Geschichten sind genau wie die Fortpflanzungssamen, die wir vererbt bekommen, und stellen das Erbgut dar, das an die nächste Generation weitergegeben wird. Manche von uns haben Glück mit dem, was sie vererbt bekommen, bei anderen ist das leider nicht der Fall.

Nachdem wir unsere Wurzeln erforscht haben, besteht der nächste Schritt darin, anzestrale Muster zu erkennen. Manche negativen Vermächtnisse unserer Vorfahren können eine niederschmetternde oder überwältigende Auswirkung auf unser Verhalten und unsere Gefühle haben. Befassen wir uns nicht damit, entstehen daraus möglicherweise negative Familienmuster, die die Beziehungen zwischen den einzelnen Familienmitgliedern beeinträchtigen. Um eine Veränderung herbeizuführen, müssen die Familienmuster verändert werden, die in jedem von uns verankert sind.

Das bedeutet wiederum, dass wir uns die Zeit nehmen müssen, die positiven Einflüsse zu fördern und zugleich am Heilen von negativen Familienmustern zu arbeiten, damit wir so die Einstellungen, Überzeugungen und Identitäten unserer eigenen Generation ändern können. Im Gegenzug hilft uns das dabei, ein neues, kollektives Unterbewusstsein zu erschaffen, was für den Fortbestand des Lebens auf diesem Planeten von höchster Bedeutung ist.

Deine Reise der Ahnenheilung

Um zu dieser Reise aufzubrechen, muss jeder sein Leben von Anfang an durchgehen. Das kann abschreckend wirken, weil man dadurch entdeckt, wie eine Lebensphase von einer anderen abgelöst wird: Man sieht die Entwicklung von der Kindheit über die Jugend, die junge Erwachsenenzeit und darüber hinaus. Unser ganzes Leben ist durchsetzt vom Auf und Ab unserer Beziehungen, vielleicht auch einer Hochzeit, und gespickt mit Abschnitten, zu denen wir Single sind. Wir wechseln vom mittleren zum hohen Lebensalter, müssen uns mit Tod und Verlust auseinandersetzen. Solche Übergänge stellen Momente dar, in denen wir Beziehungen und das Elternhaus hinter uns lassen, uns von überholten Werten abkehren und unsere Talente oder unsere berufliche Laufbahn entdecken. Wir suchen nach neuen Möglichkeiten, uns zu verwirklichen, halten gleichzeitig nach denen Ausschau, die wir lieben wollen, und entdecken unsere Leidenschaften, während wir erkunden, wer wir wirklich sind.

Das ist, als würde man die vielen Schichten einer Zwiebel ablösen, denn die verschiedenen Phasen unseres Lebens bringen völlig unterschiedliche Einflüsse und Erfahrungen ans Tageslicht. Welche Geschichte erzählt dein Leben bislang? Empfindest du es als Drama? Oder als Abenteuer? Folgt bei dir eine Krise auf die andere? Oder verlief dein Leben einsam und zurückgezogen?

Ahnen-Notizbuch

Kaufe dir ein Notizbuch und halte darin jegliche Träume, Erkenntnisse und Inspirationen fest, die dir kommen, während du deine Ahnenlinie erforschst. Diese Gedanken und Überlegungen werden nützlich sein, wenn wir zu einem späteren Zeitpunkt in diesem Buch auf die praktischen Übungen eingehen.

Dieses Ahnen-Notizbuch soll dich auf deiner Reise begleiten. Halte darin alles fest, was du über dich, deine Familie und ihre Geschichte herausfinden kannst. Indem du diese Informationen an einer Stelle sammelst, versorgst du dich mit dem nötigen Rohmaterial, um deinen Familienstammbaum zu erstellen. Im weiteren Verlauf wirst du nach und nach ein vertrautes Muster erkennen.

- Fange bei dir selbst und mit den Fakten an, die dir bekannt sind: Geburtsdatum, Taufe, Hochzeit, wo du gelebt hast, welche Schulen du besucht hast.
- Schreibe eine kurze Biografie und gehe darin auf wichtige Ereignisse ein, die auch Angehörige deiner Familie betreffen.

- Sollten dir währenddessen Gedanken oder Gefühle zu anderen Menschen in den Sinn kommen, wie zum Beispiel Schulfreunde oder Nachbarn, dann schreibe auch das auf. Zum einen wird das später eine interessante Erinnerung für dich und für zukünftige Generationen sein, zum anderen hilft es dabei, Ereignisse oder Beziehungen festzuhalten, mit denen du dich noch näher befassen willst.
- Wiederhole diesen Vorgang auch für deine Eltern und Großeltern. Solltest du noch keine Unterlagen oder Informationen zu ihnen besitzen, mit denen du arbeiten kannst, dann gehe die Exaktheit der unterschiedlichen Daten mit ihnen durch und frage sie nach ihrem Leben, notiere dir auch für sie wichtige Daten, Menschen und Ereignisse.
- Solltest du planen, selbst eine Familie zu gründen, dann beleuchte auch den Hintergrund deines Partners oder deiner Partnerin. Berücksichtige hier auch Beziehungen zu Halbgeschwistern und einer Stieffamilie, da auch das einen Einfluss auf den Prozess der Ahnenheilung haben kann.
- Solltest du adoptiert sein, so beeinflussen sowohl die biologische wie auch die Adoptiv- oder Pflegefamilie dein Leben. Nimm dir etwas Zeit, um darüber nachzudenken, wo deine stärksten Verbindungen liegen, und beziehe diese Menschen ebenfalls hier mit ein.
- Erkundige dich bei Freunden der Familie oder dem größeren Familienkreis danach, was sie noch von verstorbenen Angehörigen wissen. Wie waren sie, als sie noch am Leben waren? Was waren ihre besten, was ihre schlechtesten Eigenschaften?

Sobald du alles über deine engsten Familienmitglieder notiert hast, kannst du denselben Vorgang auch für frühere Generationen durchführen.

Vielleicht sagen uns Familienangehörige, dass wir jemandem aus einer früheren Generation ähneln. Vielleicht haben wir dieselbe Haarfarbe, dieselbe charakteristische Nase oder ungewöhnlich breite Hände. Das sind ganz offenkundige Beispiele für physische Eigenschaften, doch wir suchen nach anderen Mustern, wollen zum Beispiel mehr Informationen über diejenigen herausfinden, die dramatische historische Ereignisse miterlebt oder ein interessantes Verhalten, Talent oder Gaben an den Tag gelegt haben. Ganz bestimmt spiegeln sich die anzestralen Geschichten auch in unserer eigenen Lebensgeschichte wider, während wir die verschiedenen Lebensphasen durchlaufen, von der Kindheit zum Erwachsenenalter und so weiter. Und genau wie wir diese unterschiedlichen und mitunter schwierigen Phasen durchleben, mussten manche unserer Ahnen ähnliche Traumata durchleiden, ohne dass es uns bewusst wäre.

Finden wir heraus, wie sie diese Prüfungen überstanden haben, so bestimmen wir damit, wie wir unsere eigenen Erfahrungen wahrnehmen wollen. Im Gegenzug entdecken wir, wie wir diesen Herausforderungen begegnen können. Vielleicht kommen wir zu dem Schluss, dass uns manches mit Furcht oder Angst erfüllt, vielleicht finden wir aber auch die Entschlossenheit in uns, eine Sache erfolgreich zu absolvieren, oder den Mut, uns den Abenteuern des Lebens zu stellen.

Während wir die Geschichten unserer Ahnen enthüllen, entdecken wir häufig, warum wir unsere Familie nicht mögen oder keinen Zugang zu ihr finden und stattdessen nach Ersatzfamilien oder Gruppen von Gemeinschaften suchen. Das ist besonders auffällig bei Menschen, die in einem dysfunktionalen Umfeld aufgewachsen sind, weil sie Strategien entwickeln mussten, um zu überleben und ihre Prüfungen beim Heranwachsen zu bewältigen.

Viele sind der Meinung, wenn sie ihre familiären Umstände ändern können, wie zum Beispiel durch Heirat oder Auswandern, dann können sie auch die Entschlossenheit aufbringen, sich nur mit Menschen zu umgeben, die sie rückhaltlos lieben und unterstützen. So halten sie vielleicht an Partnern oder Familienmitgliedern fest, bei denen sie sich geborgen und unterstützt fühlen, und lösen sich von jenen, die ihnen weiterhin wehtun und sie ausnutzen. Zuweilen sind die Liebe und das Blut, das alle zusammenhält, aber stärker als persönliche Belange. Für gewöhnlich kehren viele von uns wieder nach Hause zurück, um zu heilen und zu vergeben, um Liebe und Unterstützung zu erfahren. Manchmal kommt es einem jedoch fast unmöglich vor, manche dieser dysfunktionalen Familienbeziehungen aufzulösen. Doch der Mut, uns der Vergangenheit unserer Familie zu stellen, verleiht uns die Fähigkeit, herauszufinden, wie wir mit den aktuellen Familienbeziehungen weitermachen wollen.

Den Familienstammbaum heilen

Der Familienstammbaum bildet ein Zeitfenster ab, in dem die Ahnenlinie von der jetzigen Generation zu den früheren aufgezeichnet und deine Familie mit einer Gruppe von Namen verbunden wird. Durch das Entdecken familiärer Muster wird uns klar, dass sie unser persönliches Schicksal gleichermaßen verbessern wie behindern. Setzen wir uns mit unserem Ahnenerbe auseinander, können wir über Generationen hinweg Blaupausen studieren und einen Bruch mit der Vergangenheit herbeiführen. Ahnengeschichten, die unserem Unterbewusstsein überliefert wurden, können uns zutiefst beeinflussen. So senden zum Beispiel Ahnen, die unvermittelt oder unter traumatischen Umständen gestorben sind, Schwingungen durch den Familienstammbaum, wodurch jede Generation an Verlustschmerz leidet. Dasselbe gilt für jede Form des Ahnenvermächtnisses, von Hungersnöten über Armut zu Krieg und Genozid. Manchmal wiederum spiegelt sich unser wahres Erbe in den täglichen Aufgaben, denen wir uns stellen, oder aber im Status quo oder in der Erziehung unserer Familie.

Es gibt verschiedene Möglichkeiten, die Vergangenheit beim Heilen zu unterstützen, egal, ob wir von den Erinnerungen unserer Vorfahren überschattet werden oder an einem kollektiven Familientrauma leiden. Alles fängt damit an, dass wir unsere Familiengeschichte erforschen und uns klarmachen, was wir selbst vererbt bekommen haben, insbesondere von unseren Eltern und Großeltern. Wenn Menschen zum ersten Mal für eine Beratung zu uns kommen, dann treffen sie oft auf den Vorfahren, mit dem sie am wenigsten gerechnet hätten. Doch der Angehörige, der den größten Schmerz und die größte Dysfunktion verursacht hat, ist unabänderlich derjenige, der den Schlüssel für das Heilen der Vergangenheit in der Hand hält. Und derjenige, der sein Bestes gegeben hat, um seine Kinder und Nachfahren zu unterstützen, ist häufig derjenige, dem es nicht gelungen ist, dem Vermächtnis einen Riegel vorzuschieben, damit es nicht weitervererbt wird.

Als Desi zu Natalia kam, war ihre Mutter gerade erst gestorben, und die Sitzung verlief sehr emotional. Desi ist im Alter von zwölf Jahren nach Großbritannien gekommen, wo sie seitdem lebt. Ursprünglich stammt ihre Familie aus Bulgarien, und ihre Mutter war Türkin. Desi hat Filmwissenschaften studiert und arbeitet inzwischen als Dokumentarfilmerin und Podcasterin. Ihre Schwester ist ebenfalls sehr erfolgreich, hat promoviert und arbeitet als Wissenschaftlerin an der London University. Desi wollte verstehen, weshalb sie und ihre Schwester stets von dem Gefühl begleitet wurden, dass ihre Errungenschaften niemals ausreichten, und es ihnen so vorkam, als stünde ihnen im Leben nicht mehr zu.

Desis Geschichte

Das erste Mal, als ich nach dem Tod meiner Mutter durch Natalia mit ihr kommuniziert habe, wurde mir bewusst, was für eine Last meine Mutter ihr ganzes Leben über mit sich herumgetragen hat, ohne dass sie uns je davon erzählte. Ich nehme an, dass das ihr Weg war, uns zu beschützen, oder vielleicht wollte sie auch keine alten, längst vergessenen Erinnerungen wiederaufleben lassen. Es war jedoch ganz offensichtlich, dass diese emotionale Bürde sie belastete und ohne jeden Zweifel auch zu ihrer Krankheit beigetragen hatte.

Nach dem Tod meiner Mutter wollte ich mehr über die Geschichte meiner Familie herausfinden und darüber, inwiefern sie sich auf ihre und meine Generation auswirkte. Sich die Vergangenheit vergegenwärtigen und auf die Muster jener zu achten, die vor uns hier waren, lässt einen die Dinge in einem anderen Licht betrachten. Meine Mutter war schon immer eine Workaholic. Nachdem wir nach Großbritannien gezogen waren, hatte sie zwei Jobs, damit wir über die Runden kamen und nicht nur alle Ausgaben gedeckt waren, sondern auch der Kredit für das Haus, von dem wir immer geträumt hatten. Sie wurde beständig von der Angst umgetrieben, »nicht genug zu haben«, die vermutlich von der Armut in ihrer Kindheit herrührte. Doch als ich anfing, mich mit ihrer Seite der Familie zu befassen, wurde mir klar, dass es mehr als nur die Furcht vor Armut sein musste.

Sie entstammte einem typisch türkischen Hintergrund mit einer Mentalität, bei der sich alles darum dreht, »gut« und »fleißig« zu sein. Wie oft hatte meine Großmutter uns die Geschichte von Menschen erzählt, die in ihrer Nachbarschaft Gutes getan haben, die zum Beispiel Essen verteilten oder etwas von sich selbst opferten, um anderen zu helfen. Sie erzählte uns von der Zeit, als sie mit unserer Mutter schwanger war und wie sie auf den Feldern gear-

beitet hatte, bis die Wehen einsetzten. Sie sprach voller Stolz über die Vorstellung, eine aufopfernde Person zu sein.

Was meine Mutter betraf, so war jedoch nichts, was sie tat, gut genug, und sie hatte immer das Gefühl, die Erwartungen der anderen nicht zu erfüllen. Es war ganz offensichtlich, dass dieses Muster von meiner Großmutter an meine Mutter und dann an meine Schwester und mich weitergegeben worden war. Mir diese Muster bewusst zu machen und ihnen langsam, aber sicher Einhalt zu gebieten, stellte den ersten Schritt für mich dar, um unseren Familienstammbaum zu heilen.

Eine positive Maßnahme, um ein negatives Ahnenmuster zu ändern, kann in kleinen Schritten erfolgen. Gibt es zum Beispiel auf beiden Seiten der Familie Workaholics und weist man selbst solche Züge auf, dann könnte eine kleine Maßnahme darin bestehen, dass du dir jede Woche eine Stunde Zeit nimmst, um dich auszuruhen. Stammst du aus einer Familie, in der alle äußerst negativ und kritisch sind, dann verhältst du dich vielleicht genauso. Zu erlernen, nicht automatisch mit einer negativen Reaktion aufzuwarten, führt langsam zu einer Veränderung in deinem Denken und lässt dich nach und nach Änderungen in deinen täglichen Lebensgewohnheiten umsetzen.

Solltest du herausfinden, dass es in deiner Familie ernsthafte Probleme wie Abhängigkeiten, Missbrauch, Geheimnisse oder Schamgefühl gegeben hat, dann muss dem mehr Beachtung geschenkt werden. Manche der gesundheitlichen und psychologischen Probleme, die durch die Ahnenlinie weitergereicht werden, können mithilfe einer Familientherapie angegangen werden oder aber durch offene, freundliche Diskussionen mit der Familie, auch wenn diese sich zunächst davor sperrt, diese verheimlichten Probleme anzugehen. Die Probleme offen anzusprechen, statt so zu tun, als gäbe es sie nicht, oder die Wahrheit zu verheimlichen, hilft dabei, die Ahnenreihe zu heilen.

Die schwierigsten Muster, die vererbt und weitergegeben werden, sind sexueller Natur. Studien zeigen, dass Eltern, die ihre Kinder missbrauchen, in der Regel selbst als Kind missbraucht worden sind. Menschen, die missbraucht wurden, sind dafür bekannt, dass sie entweder in die Fußstapfen ihrer Missbraucher treten oder aber eine Veränderung herbeiführen und so eine neue Geschichte für ihre eigene Familie schaffen. Obwohl dieses Thema des Vermächtnisses für gewöhnlich keines darstellt, über das Angehörige sprechen oder das sie zugeben wollen, ist es doch von großer Bedeutung, dass du diese Recherche für dich durchführst. Sich dem sexuellen Verhalten und den Haltungen einer Generation zu stellen, könnte jene der nachfolgenden Generation drastisch beeinflussen.

Neue Muster erschaffen

Jedes Mal, wenn du dich von einem negativen Familienmuster löst oder dieses änderst, erschaffst du eine neue Identität. Dieses neue Selbstgefühl wird seinerseits die aktuellen Dynamiken deiner Beziehungen verändern. Der schwierigste Aspekt beim Heilen von vererbten Mustern besteht darin, sich selbst und seiner Familie zuzugestehen, dass sich eine neue Identität herausbildet, wodurch man das Leben anders betrachtet, selbst positiver und weniger angstgesteuert wird. Seinen Lebensstil durch winzige Schritte verändern und sich einer Therapie unterziehen sind großartige Möglichkeiten, wie man seine Ahnenmuster ändern kann. Unsere Identitäten sind so stark mit denen unserer Familie verflochten, dass wir Abstand zu ihnen brauchen, um herauszufinden, wer wir ohne sie sind.

Wenn unsere Familie so mit sich zufrieden ist, wie sie ist, dann kann es passieren, dass du dir wie ein Fremder vorkommst, sobald du anfängst, zu heilen und dich zu verändern. Das ist zu erwarten, und es geht vorbei, wenn sich deine neue Identität erst herauskristallisiert und du Grenzen aufzeigst, wie du dich in deiner Familieneinheit geben willst. Es gibt aber auch Familien, die unterstützend agieren und eine Veränderung willkommen heißen.

Ab dem Zeitpunkt, zu dem wir in eine Familie hineingeboren werden, betreten wir eine komplexe Matrix an Beziehungen. Unsere Ahnengeschichte kann die persönliche Wahrnehmung unseres wahren Ichs verschleiern, und Schatten unserer Kindheit können vorschreiben, wie wir denken, genau wie unsere Eltern von den Ansichten ihrer Eltern beeinflusst waren und so weiter. Manchmal gliedern wir die Geschichte eines Vorfahren so sehr in unsere eigene ein, dass wir nur schwer herausfinden können, wie wir uns von den Problemen, die unsere Familie heimsuchen, abgrenzen können. Diese Reise stellt eine Entwicklung dar, und jeder Schritt, jedes Ritual, jede Heilung, jedes Gebet bringt uns dem Leben näher, das unsere Ahnen sich für uns erträumt haben.

Deine Kindheitserinnerungen bestimmen

Während wir aufwachsen, verlassen wir uns auf gute Ratschläge und Führung. Werden wir als Kinder hinsichtlich dessen, wer wir sind, nicht gut angeleitet, dann ergeben die Sachen später keinen Sinn. Das führt viele von uns dazu, die Glaubwürdigkeit dessen, was uns einst gesagt wurde, infrage zu stellen, oder aber es endet damit, dass wir an uns selbst zweifeln.

Evelynes Geschichte

Evelyne Valabregue ist eine französische biodynamische Psychotherapeutin, die sich mit Familien- und Ahnenwunden beschäftigt, und sie hat Folgendes zu sagen:

Ich arbeite mit meinen Klienten an ihrem Familienvermächtnis. Ihre gegenwärtige Verwundbarkeit ist immer eine Wiederholung dessen, was sie als Kind bezüglich des Verhaltens eines Elternteils empfunden hatten. Das jedoch wurde verinnerlicht, manchmal über mehrere Generationen hinweg. Alle Beziehungsprobleme wurzeln in den Beziehungen zu den Eltern. Wird Klienten eine solche Wunde, Kritik oder unangemessenes Verhalten bewusst, dann wird ihnen auch klar, dass sie genau diese Rolle in ihrer Partnerschaft wiederholen. Erkennen sie dies, können sie die Dinge selbst in die Hand nehmen und neue Wege finden, wie sie sein wollen, und dementsprechend ändert sich dann auch ihre Beziehung. Sich diesen Vorgang bewusst zu machen, hilft ihnen, anders zu reagieren. Die alten Verletzungen und Befürchtungen, die Negativität und der Missbrauch bleiben noch eine Zeit lang in ihrer Psyche, aber sie sind nicht länger Teil der Identität der Klienten. Von nun an können sie zulassen, was sie brauchen, und ihr Herz damit füllen, wodurch sie auch nicht länger ein unbewusstes Familienvermächtnis weitergeben.

Die Erinnerungen, die wir weitergeben, sind jene, die wir in uns selbst tragen, und wenn man sie nicht loslässt oder sich von ihnen verabschiedet, dann können sie schwären wie eine Entzündung, ein emotionales Trauma oder ein körperlicher Makel, der nicht erkannt oder falsch diagnostiziert wird und dadurch sowohl unser Leben wie auch das unserer Nachfahren beeinträchtigt. Der physische Körper als solcher ist schon kompliziert genug, auch ohne all diese verborgenen Motive. Das Gehirn ist eine Vorratskammer, eine Speicherbank mit all ihren Geheimnissen, die uns in den Wahnsinn treiben können, wenn wir sie für uns behalten.

Sieht man es erst, können wir es auch heilen

> »Die sogenannten schwarzen Schafe, diejenigen, die sich nicht anpassen, die zur Rebellion aufrufen, sind tatsächlich diejenigen, die reparieren, entgiften und neue, gut gedeihende Zweige im Familienstammbaum hervorbringen.«
>
> **BERT HELLINGER**

Könnten wir manche unserer tief sitzenden, einschränkenden Überzeugungen verändern, so würde das eine Energie hervorbringen, die von uns ausstrahlt und mit der wir die Herzen und Seelen der Menschen um uns herum erreichen könnten wie das Kräuseln von Wasser in einem ruhig daliegenden See. Sobald wir das Gefühl bekommen, dass wir mit denen, die wir zurückgelassen haben, ein Kontinuum bilden, könnte uns das dabei helfen, ihr Verhalten zu ändern, und es hätte auch eine Auswirkung auf unsere gegenwärtigen Beziehungen und jene unserer zukünftigen Nachfahren. Mira kommt aus Serbien und hat das Vermächtnis ihrer Familie folgendermaßen verändert:

Miras Geschichte

Ich weiß inzwischen, dass ich die Nachfahrin von Ahnen bin, denen sehr viel Gewalt, Armut, Verrat, Widrigkeiten, Desillusionierungen, Enttäuschungen und Leiden widerfahren ist. Meine

Schwester und ich haben die letzten zwanzig Jahre auf unsere Art daran gearbeitet, diese innerfamiliären Tendenzen zu verändern. Sie hat in finanzieller Hinsicht Erfolge aufzuweisen, während ich in emotionaler und spiritueller Hinsicht Fortschritte gemacht habe. Am Totenbett unseres Vaters habe ich geschworen, dass ich nicht das unterdrückte, schwere Leben führen werde, das er geführt hatte, und ich hoffe, dass er über das, was ich bislang erreicht habe, stolz ist. Außerdem glaube ich nicht, dass ich so viele Fortschritte gemacht hätte, wäre ich in Serbien geblieben. Die dunklen, unterdrückenden und brutalen Kräfte im Land hätten mich eingeschlossen und mich in meiner heilenden Reise behindert.

Durchlebt man ein Trauma, so verdrängt man eine solche Erinnerung häufig, da es einen in diesem Moment oft überfordert. Man lernt, seine Verletzlichkeit zu schützen, indem man vergisst. Doch die so erstarrten Erinnerungen bleiben in uns verankert. Manchmal muss man wieder an die Orte zurückgehen, an denen man gelebt hat oder die mit Erinnerungen behaftet sind, egal, ob gut oder schlecht. Diese Rückkehr hilft einem, sich mit dem Erlebten auseinanderzusetzen und den seelischen Verlust zu verarbeiten, der dadurch verursacht wurde. Denn diese Erlebnisse können noch immer als traumatische Erinnerungen in einem verankert sein und nur dadurch repariert werden, indem man das Prinzip anwendet: »Sieht man es erst, kann man es auch heilen«. Sieht man die Vergangenheit als derjenige, der man heute ist, und nicht als derjenige, der man einst war, dann führt das im Wesentlichen dazu, dass der seelische Verlust umgekehrt wird.

Victoria zum Beispiel liebte ihren Stiefvater, aber sie war auch wütend auf ihn. Er war ein Buch mit sieben Siegeln und sprach nie über Gefühle. Er war kein sonderlich herzlicher Mensch, und obwohl er sie zu ihrem Studium ermunterte, zeigte er ihr seine

Liebe doch nur dadurch, dass er Familie und Freunden sagte, wie stolz er auf sie war. Zu ihrer Adoptivmutter hatte sie zudem eine schwierige und emotional missbräuchliche Beziehung, was ihr nicht dabei hilfreich war, wie sie ihre Kindheit wahrnahm. Sie fühlte sich einsam und ungeliebt.

Damit sie sich selbst anders wahrnehmen konnte, musste sie sich von den kritischen und unglücklichen Kindheitserinnerungen lösen. Also überlegte sie sich, wie und wann sie Unterstützung und Liebe von ihren Adoptiveltern erfahren hatte. Dabei half es ihr, sich klarzumachen, dass sie ihre akademische und professionelle Karriere unterstützt hatten oder dass sie jetzt eine erfolgreiche Theaterregisseurin war. Darüber hinaus räumte Victoria ein, dass ihre Mutter, aufgezogen von kritischen presbyterianischen Eltern, schlicht nicht in der Lage war, ihr gegenüber Zuneigung oder Zuspruch zu zeigen. Aufgrund ihrer eigenen Erziehung erkannte ihre Mutter ganz einfach nicht, wenn ihr etwas Angenehmes widerfuhr.

Psychologische Studien haben gezeigt, dass positives Denken dabei hilft, das Gehirn neu zu vernetzen. Statt sich von Herausforderungen überwältigt zu fühlen, kann man ihnen einen Sinn abgewinnen und Lösungen für sie finden. Jede Veränderung lehrt uns etwas Wichtiges, wenn wir es nur zulassen. War unser Aufwachsen geprägt von Herausforderungen und Traumata, aber dennoch liebevoll, dann gibt es Erinnerungen, zu denen man zurückkehren kann, damit die negativen nach und nach durch positive ersetzt werden.

Eine psychologische Studie von 2011 über Dankbarkeit und Wohlbefinden, durchgeführt von Matsuba und Prkachin,[1] teilte 293 Erwachsene auf der Suche nach psychologischer Beratung in drei Gruppen ein. Die erste Gruppe wurde gebeten, drei Wochen lang Dankesbriefe zu schreiben. Die zweite wurde gebeten, über ihre tiefsten Gedanken und Gefühle bei negativen Erlebnissen zu schreiben, und die letzte Gruppe schrieb gar nichts auf. Die Gruppe mit den Dankesbriefen berichtete, sich zwölf Wochen nach der Übung mental besser zu fühlen. Wissenschaftler legten nahe, dass das Ausüben der Dankbarkeit der Gruppe geholfen hat, toxische Gefühle loszulassen, indem sie die Negativität auf produktive Weise neu ausrichteten. Sie schlossen damit, dass die Rückkehr zu einer Erinnerung der Dankbarkeit einen Menschen zukünftig sensibler für diese Erfahrung machen könnte. Das trage zu einer andauernden verbesserten psychischen Gesundheit bei und richte die Betrachtungsweise ihres Lebens neu aus.

Schatten können geheilt werden. Wir besitzen die Macht zu ändern, was wir über uns selbst empfinden und was uns in der Kindheit beeinflusst hat, indem wir über die Beziehungen zu unseren Eltern oder Betreuern nachdenken. Das können wir dadurch tun, dass wir zu den Altersabschnitten zurückkehren, von denen wir wichtige Erinnerungen von guten und schlechten Zeiten zurückbehalten haben.

Rufe dir deine Vergangenheit in Erinnerung und erstelle in der nächsten Übung einen Dankesbrief an die Vorfahren, wobei du bei deinen Eltern und Großeltern anfängst. Solltest du adoptiert sein oder Pflegeeltern haben, dann beziehe dich auf deine ersten Fürsorger, nicht auf deine biologische Familie, da wir uns für diese Übung den Erfahrungen zuwenden, die wir beim Aufwachsen in unserer Familie hatten, und nicht nur dem Vermächtnis, das wir vererbt bekamen.

Kindheitserinnerungen erkennen

- Erstelle auf einem großen Stück Papier einen Zeitstrahl von deiner Geburt bis zum heutigen Tag.
- Schreibe auf die eine Seite des Zeitstrahls positive Erinnerungen, halte auf der anderen traumatische Erfahrungen fest.
- Notiere dein Alter und das Jahr, das du bei jeder dieser Erinnerungen hattest, wodurch du anfängst, eine Art Diagramm zu erstellen.
- Ist das Diagramm vollständig, dann suche nach Fotos und Erinnerungsstücken, die du mit diesen Momenten verbindest.
- Lege alles vor dir aus, um deine Erinnerung zu befeuern.
- Zünde als Nächstes eine Kerze oder ein Räucherstäbchen an oder wähle ein ätherisches Öl, das du magst.
- Setze dich bequem und aufrecht hin. Atme ein paar Minuten lang durch die Nase ein und durch den Mund wieder aus, um dich zu entspannen.
- Lass die Augen geschlossen und konzentriere dich ganz auf deinen Atem.
- Bitte deinen Ahnenwächter, Gott oder Geist laut oder in Gedanken, dir dabei zu helfen, deine Vergangenheit zu durchleuchten und sie zu heilen.
- Stelle dir vor, wie du zu den unterschiedlichen Zeiten auf deinem Zeitstrahl reist.
- Schreibe in dein Notizbuch, wie du jede Erfahrung jetzt erinnerst, halte dabei auch alles fest, was du gedacht oder gefühlt hast.
- Vielleicht empfindest du das Bedürfnis, dich mit manchen dieser Wunden ausführlicher zu befassen, und konsultierst dafür einen Therapeuten oder eine medizinische Fachkraft.
- Führe diese Meditation regelmäßig durch, um die verschiedenen Epochen und ihre Emotionen durchzugehen.
- Je mehr Momente dir von der Vergangenheit präsent sind, umso

eher findest du heraus, was geheilt werden muss, sprich, umso umfassender fällt die Heilung aus.

- Schreibe zusätzlich noch einen Brief an all jene, die dich geliebt und dich unterstützt haben.
- Bedanke dich bei ihnen und führe auch die Gründe dafür auf.
- Schreibe einen weiteren Brief an all jene, die dir wehgetan oder dich wütend gemacht haben, löse deine emotionale Verbundenheit zu ihnen.
- Vergebung und Loslassen sind überaus wirksame Möglichkeiten, um uns von der Vergangenheit zu lösen und vergangene Traumata zu heilen.
- Lege beide Briefe auf deinen Altar (siehe Seite 50) und bedanke dich.

Sich von den Menschen zu lösen, die deinen Schmerz verursacht haben, heißt, dich selbst zu befreien. Dieser Vorgang verändert deine Beziehungen zu lebenden und verstorbenen Verwandten, die Teil dieser schwierigen oder traumatischen Erinnerungen waren. Sollte es uns nicht möglich sein, ihnen zu vergeben, so können wir doch uns selbst vergeben, statt zuzulassen, dass wir weiterhin verletzt werden und an diesen vergangenen Situationen festhalten. Das Loslassen dieser emotionalen Bürde, die mit negativen Ereignissen oder bestimmten Personen verbunden ist, trägt fundamental dazu bei, eine gesunde Seelenerinnerung wiederherzustellen. Innere Ruhe rührt daher, etwas loszulassen und zu vergeben, und ist der Schlüssel für die Heilung eines schmerzhaften Ahnenerbes.

Übungen für Ahnenheilung

Mehrere Gaben, die wir als Mediatoren und Heiler für unsere Familie vererbt bekommen, gehören mit zu den überlieferten Traditionen der Ahnenheilung. Dazu zählt die Fähigkeit, mit den Vorfahren kommunizieren zu können, um ihre spirituelle Unterstützung und ihren Schutz für unsere Familie zu erbitten. Oder auch, sich mit dem Tod auseinanderzusetzen und unsere Furcht in Hoffnung zu verwandeln. Darüber hinaus ermöglichen sie uns, jene im Familienstammbaum zu retten, die das Licht verlassen haben und nun erdgebunden sind.

Wir müssen aber gar nicht in der Lage sein, mit den Toten zu kommunizieren, um dabei zu helfen, unser Ahnenvermächtnis zu heilen. Jeder kann etwas bewegen, angefangen beim Pflanzen eines Baums bis hin zum Erschaffen eines neuen Vermächtnisses. Um das Beste hervorzubringen, das an uns weitergereicht wurde, müssen wir einfach nur zu den alten Traditionen des Respekts zurückkehren und ein ehrliches Interesse für das entwickeln, was nach uns kommen wird.

Vieles in unserer Familiendynamik, das durch die Familiengeschichte bestimmt wird, lässt sich durch ganz einfache Rituale und durch eine Zusammenkunft der Familie zu diesen schwierigen Zeiten heilen. Lucia stammt aus der Slowakei und lebt inzwischen mit ihrer Familie in London. Nachdem sie eine milde Form der postnatalen Depression und Angststörung durchlebt hatte, brachte sie ihre Familie zusammen. Gedanken und Gefühle aus ihrer Kindheit waren wieder aufgetaucht, nachdem sie ihren Sohn geboren hatte. Da ihre Schwester, die bereits zwei Kinder hatte, zugab, dass auch sie ähnliche Ängste, Befürchtungen und Sorgen nach der Geburt ihrer Kinder empfunden hatte, wurde Lucia klar, dass sie etwas an dem ändern wollte, das ihre Abstammungslinie mütterlicherseits beeinträchtigte. Sie fing bei ihrer Mutter an und befasste sich mit dem, was mit ihrer Familie passiert war.

Lucias Geschichte

Als Kind habe ich viele Vorwürfe, einen Mangel an Verantwortung, das Ausbleiben von Verzeihen und ein Gefühl der Ungerechtigkeit wahrgenommen. Es herrschten ein unbestimmter Hass auf Männer und eine Tendenz vor, sie für alles verantwortlich zu machen. Mir wurde bewusst, dass es vier Generationen von Frauen mit dysfunktionalen Beziehungen gab, die ihrerseits immer kontrollsüchtiger wurden. Das erweckte den Eindruck eines umfassenden Scheiterns, sich mit der Stärke der mütterlichen Ahnenlinie zu verbinden, was durch das abermalige Durchleben des vergangenen Ahnenvermächtnisses noch stärker wurde.

Die Mutterschaft führte dazu, dass ich mich mit der mütterlichen Ahnenlinie befasste und die in ihr verankerten Blessuren heilen wollte, denn mir wurde bewusst, dass auch ich unter einem Gefühl des Kontrollverlusts und des Misstrauens litt, wenn es um jene ging, die mir am wichtigsten waren. Daher lud ich meine Mutter und meine Schwester an einem Wochenende, als sie beide zu Besuch waren, dazu ein, ein einfaches, uraltes Ritual mit mir durchzuführen. Wir saßen um ein Feuer und fingen mit einer Meditation an, bei der wir uns vorstellten, von allen Ahnen mütterlicherseits aufgesucht und umarmt zu werden. Wir bedankten uns bei ihnen für ihre Gaben, und uns wurden nacheinander ihre Stärke, Wärme und Liebe zuteil, sowohl von denen, die wir kannten, wie auch von jenen vor ihnen, die uns unbekannt waren.

Nach der Meditation bat ich meine Schwester und meine Mutter aufzuschreiben, was sie erlebt hatten, und einander daran teilhaben zu lassen. Sie sollten auch die Aspekte berücksichtigen, von denen wir uns als Gemeinschaft und als Individuen trennen wollten. Danach verbrannten wir die Blätter im Feuer in dem Wissen und dem Bewusstsein, dass uns die Kraft innewohnte, innerlich zu heilen, damit unsere Kinder und deren Kinder von diesem Vermächtnis befreit würden.

Inzwischen spüre ich, dass die Furcht und die Beklemmung auf der mütterlichen Seite der Familie abgenommen haben. Ich bin überzeugt, dass ich geführt werde und jemand über mich wacht. Außerdem vertraue ich darauf, dass ich jetzt die Kraft aller Generationen in mir trage. Ich hatte herausgefunden, dass die männliche Seite der Familie für gewöhnlich in der Familieneinheit nicht präsent war, sei es aufgrund von Tod, Abhängigkeiten oder einfach deswegen, weil sie durch emotionale Abwesenheit glänzten. Diese Familiengeschichte nahm ihren Anfang mit meiner Urgroßmutter, die ihren Ehemann im Alter von 24 Jahren verloren hatte. Er wurde von einem betrunkenen Nachbarn ermordet, der meinen Urgroßvater mit der Axt attackierte, als dieser von der Arbeit nach Hause kam.

Doch schon davor hatte meine Urgroßmutter ein schwieriges Leben gehabt. Bereits mit vier Jahren hatte sie beide Eltern verloren; ihre Mutter starb, als sie ihren Bruder zur Welt brachte, wobei sie und das Baby starben, und ihr Vater war nie aus dem Krieg zurückgekehrt. Für meine Urgroßmutter war ihre neue Familie alles, was sie hatte, und nachdem ihr Mann getötet worden war, musste sie sich allein um ihre kleine Tochter kümmern und den Hof führen. Meine Urgroßmutter hatte viele Gaben und war unglaublich hübsch, doch auch als sie älter wurde, verließ sie nie das Haus oder machte etwas aus ihrem Leben, was nur eine der vielen Geschichten des Bedauerns und der Vorwürfe darstellt, die sich durch die Ahnenlinie mütterlicherseits zieht.

Meine Großmutter wurde gezwungen, einen Mann mit einer guten Stelle und dem entsprechenden Einkommen zu heiraten. Leider stellte sich heraus, dass das nicht die beste Ehe war, und für meine Großmutter war hauptsächlich meine Urgroßmutter für ihr Unglücklichsein verantwortlich. Dementsprechend wurde meine Mutter in eine Familie hineingeboren, in der es keine emotionale Bindung zwischen den Eltern gab. Mein Großvater stürzte sich in die Arbeit und den Alkohol, während meine Großmutter sich um alles allein kümmern musste. Meine Mutter war sehr jung, als sie meinen Vater heiratete. Leider bestand auch zwischen ihnen keine emotionale Bindung, daher suchte auch mein Vater Zuflucht im Alkohol und starb schließlich an Alkoholismus.

Als ich mit meinem Sohn schwanger war, beschloss ich, dass es an der Zeit war, etwas zu unternehmen, um diese Ahnenlinie zu heilen.

Am effizientesten gehen wir ungewollte, vererbte Aspekte in unserem Familienerbe an, indem wir Heilungsrituale und persönliche Zeremonien durchführen. Durch diese Praktiken können wir uns mit innerfamiliären Problemen befassen und verstorbene Angehörige unterstützen, die Hilfe benötigen, um ganz ins Licht zu gehen. Auch lebende Angehörige können dazu ermutigt werden, zu erlernen, wie sie ihre Rituale und Zeremonien durchführen, um die Geburt und den Tod von Angehörigen zu ehren.

Ahnenaltäre

Um einen Ort zu erschaffen, an dem man seine Heilungsrituale durchführen kann, sollte man zunächst einen Altar oder Schrein errichten (siehe Seite 50) und dann für die Heilmeditationen und Zeremonien oder Rituale zur Ahnenverehrung heilende Hilfsmittel wie Kristalle, Pendel, Räucherstäbchen oder Kerzen aufstellen. Ein Altar ist ein zentraler Fokus oder heiliger Ort für Verehrung, Gebete, Rituale oder Opfergaben, wohingegen ein Schrein etwas ist, an dem wir einem ganz bestimmten Menschen, Geist, Wesen oder einer Gottheit gedenken.

Als Vorbereitung auf die Durchführung eines Rituals der Ahnenheilung reinigst du gewöhnlich den Raum und auch dich selbst, zum Beispiel durch Fasten oder eine Entschlackungskur. Unabhängig davon sollte der Raum grundsätzlich sauber gehalten werden. Weitere Anleitungen hierfür findest du in Kapitel 5 (siehe Seite 160ff.). Ehre den Raum, indem du Blumen, eine Pflanze, Steine, Federn oder Kristalle aufstellst, die die Erde repräsentieren. Zudem können Gegenstände wie Bilder oder Symbole dort angeordnet werden, die dein eigenes kulturelles Erbe darstellen.

Familienaltäre

Steht er in deinem Zuhause, wird der Altar zum zentralen Punkt für deine Verbindung mit der Geisterwelt und dem Ahnenreich. Der Altar kann auf einem kleinen Tisch im Wohnzimmer, im Schlafzimmer oder im Büro errichtet werden – irgendwo, wo er dich daran erinnert, dass die Ahnen Teil deines täglichen Lebens sind. Er kann mit einer Tischdecke oder einem Seidentuch versehen werden und als Ort für deine Lieblingsfotos von Familie und Vorfahren dienen. Lasse Raum für die anderen Dinge, die du zusammengetragen hast, und stelle neben den Fotos auch Gegenstände auf, die deine Familie und dein Ahnenvermächtnis repräsentieren. Terry und ich haben eine Wand mit Fotos von der Familie und von unseren Ahnen, die wir bekommen oder durch unsere Nachforschungen ausfindig gemacht haben.

Führe täglich eine Übung am Familienaltar durch, um eine Verbindung zu errichten und aufrechtzuerhalten, indem du dir die

Fotos ansiehst, ein Räucherstäbchen anzündest und ein Gebet sprichst. Bitte täglich um Unterstützung, damit du und deine Familie mit Frieden, Liebe und Heilung erfüllt werden. Reinige diesen Ort regelmäßig, indem du Räucherstäbchen anzündest und Salbei verbrennst (mehr dazu auf Seite 161f.), um die Stimmung an und um den Altar zu verbessern.

Ein Ahnenaltar ist deshalb so wichtig, weil er die Pforte für unsere Beziehung zu den Ahnen darstellt. Nimm dir jeden Tag zehn Minuten oder auch etwas mehr, um dich ganz bewusst mit ihnen zu verbinden. Die tägliche Übung sorgt für Fokus und erinnert dich durch die Wiederholungen sowohl an deine Absichten wie auch an die Beziehung, die du mit deiner Ahnenfamilie unterhältst.

Denke für diese nächste Übung an das, was du heilen willst. Beschließe ganz bewusst, nach welcher Führung du für dich oder für deine Familie suchst. Gibt es Angehörige, die Hilfe brauchen oder geheilt werden müssen? Ist jemand vor Kurzem gestorben, der unterstützt werden muss? Oder braucht vielleicht ein Neugeborenes Beistand? Solltest du Gegenstände besitzen, die deinen Vorfahren gehörten, dann nimm jeden davon einen Moment lang in der Hand und verbinde dich mit ihnen. Ich benutze eine Kette meiner Großmutter und halte sie fest, während ich ein Gebet für sie spreche und sie darum bitte, meine Kinder zu heilen oder zu unterstützen. Ich spüre, dass sie in meiner Nähe ist und mich mit ihrer geduldigen Stärke erfüllt, wenn ich ihre Hilfe brauche.

Meditieren am Altar

- Setze dich bequem vor den Altar hin und entspanne dich.
- Denke nicht länger an deine täglichen Aufgaben und lasse deine Gedanken ziehen, so, als würdest du dich Tagträumen hingeben.
- Verbinde dich mit den leisen Geräuschen, Echos und Einflüssen in deinem Unterbewusstsein, mit den Erinnerungen und Verbindungen deiner Vergangenheit aus Urzeiten.
- Sei offen. Atme weiter, entspanne dich und warte ab, was in dir aufsteigt.
- Halte in deinem Tagebuch fest, was du empfindest, denkst oder fühlst.
- Wiederhole dieses Verbinden täglich, zumindest aber einmal pro Woche.
- Lies etwas über das Vermächtnis deiner Ahnen – über ihre Geschichte, Mythologie, traditionelle Musik – und lasse diese Verbindung lebendig werden.
- Inspiriere deine Kreativität, um deine persönliche Verbindung mit deinem Ahnenvermächtnis zu entzünden.

Der Ahnenschrein

Wenn wir einen Schrein für unsere Ahnen errichten, verbinden wir uns mit den schamanischen Traditionen und Bräuchen unserer ältesten Vorfahren, unserer Urahnen. Sie sind als die weisesten und mächtigsten bekannt, die an die Stelle aller verwandtschaftlichen oder jüngeren Ahnenverbindungen treten. Der Schrein dient sowohl als Zentrum für die Gemeinschaft wie auch für die erweiterte Familie.

In afrikanischen Traditionen bittet der Priester am Vorabend eines wichtigen Ereignisses darum, dass die Türen des Schreins geöffnet werden. Daraufhin werden Opfergaben gemacht, zu denen solche Dinge wie Nahrung oder Wein gehören. Die Gemeinschaft kommt nicht einfach nur zum Schrein, um dort um Hilfe zu bitten – sie bedankt sich auch. Bei der Zeremonie im Morgengrauen am nächsten Tag versammelt sich die Gemeinschaft, um die Ahnen zu ehren.[2]

Traditionelle Ahnenheilungen werden um einen Kreis abgehalten, der nicht durchbrochen wird, da ihm das Wissen innewohnt, dass es ohne die Verehrung der Ahnen kein Leben gäbe, das gefeiert werden könnte. Es kursieren sehr viele unterschiedliche Geschichten um unseren Ursprung, wenn es darum geht, die ganz frühe Existenz unserer Ahnen zu beschreiben. Die Wurzeln unserer Ahnenreihe zeigen eine Geschichte der Menschheit auf, die anfing, lange bevor etwas in irgendeiner Form dazu festgehalten wurde.

Deinen Schrein erstellen

Ein Ahnenschrein wird am besten in der Natur errichtet, da er zum Ziel hat, die Energie der Erde zu nutzen. Besitzt du einen Garten oder einen Lieblingsort, dann kannst du zum Beispiel dort einen einfachen Schrein aus Steinen, Federn, Muscheln, Ästen oder Holzscheiten bauen. Errichte den Schrein kreisförmig und achte auf eine flache Oberfläche, damit du Symbole und Bilder darauf abstellen kannst.

Erhöhe den Schrein mit Steinen und Kristallen unter den vier Ecken, sodass er sich etwas oberhalb der Erde befindet. Nimm dir beim Auswählen der Steine einen Moment für ihre unterschiedlichen Bedeutungen – rote Steine spiegeln Leidenschaft wider, blaue Steine weisen auf Ruhe und Kreativität hin, und so weiter. Du kannst das Arrangement mit Pflanzen oder Blumen vervollständigen, die zu den kulturellen Wurzeln deiner Familie passen, und auch Archetypen deiner ethnischen Kultur aufstellen, wie zum Beispiel mythologische Götter, Göttinnen und Gottheiten und andere Dinge, die für dich die Naturgeister – Berge, Bäume, Flüsse, Seen und Felsen – und die Tiergeister verkörpern.

Manche Menschen nutzen eine Schale, um Räucherstäbchen zu entzünden oder Feuerzeremonien abzuhalten. Ehre die Ahnen, indem du Kerzen anzündest oder Blumen und Pflanzen opferst. Bitte sie um Inspiration und Führung.

Einen heiligen Raum erschaffen

Das Erschaffen eines heiligen Raumes muss sich nicht auf das Zuhause, den Garten oder das Büro beschränken – er kann als Provisorium überall errichtet werden. Im Lauf der Geschichte wurden heilige Orte immer wieder in einer dauerhaften Umgebung errichtet, mit formalen Anordnungen von großen rituellen Gegenständen und Mobiliar wie zum Beispiel Altären und Bänken. Genauso gibt es aber auch vergängliche sakrale Räume mit tragbaren heiligen Gegenständen. Ein mobiler Altar kann schon allein aus einem ausgedruckten Bild oder einer Statue, ein paar Steinen, Kristallen oder Fossilien bestehen. Wähle etwas, das für dich deine Gefühle und die deiner Familie repräsentiert, beziehe auch ein paar deiner eigenen Lieblingsdinge mit ein, zum Beispiel ein Stück Stoff und Fotos oder Gegenstände von deiner Ahnenfamilie. Das hilft dir dabei, dich sowohl in spiritueller als auch emotionaler Hinsicht mit deiner Ahnenfamilie zu verbinden.

Schreine werden für gewöhnlich in der Natur errichtet und können entweder gemauert und somit dauerhaft sein oder aber aus Steinen, Holz und Lehm gebaut werden. Man findet sie überall auf der Welt, verstreut in der Landschaft, wo sie die Götter, Gottheiten und Ahnengeister repräsentieren, die in der dortigen Gemeinschaft leben. Du kannst Altäre und Schreine an deinem momentanen Wohnort errichten, doch je mobiler sie sind, umso besser, insbesondere wenn du und deine Familie nicht länger am selben Ort wie eure Vorfahren leben.

Es gibt verschiedene Wege, wie wir die Vergangenheit heilen können, ob wir nun von Ahnenerinnerungen überschattet werden oder von einem kollektiven Familientrauma betroffen sind. Es fängt damit an, dass wir unsere Familiengeschichte erforschen und uns bewusst machen, was an uns vererbt wurde, insbesondere von unseren Eltern und Großeltern. Wenden wir uns dem zu, was unsere Familie überschattet, entsteht gleichzeitig ein Verständnis für die Empfindlichkeiten und dafür, wie wir Kindheitstraumata heilen können. Unser inneres Kind ist der Teil von uns, der die emotionalen Traumata der Kindheit in sich trägt und davon beeinflusst wird, wie unsere Eltern oder Fürsorger uns aufgezogen haben. Auch sie haben Schatten der Ahnen vererbt bekommen, sind von ihrer eigenen Erziehung und den historischen Umbrüchen ihrer eigenen Kindheit beeinflusst. Das spiegelt sich in ihren inhärenten Vorurteilen und Einstellungen, die häufig vom sozialen Rang ihrer Familie genau wie von kulturellen und religiösen Überzeugungen herrühren.

Rituale und Zeremonien

Die Rituale und Zeremonien, die für die Ahnenheilung zum Einsatz kommen, sind die mächtigsten Katalysatoren, um die innere Stärke zu erwecken. Sie können sowohl kreativ wie auch erdend sein und uns helfen, unseren Fokus auf das zu richten, was unser Leben beeinträchtigt. Dementsprechend können wir sie dafür benutzen, nach Antworten zu suchen oder Lösungen zu finden, die uns dabei helfen, Veränderungen durchzusetzen. Alle Rituale beinhalten drei Stufen: Vorbereitung, Durchführung des Rituals und anschließendes Zelebrieren.

Rituale für Ahnenheilung können zum Ziel haben, verschiedene Entwicklungsstadien zu ehren und damit einhergehende spirituelle, psychologische, emotionale und körperliche Veränderungen in unserem Leben. Wir führen das Ritual durch, indem wir uns meditierend oder betend hinsetzen und eine Verbindung zu unseren Ahnen heraufbeschwören. Viele zünden Kerzen oder Räucherstäbchen an, oder aber sie schreiben Bitten und Fragen an die Ahnen auf, die dann auf dem Ahnenaltar platziert werden. Manche Menschen errichten ein Feuer und organisieren eine Zeremonie mit mehreren Familienangehörigen, andere gehen zu ihrem Lieblingsort in der Natur, um dort zu meditieren oder Rituale zu Ehren ihrer Ahnen auszuführen.

Du kannst deine eigenen täglichen Rituale und Gebete in Form einer Zeremonie abhalten, um damit einen Rahmen zu schaffen, in dem du eine Verbindung zu deinen Gefühlen und zu deiner Spiritualität herstellst. Entweder führst du das allein oder aber mit Familie und Freunden durch, damit der einzigartige spirituelle Weg und die Ahnenheilung eines jeden unterstützt und gefördert werden.

Eine Zeremonie oder ein Ritual muss keiner Tradition entstammen, man kann aber traditionelle heilige Praktiken wie Gebete, Weihungen und Heilungsriten nutzen und ihnen mit neuen Ideen begegnen. Das betrifft auch Geburten, Eheschließungen oder Beerdigungen. Die Ahnen können uns helfen, die Vergangenheit zusammen mit dem, was uns verletzt, kontrolliert oder ausgebremst hat, loszulassen. In anderen Worten, all das, was uns das Gefühl gibt, schwach, unzulänglich oder furchtsam zu sein. Außerdem können sie uns dabei helfen, dass wir den Fokus auf die Dinge in unserem Leben legen, die wir verändern oder heilen müssen. Sie ermöglichen es uns, klare Absichten zu formulieren, und schaffen Gelegenheiten für Neuanfänge beziehungsweise unterstützen uns dabei, gewisse Dinge abzuschließen und zu beenden. Es kann durchaus hilfreich sein, Führung von unserer

Ahnenfamilie zu bekommen, um diese neuen Ideen und Veränderungen in unser Leben zu bringen.

Einfache Anleitung für das Durchführen einer Zeremonie

Wenn du eine Zeremonie durchführst, übernimmst du die Rolle eines Ahnenheilers oder Familienmediators beziehungsweise einer Ahnenheilerin oder Familienmediatorin. Eine Zeremonie wird normalerweise von einem Priester oder einer Priesterin vollzogen, doch in diesem Fall übernimmst du diese Rolle.

Denke über die Gründe nach, weshalb du eine Zeremonie durchführen willst und welchen Zweck sie erfüllen soll. Als Ahnenmediator musst du alle Vorbereitungen treffen, dazu gehört es auch, die Einladungen zu verschicken. Denke darüber nach, wie du deine Familie feiern möchtest oder sie inspirieren willst, die Zeremonie zu genießen und zu stärken, während du die nächsten Schritte befolgst.

- Nimm dir Zeit, um dir über deine Absichten für das Abhalten einer Zeremonie klar zu werden. Vielleicht möchtest du lebenden oder verstorbenen Angehörigen helfen zu heilen, sie leiten oder unterstützen.
- Bereite dich auf das vor, was du tun willst, und überlege, warum. Vielleicht möchtest du bei einer Geburt, einem Todesfall oder einer Eheschließung helfen. Vielleicht willst du Probleme im medizinischen oder mentalen Bereich angehen. Oder aber du möchtest ein Trauma irgendeiner Form wie zum Beispiel Missbrauch ansprechen. Vielleicht geht es dir aber auch darum, finanzielle, gesellschaftliche oder gemeinschaftliche Probleme zu lindern. Beziehe durchaus andere Menschen in diesen Prozess mit ein, nicht nur dich selbst.

- Überlege, wen du gern dabeihaben möchtest, und lege dann ein Datum und eine Uhrzeit für das Durchführen der Zeremonie fest.
- Erschaffe einen heiligen Raum, an dem du alle zusammenbringst und die Ahnenfamilie ehrst (siehe Seite 54).
- Überlege dir zunächst, wo du die Zeremonie durchführen willst: an deinem Schrein oder Altar, irgendwo draußen in der Natur, im Elternhaus, einem Ort der Zusammenkunft.
- Lege fest, welches Ritual und welche Gebete du verwenden möchtest. Wenn sie für deine Familie oder Kultur von Bedeutung sind, dann überlege, wie du die Zeremonie am besten mit ihnen unterstützen kannst.
- Beginne die Zeremonie damit, dass du sowohl lebende als auch verstorbene Angehörige dazu einlädst, sich euch anzuschließen.
- Bitte sie, sich in liebender Güte und mit Mitgefühl für alle Versammelten zu euch zu gesellen.
- Erde dich, indem du tief durch die Nase ein- und durch den Mund ausatmest, wodurch du Körper und Geist in Einklang bringst.
- Gib allen Anwesenden die Gelegenheit, ein Gebet zu sprechen, laut oder in Gedanken – nur ein paar Worte, um den Raum und die Gründe für diese Zeremonie zu ehren.
- Vielleicht möchtest du chanten, singen, meditieren, musizieren, eine Trommel schlagen, eine Glocke läuten – was immer dich anspricht. Du könntest auch eine geführte Visualisierung durchführen oder aber den gemeinsamen Fokus auf Heilung oder auf ein Gebet legen.
- Vielleicht entzündest du ein kleines Feuer – in der Feuerschale oder draußen in der Natur.
- Bitte die positive spirituelle Energie, die deine Familie umgibt, sich zu euch zu gesellen.
- Bringe den Ahnen Opfergaben in Form von Blumen, Holz oder Kristallen dar. Findet die Zeremonie im Inneren statt, dann kannst du ihnen einen Umtrunk und etwas zu essen anbieten.

- Nachdem alle ein paar Worte gesagt haben, bedanke dich und würdige alle, die da sind.
- Beschließe die Zeremonie mit einem Dankgebet für die Ahnen. Atme tief und entspannt und öffne die Augen, wenn du spürst, dass der richtige Moment gekommen ist.
- Hinterlasse den Ortsgeistern ein Geschenk, wenn die Zeremonie draußen stattfand, oder lege ein Geschenk ins Feuer oder auf den Altar deiner Ahnenfamilie.

Den Familienschatten heilen

Sich eingestehen, dass lebende Angehörige manchmal nicht der einzige Grund für diese Ahnenschatten sind, heißt akzeptieren, dass es eine Vererbung gibt, durch die die Störungen im Familienstammbaum miteinander verlinkt sind. Manche übernehmen mehr von der Lebensgeschichte eines Vorfahren in ihre eigene als andere, sodass sie manchmal nicht mehr unterscheiden können, wo deren Geschichte endet und ihre eigene beginnt, weil diese Geschichte sie schon so lange begleitet. Manche Menschen leiden zum Beispiel an allen möglichen Problemen wie Sexualangst oder Bindungsstörungen und finden dann heraus, dass ihre unverheiratete Tante, die verbittert und allein verstarb, von ihrem Geliebten verlassen wurde. Andere Familien, die sich mit Geldangelegenheiten schwertun und denen es einfach nicht gelingt, etwas zu verdienen oder anzusparen, finden später vielleicht heraus, dass ihr Urgroßvater ein eingefleischter Spieler war, der die Familie in die Armut trieb.

Familienschatten können sich durch ängstliche Worte, Befürchtungen, furchtsames Verhalten und unerklärbare körperliche Symptome ausdrücken. Inzwischen versteht man, dass es sich hierbei um vererbte Familientraumata oder untergeordnete posttraumatische Belastungsstörungen (PTBS) handelt, die Menschen anfällig für psychische Erkrankungen machen. Auch nach dem Tod des Menschen, der das eigentliche Trauma erlitten hat oder dessen Geschichte vergessen oder totgeschwiegen wurde, leben diese Erinnerungen und Gefühle weiter fort.

Diese Komponenten werden als versteckte Erinnerungen weitergetragen, ebenso wie alle anderen Bestandteile, die einen Menschen als Person ausmachen. Die Schatten verstecken sich jedoch an geheimen Orten, in den Knochen, im Blut und in der Haut, wo sie alle miteinander verbunden eine unterbewusste Landschaft bilden, die die Ureinwohner von Australien die Traumzeit nennen. Diese Faktoren werden zum einen durch die Kultur vermittelt und zum anderen von der Natur ins Innere des Körpers vererbt, als steckten sie »unter unserer Haut«, und versetzen uns in einen Zustand des Unbehagens, der Nervosität oder der Unzufriedenheit.[3]

Jenen, die an transgenerationalen Traumata leiden, fällt es schwer, sich von den Forderungen zu lösen, die von lebenden Angehörigen geäußert werden. Sie wollen sich den Familienregeln und -traditionen nicht anpassen und finden sich selbst möglicherweise beständig in einer Position wieder, in der sie versuchen, ihren Platz zu finden, werden dann aber verurteilt oder sogar abgewiesen. Dieses Verhalten kann zu allen möglichen Symptomen führen, weshalb sie das Gefühl haben, ein Leben zu leben, das beständig von ihrer Familiengeschichte überschattet wird.

Gemäß den Traditionen von sibirischen und mongolischen Ureinwohnern dauert es etwa vier Generationen oder bis zu hundert Jahre, damit sich der mentale Energiekomplex eines Vorfahren ganz von dieser Welt löst. Wenn das passiert, dann übernimmt die Seele das Muster des jüngsten, soeben geführten Lebens. Alles, was eine Person je gedacht, gefühlt, gemacht oder erduldet hat, ist in ihre DNA eingeschrieben, und diese Gesamtheit wird weitervererbt. Wird also ein Kind gezeugt, so erbt es die Muster, die von beiden Elternteilen und den jeweiligen Vorfahren stammen.

Mit der aktuellen Tendenz, die Ahnenheilung wieder aufleben zu lassen, und durch unsere eigene Tätigkeit als Heiler fangen wir jetzt an, den spirituellen und psychologischen Wert vieler Dinge anzuerkennen, die unsere Vorfahren wussten. Wir lernen, dieses alte Wissen zu respektieren, und verstehen, wie wichtig es für unsere Gesundheit und unser Wohlbefinden ist. Durch unsere Erfahrung auf diesem Gebiet erkennen wir, dass wir ein Verständnis dafür entwickeln können, wie wir diese alten Heilmethoden in unseren modernen psychologischen und ganzheitlichen Ansatz einbringen können, um unser Familienvermächtnis zu heilen.

In den meisten Methoden der Ahnenheilung zeigt sich, dass diese Erinnerung mit starken mentalen und emotionalen Befindlichkeiten der Ahnen einhergehen kann, die auch den emotionalen Energiekörper des sich neu formenden Individuums verzerren können. Eine neue Seele oder ein Säugling, der eben erst gezeugt wurde, verkörpert das Unschuldige und muss sich als solches der Herausforderung des Vermächtnisses stellen. Als weiße Leinwand kann diese Unschuld befleckt oder von manchen Persönlichkeiten infrage gestellt werden. Manche geben sich dem hin, ohne sich diesem Aufzwingen des Familienschattens und der Konditionierung zu widersetzen. Waren diese neuen Seelen aber stark genug, dem etwas entgegenzusetzen, oder aber wurden sie im Gegenzug voll und ganz davon absorbiert, so könnten sie tatsächlich mitfühlend genug sein, um dieses Vermächtnis weiterzutragen. Der entscheidende Punkt bei der

Ahnenheilung liegt darin, dass wir genau diesem Familienvermächtnis das Leben verdanken. Egal, in welchem Zustand sich diese Energie befindet, sie prägt die Atmosphäre, in der wir auf dieser Welt empfangen werden.

In manchen Fällen weisen Kinder schon früh im Leben Symptome von vererbten Krankheiten auf. Möglicherweise verringert sich die Schutzfunktion ihres Immunsystems, was bedeutet, dass der physische Körper anfängt, Zeichen derjenigen Krankheiten aufzuweisen, an denen auch die Ahnen gelitten haben. Erkrankungen wie Asthma, Ekzem und Heuschnupfen sind darunter am meisten verbreitet, es gibt aber ebenso viele andere physischen, mentalen, emotionalen und spirituellen Krankheiten, die von den Ahnen vererbt werden und eine nachteilige Auswirkung auf den physischen Körper haben können. So werden wir zum Beispiel mit zunehmendem Alter immer mehr wie unsere Eltern und Großeltern und fangen an, ähnliche Verhaltensweisen bei uns zu entdecken. Vielleicht stellen wir fest, dass wir an gleichartigen Krankheiten leiden, genau wie wir auch mental oder emotional von ihren Sorgen, Wünschen, Befürchtungen, Ängsten und dem Nichtverwirklichen ihrer unerfüllten Träume begleitet werden.

Es ist wichtig zu verstehen, dass das Ahnenerbe einen nicht absichtlich krank macht. Das Unwohlsein lässt sich einfach nicht vermeiden, da es ein wesentlicher Bestandteil unseres Menschseins und Teil unserer Familie ist. Unsere Vorfahren sind vielleicht an Krankheiten gestorben, die sie heimgesucht haben, aber die Grundursache für eine Krankheit ist ein Zusammenbrechen des körperlichen Energiesystems. Das lässt vermuten, dass ein solcher Zustand auch nach dem Tod des physischen Körpers weiterbesteht und in der Ahnenlinie weitergereicht werden kann, ist erst einmal etwas im Energiesystem eines Vorfahren fehlgeleitet.

Die Antwort für unseren Heilungsprozess finden wir, indem wir uns klarmachen, dass wir uns beständig von alten Vorstellungen lösen müssen. Sie können vielleicht für unsere Eltern und unsere Vorfahren wichtig gewesen sein, aber es ist ganz entscheidend, zu wissen, ab wann sie für uns nicht länger von Bedeutung sind.

Es ist durchaus möglich, dass ein Trauma erst in den nachfolgenden Generationen wahrgenommen und durchgearbeitet werden kann, von Menschen, denen es nicht selbst widerfahren ist, die aber nachträglich durch Erzählungen, Handlungen und Symptome der vorangegangenen Generationen die Auswirkungen davon zu spüren bekommen. Das ist zum Beispiel der Fall in meiner eigenen Familie (Natalia), die an den Erfahrungen ihrer eigenen historischen und kulturellen Geschichten gelitten hat. Es ist nicht von Bedeutung, dass sie verstorben sind – denn das, woran die Menschen gelitten haben, können wir dennoch vererbt bekommen. Durch die Ahnenheilung haben wir als ihre Nachfahren aber die Möglichkeit, dieses Vermächtnis zu heilen. Um die Dynamik der innewohnenden Überzeugungen und die Umstände unserer Ahnen zu verändern, benötigen wir Mut, Vertrauen und Selbstwahrnehmung.

Die gute Nachricht ist, dass wir diese Herausforderungen der Familiendynamiken hinter uns lassen können, insbesondere dann, wenn uns bewusst wird, dass wir dieselben Muster nicht zwangsweise wiederholen müssen. Familienangehörige, lebende wie verstorbene, haben einen starken Einfluss nicht nur auf unser Selbstwertgefühl, sondern auch darauf, wie wir unseren Beziehungen in der Kindheit und als Erwachsene begegnen. Für jede Erwägung müssen wir bedenken, welchen Einfluss unsere Entscheidungen auf die Menschen in unserem Umfeld haben. Durch das, wie wir mit anderen agieren, lernen unsere Kinder, wie sie ihre zwischenmenschlichen Beziehungen führen müssen. Der Wirkungskreis übersteigt die Grenzen unseres unmittelbaren Daseins um ein Vielfaches, umfasst all jene, mit denen wir im

Lauf unseres Lebens interagiert haben. Niemals weiß man, welchen Einfluss man haben wird, doch wir alle können die Welt durch unser Handeln und unsere Erfahrungen verändern.

Terrys Geschichte – meine Mutter

Es ist mir schwergefallen, mich mit dem Verhalten meiner Mutter zu arrangieren. Als Kind war ich nicht nur ihrem emotionalen Missbrauch ausgesetzt, sondern auch ihrem besorgten und ängstlichen Wesen. Das hatte einen starken Einfluss auf mich, denn ich war ein Einzelkind ohne Geschwister, mit denen ich den Einfluss, den das Verhalten meiner Mutter auf die Familie hatte, hätte teilen können. Mein Vater war immer beim Arbeiten, somit war ich die meiste Zeit allein mit ihr zu Hause. Es hat sehr lange gedauert, bis ich ihr vergeben konnte. Erst als ich bereit war, mir ihr Leben anzusehen und wodurch sie mich so stark während der Kindheit beeinflusst hatte, wurde mir die eigentliche Ursache für meine eigenen Probleme klar.

Denn zu diesem Zeitpunkt erkannte ich, inwiefern sie das Gefühl hatte, durch die Umstände ihres Lebens betrogen worden zu sein. Sie war gerade mal 15 Jahre alt, als der Krieg in Europa ausbrach, und 21 Jahre jung, als die Kampfhandlungen eingestellt wurden. Sie war die Jüngste von vier Geschwistern mit einem überaus schwierigen älteren Bruder. Freddie, der jüngste Sohn, war ihr Lieblingsbruder. Er starb im Zweiten Weltkrieg, und sein Tod machte sie sehr betroffen, da sie immer ein enges Verhältnis zueinander gehabt hatten und er derjenige war, dem sie sich anvertraute.

Als ich mir dieses Detail bewusst machte, verstand ich, wie einsam und wütend sein Tod sie zurückgelassen haben musste, sie war erfasst von einem Gefühl der Ohnmacht, zu dem sich dann auch noch Hass gesellte. Sie richtete diese Gefühle gegen jene, die ihr Leben für immer verändert hatten, gegen die Japaner, die ihren Bruder umgebracht hatten. Zwangsweise führte das im weiteren Verlauf zu angespannten Beziehungen, und sie machte sich in unterschiedlichen Situationen immer wieder Feinde.

Zeitlebens hat sie nicht gelernt zu vergeben, was sie leider sehr hartherzig machte. Ihre Angst drückte sich in ihrer Überzeugung aus, dass das Leben ihr alles, was sie liebte und was ihr wichtig war, wegnehmen würde. Ihre Trauer blieb ungelöst, sie blendete ihre Gefühle aus, vergrub sie tief in sich und war nicht bereit, sich erneut damit auseinanderzusetzen. Aus diesem Grund war sie ängstlich und konnte sich nicht mit ihren Verlustgefühlen aussöhnen, weshalb sie diese auch nie bewältigte.

Wir ermutigen Familien, sich mit familiären Wunden und vererbten Problemen auseinanderzusetzen. Indem sie selbst heilen, machen sie einen ersten Schritt, auch die Wunden jener heilen zu lassen, die vor ihnen da waren, und das Vermächtnis ihrer Familie durch umfassende Vergebung zu verändern.

Stelle dir zunächst einmal folgende Fragen:

1. Wie fühlst du dich wirklich in Bezug auf deine Familie?
2. Steht ihr euch nah?
3. Wie oft sprecht ihr miteinander?
4. Wie oft seht ihr einander?

Es ist einfach, denen Liebe zu zeigen, die uns mit Liebe und Freundlichkeit begegnet sind, bei denen, die unfreundlich oder schlicht abwesend waren, fällt es uns hingegen deutlich schwieriger. Um Schwierigkeiten jedweder Art zu heilen, lässt man persönliche Gefühle am besten zunächst einmal außen vor. Denn genau diese Gefühle könnten unsere Tränen der Wut sein, die eine klare Sicht trüben.

Kristina nahm an einem unserer Retreats für Ahnenheilung teil, und es war ganz offensichtlich, dass die Vorfahren ihres Vaters spirituell auf diesem Retreat sehr präsent waren. Sie erzählte uns daraufhin, dass sie sie seit Jahren nicht gesehen hatte und auch keinen Kontakt zu ihrem Vater unterhielt. Während des Retreats schlug ich ihr vor, sie solle auf dem Heimweg beim Grab ihrer Großeltern väterlicherseits vorbeifahren und vielleicht auch ihren Vater anrufen, um bestimmte emotionale Schmerzen, die aus ihrer Kindheit herrührten, anzusprechen. Das erzählt sie dazu:

Kristinas Geschichte

Meine Eltern ließen sich scheiden, als ich 14 Jahre alt war. Danach sahen meine Schwester und ich unseren Vater nur noch dreimal. Inzwischen bin ich verheiratet und habe selbst drei Kinder. Nach diesem Retreat zur Ahnenheilung wurde mir klar, wie wichtig es war, mich mit der Familie auf der Seite meines Vaters und mit meinen Vorfahren allgemein zu verbinden. Die hatte ich völlig ausgeblendet. Meine Kinder wussten noch nicht einmal von ihnen. Ich hatte meinen Vater und seine Seite der Familie effizient aus unserer Familiengeschichte getilgt und damit die Vergangenheit ausgelöscht.

Eines Tages, als mein Sohn sechs Jahre alt war, beschloss ich, die Wand um den Kamin herum neu zu streichen, und wir hängten Familienfotos auf, darunter auch welche von der Familie meines Vaters. Danach wollte er wissen, wer das sei. Erst da ging mir auf, dass meine Mutter zwar neu geheiratet, ich meinen Kindern jedoch nie gesagt hatte, dass mein Stiefvater nicht ihr tatsächlicher Großvater war. Um zu verhindern, dass das erst viele Jahre später bei seiner Beerdigung zur Sprache kam, erklärte ich meinen Kindern, wer mein eigentlicher Vater war, und wir vereinbarten einen Besuch.

Sobald wir bei ihm eintrafen, fiel mir alles wieder ein. Es war schrecklich. Mein Vater war rüpelhaft, kritisch, ignorierte meine Töchter und war einzig auf meinen Sohn konzentriert. Alles, was sie machten, wurde kritisiert. Ob sie nun aßen, standen, saßen, egal, was, beständig fand er etwas, das er beanstandete. Da es das erste Mal war, dass er meine Kinder sah, war ich schockiert, noch dazu, wo sie sich tadellos benahmen. Seit ich ihn das letzte Mal gesehen hatte, hatte sich sein Verhalten kein bisschen verändert.

Auf der Heimfahrt schwiegen wir, weil wir alle über das Erlebte nachdachten. Ich bedankte mich bei meinen Kindern dafür, sich so gut benommen zu haben, und meine Tochter sagte: »Arme Mami. War er immer schon so?«

Außerdem fuhren wir auf dem Heimweg beim Grab meiner Großeltern väterlicherseits vorbei. Die Kinder waren ganz ruhig und friedlich, während wir die Grabsteine säuberten und das Unkraut herauszupften. Dort spürte ich dann auch den Geist meiner Großmutter väterlicherseits, die immer gesagt hatte, dass sie auf meiner Hochzeit tanzen wolle. Sie bedankte sich bei mir dafür, die Kinder hergebracht zu haben, und ich spürte ihre bedingungslose Liebe und Verbindung zu uns. Dabei wurde mir bewusst, dass wir uns niemals mit seiner Seite der Familie ausgesöhnt hätten, wären wir nicht zu meinem Vater gefahren. Ich hatte das Gefühl, meine Pflicht getan zu haben, sowohl ihm als auch den Kindern gegenüber, die dadurch nun wussten, wer er war und dass es ihn gab.

Fünf Jahre später erhielten wir einen Anruf, dass er verstorben sei. Keiner wusste, dass er sich nicht wohlgefühlt hatte, und es war ein Schock, von seinem Tod zu erfahren, dennoch spürte ich, dass ich meine Beziehung zu ihm bei unserem letzten Besuch ausgesöhnt hatte. Ich war erfüllt von Frieden und wusste, dass seine verstorbenen Eltern bei ihm sein würden.

Sollte das auch dir in deinem Leben widerfahren sein, so ist vor allem wichtig, dass du nachsichtig mit dir selbst bist. Mache dir bewusst, dass das, was in deiner Kindheit passiert ist, nicht *deine* Schuld ist. Es kann schwierig sein, Vergebung für das zu empfinden, was dir als Kind oder Teenager widerfahren ist, aber es ist ein wichtiger Schritt, wenn du dich weiterentwickeln und heilen willst. Ansonsten wirst du nur dieselben Probleme weitergeben und spiegeln, die deine Familie erlernt und vererbt bekommen hat.

Kannst du diese Einflüsse bestimmen, so kann das von unglaublichem Wert dafür sein, ein tiefgreifenderes Verständnis für dich selbst zu erlangen. Es ist völlig unmöglich, sich vollständig von der Konditionierung als Kind zu lösen, aber du kannst lernen, das zu akzeptieren, was du nicht ändern kannst, und dich stattdessen auf die Dinge konzentrieren, die du ändern kannst. Genau darum geht es bei der Ahnenheilung.

Beginne mit einem kurzen täglichen Gebet, mit dem du darum bittest, von der Liebe der wohlwollenden, zugewandten Ahnen getragen zu werden. Das ist ein wunderbarer Startpunkt. Zeige dich außerdem dankbar für all die kleinen Dinge in deinem Leben. Für die Freunde, die für dich da sind, wenn du sie wirklich brauchst, und für die Familie, die du hast.

Geburt und Kinder

Wenn wir gezeugt werden, so erfahren wir während unserer Zeit im Mutterleib, wer unsere Familie ist – von ihren Umständen und ihrem Leben –, und wir bereiten uns auf den Ort vor, an dem wir uns selbst nach der Geburt wiederfinden werden. Doch die Familienschatten fangen schon dort an, nach uns zu greifen. Noch im Mutterleib werden wir damit konfrontiert, wie unser Vater auf unser Eintreffen reagiert und welche Gefühle er uns gegenüber hegt. Hier erkennen wir, wie sehr wir erwünscht sind. Nach und nach übernehmen wir die Schatten der Beziehung unserer Eltern wie auch die Erinnerungen über die Zeugung unserer eigenen Eltern, ihrer Geburt und so weiter.

Inga ist Yogalehrerin, und als sie mit ihrem Sohn schwanger war, wurde sie unvermittelt von dem irrationalen Gedanken umgetrieben, dass sie bei der Geburt sterben würde.

Ingas Geschichte

Vor der Geburt unseres ersten Sohnes wurde ich von einer schrecklichen Angst befallen. Als wäre ich in einen Nebel der Furcht gehüllt, hatte mich eine düstere Vorahnung befallen, dass etwas Schlimmes passieren würde. Sobald ich mich mehr damit befasste, wurde mir klar, dass es von meiner Überzeugung herrührte, dass ich die Geburt nicht überleben würde. Ich hatte schreckliche Angst davor, ins Krankenhaus zu gehen, war überzeugt davon, dass man dort Dinge mit mir machen würde, die ich nicht wollte, dass sie mich in irgendeiner Form für das Baby opfern würden. Dass sie mich vielleicht aufschneiden würden, nur damit das Baby am Leben blieb. Mir war unverständlich, weshalb ich so fühlte, es ergab überhaupt keinen Sinn. Es fiel mir schwer, mit jemandem darüber zu sprechen, weil mir jeder nur bestätigte, was mein rationaler Verstand bereits wusste: So würde es nicht ablaufen.

Ich nahm an einem Trommelworkshop teil und hatte dabei eine Vision, in der mir ein Mann erschien. Ich glaube, dass es mein Urgroßvater war, der mich in das Untergeschoss eines Krankenhauses führte, um mir zu zeigen, was mit seiner Frau passiert war. Ich sah, wie ihr Leben bei der Geburt ihres Kindes geopfert wurde, weil es zu Komplikationen kam, woraufhin beschlossen wurde, sie sterben und das Kind leben zu lassen. Ich sah, wie sie erst aufgeschnitten und dann wieder zugenäht wurde. Auf dem Heimweg erschienen mir beide auf der Fähre, und mir wurde bewusst, dass noch immer viel unbewältigtes Trauma vorhanden war.

Als ich diesen Moment der Vergangenheit vor Augen hatte, ergab die Furcht, die ich über viele Generationen hinweg vererbt bekommen hatte, einen Sinn. Als wäre endlich das letzte Puzzleteil an seinem Platz, und dieses Wissen half mir dabei, mich ganz von meiner Angst zu lösen. Seitdem habe ich mir meinen Familienstammbaum angesehen und versucht herauszufinden, wer sie sind, zurück bis in die Mitte des 19. Jahrhunderts. Ich habe mich von vielen meiner Ungewissheiten gelöst und verstanden, dass sie von meinen Ahnen herrühren. Inzwischen sehe ich, wie sie von meiner Großmutter durch meine Mutter hindurchgesickert waren, und bestimmt auch schon durch einige Generationen vor ihnen.

Das Ziel deiner Reise der persönlichen Ahnenheilung besteht darin, Möglichkeiten zu finden, wie du dich mit deinem eigenen Ahnenvermächtnis befassen kannst, um dich auf einen Weg der Selbstentdeckung zu begeben und dich mit den Wurzeln deiner Ahnen zu verbinden. Die Reise startet damit, die Geschichte deiner Familie zu erforschen, allerdings ist es wichtig, dass du zunächst mit deiner eigenen Geschichte beginnst, angefangen von deiner Zeugung bis zum jetzigen Tag. Details deine Erziehung betreffend und wie deine Eltern, Fürsorger und der weitere Familienkreis vom Zeitpunkt deiner Geburt auf dich reagiert haben, haben einen bedeutenden Einfluss auf dein Selbstwertgefühl, deine geistige Gesundheit und dein emotionales Wohlbefinden.

Eine Reise der Selbstentdeckung

Wenn du weißt, was sich bei deiner Zeugung, und während du im Mutterleib warst, zugetragen hat, was sich zum damaligen Zeitpunkt im Leben deiner Eltern abspielte, welches politische und historische Klima vorherrschte, wo und mit wem sie lebten, dann erhältst du ein Gefühl für das, was damals vor sich ging.

- Stelle zunächst ein Foto von dir als Baby auf den Ahnenaltar und zünde eine Kerze an. Solltest du kein Foto besitzen, dann reichen stattdessen auch ein Erinnerungsstück der Familie oder ein Foto deiner Eltern, das in etwa zur Zeit deiner Geburt aufgenommen wurde.
- Möchtest du dich der Zeugung deiner Kinder zuwenden, dann stelle ein Foto von ihnen auf den Altar – überlege dir, wie du und dein Partner/ deine Partnerin dich zu diesem Zeitpunkt und grundsätzlich hinsichtlich ihrer Zeugung gefühlt haben.
- Schreibe in dein Tagebuch, woran du dich von ihrer Geburt und der Zeit danach noch erinnerst, achte dabei besonders darauf, wie deine Gefühle zu deinem Kind waren.
- Richte deine Aufmerksamkeit als Nächstes darauf, wie deine Kinder auf dich als Fürsorger reagieren, und schreibe alles auf, was dir dazu in den Sinn kommt.
- Überlege dir, was du anders machen würdest, würde diese Zeit noch einmal vor dir liegen.
- Sprich ein Gebet für die Erinnerung der Zeugung, sobald du diese Übung vervollständigt hast, und sollte sie mit einem Trauma oder einer Dysfunktion versehen sein, so bitte darum, dass diese aufgelöst werden.

Mütter

Unsere allererste Beziehung haben wir zu unserer Mutter, und ihre Prägung ist für uns ganz entscheidend. Wir sind buchstäblich ein Teil unserer Mutter, und sie ist ein Teil von uns. Die emotionalen Auswirkungen einer »guten« oder »schlechten« Mutter sind unauslöschlich mit Äonen uralter Erwartungen und Konditionierungen verbunden. Für Töchter ist ihre Mutter das erste Rollenmodell, nach deren Vorbild sie sich formen, unabhängig davon, ob sie nun ein gutes oder ein schlechtes Modell für sie abgeben. Für Söhne stellt die Beziehung zu ihrer Mutter die erste Bindung dar. Sie ist diejenige, die ein Beispiel dafür setzt, wie ihre Söhne sich zukünftig in eigenen Beziehungen verhalten oder aufführen werden.

Da ich (Natalia) selbst Mutter bin, wird mir bewusst, wie viele von uns Müttern versuchen, für andere alles Mögliche zu verkörpern. Wir laden uns zu viel auf, verbergen unsere wahren Gefühle und tun uns schwer damit, Grenzen zu finden zwischen einem Offensein und Geben, während uns gleichzeitig bewusst sein muss, dass wir uns auch um uns selbst kümmern müssen.

Hält eine Mutter ihr Kind zum ersten Mal im Arm, dann überkommen sie viele Gefühle. Werden die Kinder größer, spürt sie jede Gefühlswelle, die je gefühlt wurde, von Liebe über Hass und zurück zur Liebe. Doch wir alle sind auch selbst bemuttert worden, und sowohl gute wie auch schlechte Vorstellungen der Mutterschaft werden an unsere Kinder weitergegeben. Wir können die besten Versionen unserer Mütter zelebrieren und alles andere heilen, indem wir uns klarmachen, dass wir verändern können, was uns als Kind mitgegeben wurde. Das Heilmittel in allen Fällen ist die Liebe – tiefe, bedingungslose Liebe.

In alten, traditionellen Kulturen war die Fruchtbarkeit eine der ersten Gaben, die wir von unseren Vorfahren zu erhalten hofften.

Sie waren diejenigen, die uns ein Kind aus dem Geisterreich schenkten. Unfruchtbarkeit wurde manchmal als Fluch oder als Zeichen des Missfallens in den Ahnenkreisen erachtet. Doch die erweiterte Familie gab sich große Mühe, den persönlichen Verlust zu mildern.

In Hawaii beruht die Wahrnehmung der Familie nicht nur auf Blutsbanden. Kinder werden unabhängig von den Umständen ihrer Geburt geliebt und geachtet. Kann eine Frau keine Kinder bekommen, so bekommt sie ein Kind von einer anderen Frau. Die westlichen Regeln rund um Adoption sind heutzutage nicht einfach, doch wenn ein adoptiertes Kind in eine andere Familie kommt, so ist das Teil davon, wie Kinder durch das Familiensystem weitervermittelt werden. Traditionelle Kulturen halten ihre Gemeinschaft intakt, und ihre Liebe verteilt sich durch die Familienlinien, zu denen auch Leihmutterschaft und Adoption gehören. Im Fall von Olena wurde die Unfruchtbarkeit mit einer Eizellenspenderin aus Osteuropa gelöst. Sie und ihr Partner haben inzwischen eine Tochter.

Olenas Geschichte

Als ich schwanger war, musste ich mich etwas eingehender mit Furcht befassen, da ich spürte, wie sie in mir aufstieg. Ich wusste, dass es nicht meine Ängste waren, die ich hier verspürte. Sie rührten noch aus der Zeit, als ich im Leib meiner Mutter war, und es ist die Furcht, die sie damals empfunden hatte. Nach der Geburt meiner Tochter dauerte es Monate, ehe ich eine Verbindung zu ihr hergestellt und das Gefühl hatte, ich könnte ihr mein ganzes Herz und all meine Liebe schenken, weil ich von dem überwältigenden Gefühl vereinnahmt wurde, dass sie jeden Moment sterben könnte.

Ich musste intensiv daran arbeiten, bis ich herausfand, dass ich die ganze Ahnenlinie von tot geborenen Babys und Kindern, die kurz nach der Geburt verstorben waren, in mir trug. Sie waren mit all der Trauer ihrer Mütter behaftet, die vor mir gelebt hatten. Danach verzog sich das erdrückende Gefühl, das mich mit der Furcht erfüllt hatte, meine Tochter könnte sterben. Ich stamme aus einer katholischen Familie, in der Religion eine wichtige Rolle spielt, und konnte diese Seelen auf einem Imbolc Retreat ehren, bei dem wir den Frühlingsanfang feierten und in einer Kirche saßen. Während dieses Festes wurden sie ins Licht entlassen und fanden ihren Frieden.

Eine meiner Großmütter hatte sieben Kinder, die andere 15, alle überlebten. Niemals wurde darüber gesprochen, wie sie als Frauen und Mütter zu kämpfen hatten. Erst nachdem ich selbst eine Mutter war, fand ich heraus, dass ich voll und ganz wertschätzen und mich mit dem verbinden konnte, was sie durchgemacht hatten, auch was die Opfer betrifft, die sie für ihre Kinder brachten, und inwiefern das ihr Wohlbefinden beeinflusst hatte.

Meiner Familie war es wichtig, eine kulturelle Identität aufrechtzuerhalten, da sie ihre gebürtigen osteuropäischen Länder schon vor Urzeiten verlassen und sich in Kanada niedergelassen hatte. Von allen Enkeln und selbst von den meisten Kindern meiner Großeltern war ich diejenige, die in Sachen Tradition am meisten involviert war, und ich konnte regelrecht spüren, wie ich mich zu meinen Ahnen hingezogen fühlte. Es mag eigenartig erscheinen, dass ich die Geburtsländer meiner Familie nie aufgesucht hatte, selbst dann nicht, nachdem ich nach Europa gezogen war, doch mit dem Übergang zur Mutterschaft spüre ich, dass die Zeit jetzt dafür reif ist. Da meine Tochter durch eine Eizellenspende und künstliche Befruchtung in der Tschechischen Republik gezeugt wurde, habe ich den Eindruck, dass es von wesentlicher Bedeutung ist, die Einflüsse dieser Familienlinie auf sie zu verstehen, und auch dafür zu sorgen, dass sie eine Verbindung dazu hat, wenn sie älter wird.

Väter

Der Vater einer Familie ist ein bedeutender Mensch, egal, ob er zugegen, abwesend oder unbekannt ist. Er wird immer unser Vater sein, ob wir eine Beziehung zu ihm haben oder nicht. Die Vaterschaft hat sich in den letzten 20 Jahren beachtlich verändert, denn die Väter spielen inzwischen eine zentralere Rolle in der Elternschaft. Der Gender-Gap bei den elterlichen Rollen hat sich verringert. Doch das ist nicht in allen Kulturen der Fall, bei manchen ist das Rollenverständnis innerhalb der Familieneinheit seit Generationen unverändert geblieben.

Terry glaubt, dass sein Ideal, Vater zu werden, sich sehr von dem seines eigenen Vaters unterschied:

Mein Vater war der archetypische Mann seiner Generation, der die Royal Navy verließ, nachdem der Zweite Weltkrieg beendet war. Danach ging er zur Feuerwehr, hatte Schichtdienst und ging manchmal noch einem zweiten Job nach, damit die Rechnungen bezahlt werden konnten. Während meiner Kindheit war er so gut wie nie zugegen, somit musste ich erst lernen, es anders anzugehen, als ich Vater wurde. Mein Vater war nicht bei meiner Geburt dabei, ich hingegen bei der von allen meinen Kindern. Ich war als Dad bei unseren drei Kindern involviert und hatte das Glück, von zu Hause zu arbeiten.

Mitgefühl und Vergebung können verhindern, dass dieselben Kreisläufe von dysfunktionalem Verhalten immer wieder aufs Neue durchlaufen werden. Manchmal wird ein Stief- oder Adoptivvater zur besten Vaterfigur, die wir uns vorstellen können, und verwandelt durch seine Liebe und Unterstützung die Dynamik innerhalb einer Familie von einem negativen in ein positives Vermächtnis, obwohl keine Blutsbande bestehen.

Das trifft auf Fredrich zu, der die Geschichte seiner Familie veränderte, indem er seinen Kindern ein anderes Vorbild als Vater wurde als das, das er selbst als Kind kennengelernt hatte.

Fredrichs Geschichte

Ich habe meine väterliche Ahnenlinie nicht zurückverfolgt, aber ich weiß, dass mein Großvater väterlicherseits sich seiner Frau nicht mehr näherte, nachdem sie mit meinem Vater schwanger war. Mein Vater hatte eine sehr schwierige Beziehung zu seinen Eltern, und sowohl mein Vater als auch mein Großvater leiden an einer narzisstischen Persönlichkeitsstörung. Manche Menschen, die keine Kinder haben oder haben wollen, könnten durch die Vergangenheit in ihrer Entscheidung beeinflusst werden, in der das unbewusste, unverheilte Verwundetsein in ihrer Ahnengeschichte zu Werke ist. Ich habe mein Bestes gegeben, um mir meines Ahnenvermächtnisses und meiner eigenen Gefühle bewusst zu werden und meinen Söhnen ein guter, zugewandter, respektvoller und liebevoller Vater zu sein.

Genau wie Unfruchtbarkeit oder die Entscheidung, keine Kinder zu bekommen, in vererbten Mustern wurzeln können, kann ein Trauma, wie der Verlust eines Elternteils während der Kindheit, dazu führen, dass sich manche Menschen schwertun mit der Vorstellung, selbst Eltern zu werden. Wir haben viele Male die tiefe Traurigkeit von Klienten wahrgenommen, die ihre Eltern verloren hatten, ehe sie selbst Kinder bekamen, oder die nicht in der Lage waren, Kinder zu bekommen oder sich bewusst gegen Kinder entschieden haben. Um das zu ändern, müssen sie zunächst lernen, sich selbst anzunehmen und sich damit abzufinden, wie das Leben sie behandelt hatte, denn ein Teil des Heilungsprozesses besteht darin, das, was geschehen ist, zu akzeptieren. Manchmal muss man dafür Vergebung üben, manchmal Verbindungen kappen, um die Traurigkeit freizusetzen und selbst endlich heilen zu können. Männer sind sich beim Thema Kinder in die Welt setzen und Vaterschaft häufig unsicher, was durchaus von einer Ahnenlinie mit schwierigen oder lieblosen Vätern herrühren kann. Die Vorstellung, dass das Vatersein zu einer Wiederholung vergangener Probleme führen könnte, oder dass es ihnen nicht gelingt, ein guter Vater zu sein, kann diese Entscheidung durchaus sehr schwer gestalten.

Indem sie nicht länger darüber nachdenken, wie sie als Vater sein wollen, verändert sich das Vermächtnis für ihre Kinder.

Abnabelung

Wir sind alle mit einer Art unsichtbarer Nabelschnur verbunden, die sich von den ältesten Vorfahren bis zu den jüngsten erstreckt und weiter zu denen, die erst noch geboren werden müssen. Stellen wir uns diese Schnur als eine Gebetskette vor, dann erkennen wir, dass wir immer mit dem Anfang verbunden sind, ganz egal, wie weit wir davon entfernt sind, und dass in dieser Verbindung ein beständiges Kontinuum liegt.

Wenden wir uns unserem Familienvermächtnis zu, dann wird klar, dass Familien sehr komplex sind. Wir werden alle in eine hineingeboren, ob wir sie nun kennen, mögen oder von den Familienmitgliedern anerkannt werden oder nicht. Wir unterscheiden uns individuell sehr voneinander, und doch verbinden uns sowohl gewisse Ähnlichkeiten wie auch – mitunter sehr gravierende – Unterschiede. Wir sind ein Teil von ihnen, und sie sind ein Teil von uns. Somit können wir uns nicht vollständig mit der Ahnenheilung befassen, ohne unsere Beziehungen zu unserer Familie anzuerkennen.

Beleuchtet man seine Familiendynamiken, so sollte man sich dabei nicht nur die Momente in Erinnerung rufen, in denen man zurückgewiesen, enttäuscht und verletzt wurde oder ein Gefühl der Ohnmacht empfand, sondern auch jene, als man sich akzeptiert und geliebt fühlte. Der Sinn dieser Erinnerungen besteht darin, sich über seine Betroffenheit klar zu werden und herauszufinden, was und wer einem ein Gefühl der Unsicherheit und des Ungeliebtseins beziehungsweise des Geliebtseins und der Wertschätzung verschaffen.

In solchen Momenten stellen wir fest, dass unsere Familie womöglich nicht ausreichend ist. Erst als Erwachsene können wir die Gegebenheiten in unseren eigenen Familien akzeptieren und lernen, wie wir uns anpassen und annehmen können, was sich nicht ändern lässt. Diese spezifischen Themen haben ihren Ursprung meist in der frühen Kindheit und sind in den Beziehungen verwurzelt, die wir mit unseren Eltern und Geschwistern unterhalten.

Viele von uns haben während unserer Kindheit an schwierigen und herausfordernden Beziehungen mit jemandem gelitten, die den Entscheidungen geschuldet sind, die Eltern, primäre Betreuungspersonen oder auch Großeltern getroffen haben. Diese nächste Übung wird dir dabei helfen, dich mit schwierigen familiären Beziehungen zu arrangieren. Sie ist besonders dann nützlich, wenn du einem Familienmitglied gegenüber immer noch negative Gedanken hegst oder eine langjährige Entfremdung vorliegt, die nicht abgeschlossen, ausgedrückt oder geheilt ist.

Verbindungen kappen

Ehe du anfängst, beantworte folgende Fragen und schreibe die Antworten auf:

1. Wem willst du vergeben?
2. Wer hat dich verletzt, wann und warum?
3. Wann hat das angefangen?

Sich dafür zu entscheiden, etwas ziehen zu lassen, ist der erste Schritt für deine Ahnenheilung.

- Zünde zunächst eine Kerze auf deinem Ahnenaltar an.
- Bitte die weisen, mitfühlenden Ahnen, dir dabei zu helfen, deine vergangenen Wunden und Kränkungen loszulassen.
- Öffne dein Herz und bitte die Person, die dich verletzt hat, dasselbe zu tun, damit auch sie sich davon lösen kann.
- Schreibe dir auf, was du dieser Person gern sagen würdest, und erlaube deinen Gedanken oder Gefühlen des Ärgers, des Verletztseins und der Wut, sich auf diese Seite zu ergießen.
- Wenn du das beendet hast, dann lies dir nicht durch, was du gerade aufgeschrieben hast.
- Nimm das Blatt Papier, falte es zusammen und verbrenne es über einer Kerze oder einem Lagerfeuer.
- Beobachte, wie das Papier symbolisch in den Flammen aufgeht.
- Sage dir selbst: »Ich bin jetzt von diesen Wunden und Verletzungen gelöst. Ich überlasse es den Ahnen, mir zu helfen, vergangene Unstimmigkeiten in meiner Beziehung zu ... *(Name einfügen)* zu heilen.«
- Wiederhole für den nächsten Schritt den Satz von oben, entweder laut oder für dich in Gedanken, bis du bereit bist, zu vergeben und die Vergangenheit ziehen zu lassen.

- Solltest du noch immer eine emotionale Bindung spüren, dann wiederhole diesen Vorgang ein paar Tage später und dringe dann noch tiefer in dein Herz vor, um dich davon zu lösen.
- Befasse dich mit deinem Festhalten der Wut oder der Kränkung und überlege, warum du noch immer nicht in der Lage bist, zu vergeben.
- Wenn du das Ritual wiederholst, sage dir dreimal laut oder in Gedanken Folgendes auf: »Ich bin jetzt frei von diesem vererbten Schmerz und Leid. Ich übergebe sie den Ahnen, jetzt ist es an ihnen, sich damit zu befassen, damit ich weitermachen und meinen Frieden finden kann.«

Wenn es dir zu schwerfällt, die nicht versöhnten Gefühle zwischen dir und einem anderen Familienmitglied ziehen zu lassen, dann ist jetzt vielleicht ein guter Moment, um erneut einen Blick auf die Arbeit zu werfen, die du bereits in Sachen Ahnenheilung unternommen hast, und diesen Vorgang dann weiter zu verfolgen. Vielleicht ist es aber auch ein guter Moment, um dir zu überlegen, ob du nicht die professionelle Hilfe und Unterstützung eines Therapeuten in Anspruch nehmen willst, der sich auf Familientherapie spezialisiert hat. Es ist wichtig, deine eigenen Gefühle über die Beziehungen zu manchen Menschen in Einklang zu bringen. Wir können die anderen zwar nicht ändern, uns selbst aber schon.

Du musst wissen, was genau du dir von dem Prozess des Loslassens versprichst. Verbringe jede Woche Zeit mit deinem Tagebuch und blicke auf all das zurück, was dir bewusst geworden ist. Überlege dir, was du davon problemlos annehmen kannst und von welchen Problemen du dich lieber lösen würdest.

Um an deiner Ahnenheilung zu arbeiten, sind Überzeugung und Entschlossenheit vonnöten, damit du dich von all den Dingen deiner familiären Ahnengeschichte befreien kannst, die dich unglücklich machen und dir nicht guttun. Das Loslassen unserer Angehörigen und der Menschen, die nicht länger leben, hat eine einschneidende Auswirkung auf uns. Um Veränderungen herbeizuführen, müssen wir uns ihr Leben genauer ansehen, ehe wir unser eigenes ganz heilen können.

Es braucht etwas Zeit, um festzulegen, welche Aspekte deines Vermächtnisses du gern verändern würdest. Sei ehrlich und realistisch hinsichtlich dessen, was du ändern kannst und was nicht. Deine Beziehung zu deiner lebenden Familie umzuwandeln ist Teil dieses Prozesses. Gehe die emotionalen und psychologischen Probleme durch, die du bislang aufgedeckt hast, erstelle eine Liste mit den positiven und negativen Zügen, die du vererbt bekommen hast, und halte schließlich fest, welche der Überzeugungen und Einstellungen deiner Familie du gern heilen oder umgestalten würdest.

Führe ein Ritual durch, um deine Wiedergeburt zu feiern, ehe du dich daranmachst, deine Familiengeschichte zu entdecken und Veränderungen einzuleiten. Das könnte einfach darin bestehen, dass du an deinen Lieblingsort gehst und einen Brief an deine Ahnen schreibst, in dem du ihnen mitteilst, was du heilen willst und welche Schritte du für die Reise der Ahnenheilung deiner Familie vorgesehen hast. Vergrabe den Brief in der Erde und pflanze an der Stelle einen Baum, als Geschenk der Wiedergeburt, die sowohl dich als auch deine Ahnen betrifft.

Unternimm winzige Schritte in deinem Alltag, die dir bei der Umsetzung helfen, das Positive zu stärken. Nimm die besten Eigenschaften, die du von deiner Familie vererbt bekommen hast, während du dich von allen negativen Einflüssen löst, die dir nicht mehr nutzen, und sie ziehen lässt.

Kapitel 2

Deinen Familienstammbaum entdecken

»Die Geschichtsschreibung erinnert sich nur an die, die berühmt waren, der Stammbaum erinnert sich an alle.«
LAURENCE OVERMIRE

Gehst du die verschiedenen Verästelungen deines Familienstammbaums durch, um deine Familiengeschichte auszugraben und verschwundene oder vergessene Familienmitglieder zu entdecken, dann stößt du dabei vielleicht auf die Gründe, weshalb du dich mit deinem Familienvermächtnis befassen solltest. Es ist durchaus möglich, dass du einen roten Faden findest, dem du folgen kannst und durch den du verstehst, wie die unterschiedlichen Verbindungen und Überschneidungen ihrer jeweiligen Familiengeschichten als Ganzes die Geschichte deiner eigenen Familie zutage fördern und die Perspektive des menschlichen Kontinuums beleuchten können, um allem eine bessere Wendung zu geben.

Betrachtest du die Verbindungen zwischen einzelnen Familienmitgliedern, dann findest du womöglich mehr über etwaige Familiengeheimnisse heraus. So erfährst du vielleicht, weshalb du ein bestimmtes Verhalten vererbt bekommen hast, auch solches, über das in der Vergangenheit nicht gesprochen wurde. Oder du entdeckst dabei Menschen in deiner Familie, die sich fehl am Platz oder ihres Vermächtnisses entfremdet gefühlt haben, jedoch keine Bereitschaft zeigten, sich damit auseinanderzusetzen. Vielleicht offenbaren sich jene auch ganz von selbst, die unermüdlich nach dieser Verbindung gesucht haben, die sie mit dem Familienstammbaum vereint. Wenn du die Wurzeln deines Vermächtnisses kennst und Wege zu deinen Angehörigen findest, kann dir das darüber hinaus ein Gefühl der Zugehörigkeit verleihen, das sich auch auf zukünftige Generationen auswirken wird.

Nicht jeder, der sich auf die Spuren seiner Familiengeschichte macht, sucht nach vererbten Problemen oder will den Prozess der Ahnenheilung in Gang bringen. Es gibt sehr viele, breit gestreute Gründe, weshalb man sich für sein Familienvermächtnis interessiert, zum Beispiel weil man selbst Eltern wird oder aber ein Elternteil gestorben ist, weil man eine bislang unerwähnte Adoption offenlegen oder vererbte physische oder mentale Krankheiten aufspüren will, die mehr als nur eine Generation heimgesucht haben, oder aber man möchte schlicht herausfinden, woher die eigene Familie eigentlich stammt.

Während dieses Vorgangs kann es unglaublich heilsam sein, in das Ursprungsland der Familienwurzeln zu reisen, um so ein Zugehörigkeitsgefühl wiederherzustellen. Dabei treten Familiengeschichten deutlicher zutage, und die Gründe für die Leidenschaften, Interessen und Hobbys von Angehörigen werden in einen Kontext gebettet.

Sarah fing an, sich nach dem Tod ihres Vaters mit ihrer Familiengeschichte zu befassen, als ein paar Unterlagen über die Familie ihrer Mutter in ihren Besitz übergingen.

Sarahs Geschichte

Da ich erstaunlich wenig über die Familie meiner Mutter wusste – sie war gestorben als ich fünf Jahre alt war –, fing ich mit vierzig Jahren an, mehr über sie herauszufinden. Dabei stellte sich heraus, dass ihre Familie väterlicherseits aus Schottland stammte. Also reiste ich mit meiner Familie dorthin und fand die Kirche, in der mein Urgroßvater vierzig Jahre lang Pfarrer war. Außerdem sah ich das Haus, in dem mein Großvater aufgewachsen und seine Mutter gestorben war, nachdem sie seine Drillingsschwestern zur Welt gebracht hatte.

Eine Schwester starb als Kind, die beiden anderen wurden zu großartigen Sportlerinnen ihrer Zeit und spielten für Schottland Hockey und Kricket. Es war ganz erstaunlich, all das herauszufinden. Außerdem stellte ich dabei fest, dass ich ihre Gegenwart spüren konnte, und das tue ich immer noch. Inzwischen ist mir bewusst geworden, dass sie ein Teil von meinen Kindern und von mir sind. Unabhängig davon, was in ihrem Leben vor sich ging, hege ich ein ganz selbstverständliches Gefühl des Respekts für sie. Ihrer zu gedenken, verlieh mir ein unglaubliches Gefühl des Friedens und sogar der Neuverbindung. Sie kommen mir inzwischen alle sehr vertraut vor, wohingegen zuvor einfach nichts da war.

Ahnen- und Familienforschung

Suchen wir nach bestimmten geschichtlichen Hintergründen oder Umständen, so hilft uns das, familiäre Ereignisse in einem Kontext zu platzieren, und es macht uns deutlich, inwiefern unsere Ahnen damals davon betroffen waren. Dadurch erlangen wir außerdem einen Hinweis darauf, in welcher Weise sich diese Umstände auch heute noch in unserem Familienleben bemerkbar machen.

Loslegen

Etwas Planung und Vorbereitung werden dir viel unnütz vergeudete Zeit und Geld ersparen. Schenke Gerüchten, dem Hörensagen oder Familientraditionen und den Geschichten über deine Familie nicht blindlings Glauben, auch dann nicht, wenn sie von Familienmitgliedern stammen, sondern überprüfe zunächst all diese Details sorgfältig.

Einfaches Planen und Faktenchecken können bei lebenden Verwandten anfangen: bei deinen Eltern, Großeltern, Onkel, Tanten. Frage sie, was sie über ihre Eltern wissen. Fange bei der Gegenwart an und arbeite dich immer weiter in die Vergangenheit vor (beginne mit deinen Eltern, deinen Großeltern, und gehe dann weiter in der Ahnenreihe zurück), um von Anfang an für eine gute Basis bei deinen Recherchen zu sorgen. Dadurch erstellst du deine jüngste Abstammungsfolge, die du mit Geburts-, Hochzeits- und Sterbeurkunden stützen kannst. Diese können beim Standesamt beantragt werden.

Stammbäume

Die Informationen und Angaben, die deine Suche über deine Familiengeschichte zutage gefördert hat, werden dir in Kombination mit dem, was du über deine Familie weißt, genug Stoff liefern, um einen einfachen Stammbaum zu erstellen. Es gibt unterschiedliche Stammbäume, die dafür verwendet werden können, abhängig davon, wie detailliert du vorgehen und wie weit du in deiner Ahnentafel zurückreisen möchtest. Einfache Entwürfe für Stammbäume findet man kostenlos im Internet, zum Beispiel durch eine Suche über Google Fotos, oder aber du erstellst einen eigenen, indem du die Tabellen und Grafiken von Microsoft Word nutzt. Auch PowerPoint ist nützlich, du kannst dort eine Generation pro Folie aufführen. Solltest du dich bei einer Datenbank über Familiengeschichte wie MyHeritage einschreiben, dann bekommst du automatisch Zugang zu ihrer Software, über die sich ein solcher Familienstammbaum erstellen lässt, wobei du für jedes Familienmitglied ein eigenes Kästchen hinzufügen kannst.

Ganz allgemein steht der männliche Elternteil immer links im Familienstammbaum, der weibliche rechts.

1. Sollten Zweifel aufkommen, so gehe einfach von einer männlich-weiblichen Beziehung aus und nicht von einer männlich-männlichen oder einer weiblich-weiblichen.
2. Eine Ehefrau muss dem/der ersten Partner/Partnerin immer näher stehen als ein zweiter Partner (sollte es einen geben) et cetera.
3. Das älteste Kind wird immer auf der linken Seite seiner Familie aufgeführt, das jüngste auf der rechten.

Unterschiedliche Varianten von Stammbäumen

Es gibt viele unterschiedliche Varianten von Stammbäumen, und du kannst dich online darüber schlaumachen, welcher zu deiner Familie und deinen Anforderungen am besten passt. Die bekannteste Stammbaumform ist wohl die unten aufgeführte Grafik als Organigramm, die du vielleicht schon im Fernsehen bei Sendungen wie *Auf den Spuren meiner Ahnen* gesehen hast.

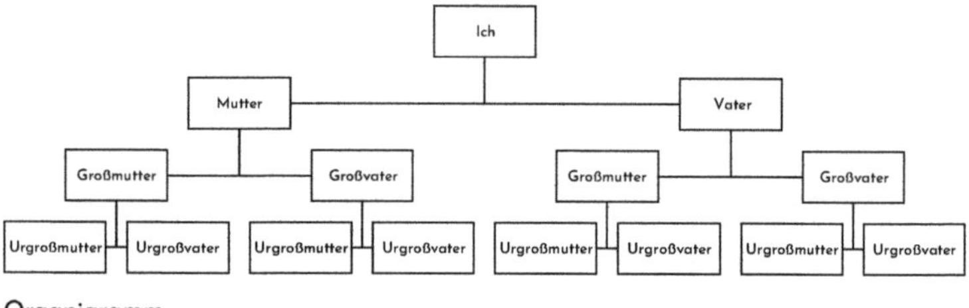

Organigramm

Wie du dieser Abbildung entnehmen kannst, ist hier die Anordnung andersherum gehalten, die mütterliche Ahnenreihe steht links, die väterliche rechts. Das ist in Ordnung, solange du dir darüber im Klaren bist, welche Reihe zu welcher Familienseite gehört, und keine Zweifel entstehen.

Andere Grafiken benutzen eine Abstammungstafel, aus der die Beziehungen unter den Familienmitgliedern hervorgehen. Wieder andere Formen dieser Grafik können dazu verwendet werden, um genetische Darstellungen aufzuzeigen, wie zum Beispiel das Vererben von Krankheiten oder Wesenszügen über mehrere Generationen hinweg.

Außerdem gibt es den konzentrischen Stammbaum:

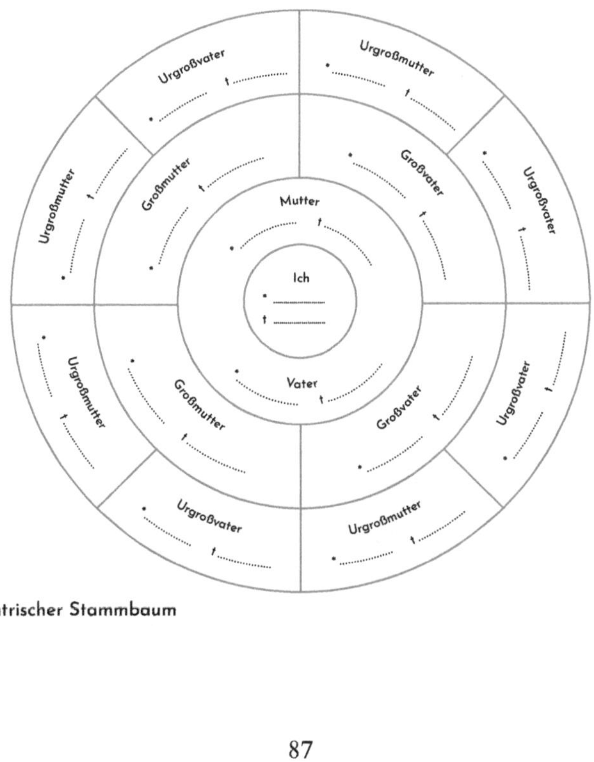

Konzentrischer Stammbaum

Es gibt Varianten dazu, aber für gewöhnlich steht man selbst mit dem Ehemann oder der Ehefrau im innersten Kreis und arbeitet sich von dort nach außen vor.

Außerdem gibt es etwas aufwendigere Stammbaumvorlagen wie diese hier:

Familienstammbaum

Dekorative Baumgrafiken

Vorlagen für Stammbäume findest du im Internet. Für detailliertere kannst du dich auf den Seiten www.ancestry.de und www.myheritage.de umsehen.

Internetforen

Datenbanken wie Ancestry oder MyHeritage bieten Foren an, die es dir erlauben, Kontakt zu anderen aufzunehmen, die einen Stammbaum hochgeladen haben, in dem manche deiner Vorfahren auftauchen, und vielleicht gestatten sie dir auch Zugang zu ihrem Familienstammbaum. Solltest du auf diese Weise einen fehlenden, schwer zu fassenden Ahnen ausfindig machen, dann achte aber darauf, dass die Details wirklich zu denen passen, die du selbst herausgefunden hast, und es sich nicht etwa um jemanden handelt, der zum Beispiel nur einen ähnlichen Namen wie einer deiner Vorfahren hat. Es gibt Foren, auf denen du Fragen zu deiner Familie stellen kannst, und es kann sein, dass du Antworten von Menschen bekommst, die vielleicht eng mit dir verwandt sind. Mache dich jedoch darauf gefasst, dass du auch Fragen zu deinem eigenen Familienstammbaum beantworten musst – das Fragen-Antwort-Forum funktioniert in beide Richtungen.

DNA-Tests

Viele Websites wie Ancestry und MyHeritage werben mit einem DNA-Test-Kit, das gar nicht so teuer ist, wie man vielleicht annimmt. Jede Firma wirbt mit unterschiedlichen Schwerpunkten, also wähle das Kit sorgfältig aus. Frage zunächst Geschwister oder andere enge Familienangehörige, ob sie einen solchen Test bereits gemacht haben, da das Ergebnis in diesem Fall vermutlich ähnlich ausfallen wird, doch schon Cousins ersten Grades können ein völlig anderes Ergebnis erhalten. Es ist tatsächlich sehr beliebt geworden, DNA-Tests durchzuführen, und ein Kit kann überraschende Ergebnisse hervorbringen.

Entdecke deine Familiengeschichte

Familiengeschichten verbinden die Personen innerhalb eines Stammbaums miteinander, lassen ihr Leben real werden. Du könntest so jemand ganz Außergewöhnliches in deiner Familie entdecken, zum Beispiel den Ersten, der in medizinischer oder politischer Hinsicht etwas Herausragendes erreicht hat, vielleicht auch ein Vater-Sohn-Gespann, das ein Vermögen verdient hat, oder aber einen Verwandten, der alles verloren hat und im Armenhaus endete. All diese Menschen können sehr wohl das Vermächtnis verändert haben, das sie an ihre Nachfahren weiterreichten, während sie sich in ihrem eigenen Leben diesen Herausforderungen stellen mussten. Bringst du die Geschichte deiner Vorfahren ans Tageslicht, wirst du erkennen, inwiefern sie die Leben jener beeinflusst haben, die nach ihnen und vor dir hier waren.

Sich mit seiner Familiengeschichte zu befassen, erlaubt es, den Erinnerungen, die als Gerüchte kursierten, vergessen oder totgeschwiegen wurden, einen Sinn abzugewinnen. Zu Beginn des 20. Jahrhunderts lebten die Familien oft in großer geografischer Nähe zueinander. Großeltern wohnten unweit der Enkel und erzählten ihnen Geschichten darüber, wie das Leben früher war oder welche Familiendramen und Skandale es einst gab. Danach sind die Familien immer weiter voneinander weggezogen, haben bisweilen sogar die Kontinente gewechselt, um ihrem Schicksal eine neue Wendung zu geben oder um vor Krieg, Verfolgung und Hunger zu flüchten. Es kann durchaus auch sein, dass eine Doppelehe oder ein uneheliches Kind zu einem solchen Schritt geführt haben. Allein in Europa sahen sich die Menschen mit einer Revolution, zwei Weltkriegen, bitteren Zivilkriegen, Genozid und Okkupationen konfrontiert.

Für gewöhnlich waren unsere Ahnen hauptsächlich mit dem

Kampf um das tägliche Überleben beschäftigt, und der Fokus ihres Lebens kreiste um die Gemeinschaft, in der sie lebten. Nur wenige unserer Ahnen kümmerten sich um die Belange des Landes, denn viele von ihnen waren Analphabeten. In England wurde 1870 der landesweite Elementary Education Act (das Gesetz zur allgemeinen Schulbildung) erlassen, als nur 60 Prozent der Männer und 40 Prozent der Frauen lesen und schreiben konnten. Das Leben kreiste für die Mehrheit der Menschen um ihr Zuhause, die Kirche, religiöse Kultstätten, Schulen, sofern solche in Reichweite waren, ihren Arbeitsplatz und Orte des Vergnügens und gesellschaftlichen Lebens wie zum Beispiel Wirtshäuser.

Historische Ahnensuche

Vorneweg sei erwähnt, dass es überaus hilfreich sein kann, alles aufzuschreiben, was du bei deiner Suche herausfindest, zudem gibt es nützliche Leitfäden, wenn man sich auf eine solche historische Spurensuche macht. Speichere alles ab (was heutzutage durch den Onlinezugang und die Websites sehr viel einfacher ist) und sammle so viele Informationen wie möglich über etwaige Fotos, Unterlagen und Geschichten, die in deiner Familie kursieren. Vielleicht hat schon jemand anderes vor dir in deiner Familie damit angefangen, einen Stammbaum zu erstellen.

So können Familienmuster von Geburten, Todesfällen, Beschäftigungen, Migrationen, Verfolgungen, Hunger, Krankheiten und Sterbefällen wie auch Ziele und Träume von Familienangehörigen zu Zeiten von Frieden, Krieg, Bürgerkrieg oder während umwälzender Veränderungen offensichtlich werden. Jede Nation hat ihre eigenen ganz spezifischen Traumata und Momente des Wohlstands und der Armut. Und jedes Jahrhundert hat seine eigenen Sorgen. All diese historischen Ereignisse beeinflussten deine Familie auf persönlicher, nationaler und internationaler Ebene, sind Teil deiner Familiengeschichten. Wie ein Ermittler erforschst du, wie diese Teile zu vererbten Krankheiten und Verhaltensmustern, kulturellen Sichtweisen, religiösen Überzeugungen und so weiter passen. Es kann sehr erhellend sein, mehr über die Wesenszüge, Talente und Leidenschaften deiner Angehörigen herauszufinden, wie auch Julia feststellen konnte, die sich schon immer für ihre Familiengeschichte interessierte:

Julias Geschichte

Meinen Familienstammbaum habe ich zum ersten Mal gesehen, als meine wunderbare Großtante ihren 80. Geburtstag gefeiert hat. Dazu hatte sie einige Cousins von Familienzweigen eingeladen, von denen ich noch nie gehört hatte. Sie verteilte Kopien des Familienstammbaums, den sie sorgfältig und mehrere Jahrhunderte zurückreichend in drei Dörfern im Essex recherchiert hatte. Die faszinierendste Geschichte dabei war die von zwei Schwestern, die um 1870 zwei Brüder geheiratet hatten, dann starben eine Schwester und ein Bruder und die beiden Hinterbliebenen heirateten einander. Konnte ich mir vorstellen, eine Frau zu sein, die so etwas durchmachte? Etwas später tauchte ihre Nachlassurkunde im Safe meines Vaters auf, und ich fand heraus, dass ich meine Tochter nach ihr benannt hatte.

Je eingehender ich mich damit befasste, umso größer wurde der Baum und umso weiter reichte er zurück. Ein hugenottischer Vorfahre brachte künstlerische und musische Gene in eine Familienseite hinein, und Aufzeichnungen verrieten, dass eine Isabelle – eine in der Picardie geborene Hugenottin – 1686 in London heiratete, was eine ganze Ahnenreihe von professionellen Künstlern und Musikern hervorbrachte, sowohl Männer als auch Frauen. Auf der anderen Seite besaß ein reisender Geigenspieler des 18. Jahrhunderts diese Gene offensichtlich auch. Meine beiden Kinder spricht Musik sehr an, wenngleich auf ganz unterschiedliche Weise, und ich fand es sehr spannend, diese musische Ader so weit im Familienstammbaum zurückverfolgen zu können.

Fallen dir irgendwelche Muster in Sachen Geburt, Tod, Krankheit und Sterblichkeit in deiner Familie auf? Wie sieht es in Bezug auf die nationale Geschichte deines Landes hinsichtlich Krieg und Frieden, Wohlstand und Mühsal aus? Hast du etwas über das Leben von Familienangehörigen zutage gefördert, was bislang unbekannt war, um die Lücken des Familienstammbaums zu Zeiten des Wachstums und Niedergangs, des jähen Wechsels oder friedvoller Kontinuität zu füllen?

Wo liegt deine Verbindung mit der Familiengeschichte?

Wenn wir herausfinden, wo wir herkommen – was unsere DNA, ethnische Zugehörigkeit, Familiengeschichte und Kultur betrifft –, dann entdecken wir sowohl das Wunderbare wie auch das Schreckliche über unsere Familie. Dieses Wissen kann uns dabei helfen, mehr darüber zu entschlüsseln, wer wir sind, und es ist ein mächtiges Werkzeug, um unsere Wunden und die unserer Familie zu heilen.

Stolperst du bei deinen Ahnen über ein Familienmuster oder Verhaltensauffälligkeiten, mit denen du dich befassen solltest, dann mache dir eine Notiz und nimm dir jede Angelegenheit für sich vor, um zu prüfen, ob negative, schwierige oder gewalttätige

Wesenszüge mit diesen spezifischen Belangen einhergehen. Fange damit an, die Familiengeschichten durchzugehen. Wurdest du adoptiert oder hast keine Informationen bezüglich deiner Familie, die du zurate ziehen kannst, dann überlege dir, ob du nicht einen DNA-Test machen willst. Solltest du auf lebende Angehörige stoßen oder über irgendwelche Geschichten deine Ahnen betreffend, dann halte alles, was du herausfindest, in deinem Notizbuch fest. Wenn du möchtest, kannst du dich hierfür sowohl mit den Geschichten deiner Adoptivfamilie wie auch mit denen deiner biologischen Familie befassen.

Beginnst du damit, deine Familiengeschichte zu erforschen, kann das dazu beitragen, ein tieferes Verständnis zu erlangen. Vielleicht ermöglicht es dir, bislang unentdeckte Aspekte deiner selbst aufzudecken, wie zum Beispiel aktuell getroffene Lebensentscheidungen, die für dich möglicherweise nicht richtig sind. Vielleicht erkennst du so Beziehungen oder Freundschaften, die ungeeignet oder nicht förderlich sind. Es kann auch sein, dass ungeahnte Talente und Bestrebungen in dir schlummern, die noch nicht geweckt sind, möglicherweise auch eine spirituelle Gabe. Je mehr wir über unsere Geschichte herausfinden, umso stärker fördern wir die Kreativität und die Verbindung zu den vielen Ahnen, die vor uns hier waren.

Sowie du etwas über deine Geschichte herausgefunden hast, kannst du deine Familie mithilfe des Stammbaums betrachten. Überlege, inwiefern sich eine Parallele zwischen dem Leben oder Tod deiner Ahnenfamilie und aktuellen Verhaltensweisen, Überzeugungen, Angststörungen, kreativen Impulsen oder Gaben ziehen lässt. Prüfe, ob du Wesenszüge entdecken kannst, die sich durch deine Ahnenlinie ziehen. Entstammst du einer Familie von dickköpfigen, ungeduldigen und wütenden Menschen, die häufig bedauerliche Entscheidungen treffen oder fragwürdige Beziehungen eingehen? Oder stammst du aus einer Familie, die liebevoll und großzügig ist? Gehe das, was du herausgefunden hast, ganz unbefangen durch, als würdest du es als Außenstehender betrachten. Welche Eigenschaften könnten nützlich sein? Mit welchen kannst du dich abfinden, und welche können geheilt werden?

Samantha stammt aus Yorkshire, und als Terry ihr Haus energetisch heilte, entdeckte sie eines ihrer Familiengeheimnisse.

Samanthas Geschichte

Als Terry zu uns kam, um eine spirituelle Hausreinigung durchzuführen, war er völlig angetan von dem Porträt meiner Urgroßmutter Alice. Er riet mir, mehr über sie herauszufinden, weil er das Gefühl hatte, dass sie der Schlüssel zu etwas sein müsse. Nach einiger Zeit habe ich herausgefunden, dass sie einen Adligen in Irland geheiratet hatte, der deutlich älter war als sie und der, nach dem, was man so hört, sehr einflussreich und gewalttätig war. Sie bekam mehrere Kinder mit ihm, brannte dann aber mit einem »Grundstücksverwalter« durch und fing ein neues Leben in Paris an, wo sie ein weiteres Kind bekam. Da sie ihre Kinder zurückgelassen hatte, geriet sie zu Hause in Verruf, so sehr, dass man erzählt, ihr Porträt hing mit dem Gesicht zur Wand im Esszimmer. Der »Grundstücksverwalter« ließ sie später sitzen, und sie kehrte nach England zurück.

Jetzt wird mir bewusst, inwiefern dieses Trauma einen direkten Einfluss auf mein Selbstbewusstsein und Vertrauen in allen Lebenslagen haben kann.

Heimgesuchte Familien

Machen wir uns daran, unsere Familiengeschichten zu entwirren, dann beginnen wir, die anderen als reale Menschen zu betrachten, und das ist der Moment, in dem wir anfangen zu überlegen, was wir eigentlich bezüglich der eigenen Familiengeschichte empfinden. Vielleicht haben wir schon einmal über die Vergangenheit unserer Familie nachgedacht, doch bis etwas passiert, bis wir ein Erbe antreten oder über eine Familiengeschichte stolpern, werden wir unweigerlich daran scheitern, ein Muster zu entdecken oder herauszufinden, inwiefern diese Geschichten in Verbindung zu uns selbst stehen und zu dem Menschen, der wir heute sind.

Lisa ist mit uns befreundet und lebt in Arizona, ihre Familie stammt aus Utah in den USA. Immer schon wollte sie mehr über ihr Familienvermächtnis herausfinden, da sie das Gefühl hatte, heimgesucht zu werden oder unter einem Fluch zu leiden. Bei ihr fiel die Wahrnehmung dafür, dass sie auch heute noch von der negativen Familiengeschichte beeinflusst wurde, sehr stark aus. Typische Indikatoren hierfür sind, das Gefühl zu haben, nicht man selbst zu sein, grundlos von Stimmungstiefs überfallen zu werden und von der eigenartigen Empfindung begleitet zu werden, dass man eine Last zu tragen hat, die nicht die eigene ist. Ein derartiges Heimgesuchtwerden könnte als die typischen Wesenszüge einer Familie oder als deren Ticks erachtet werden, und genau das war es, was Lisa dann herausfand.

Lisas Geschichte

Nachdem ich mein ganzes Leben lang jedem, der mir zuhören wollte, vorgejammert habe, dass ich verflucht sei (auch wenn ich damals gar nicht an so etwas wie Flüche glaubte), fand ich bei den Nachforschungen über meine Ahnen etwas sehr Aufschlussreiches heraus. Ich entdeckte nämlich, dass einer meiner Vorfahren vor langer Zeit tatsächlich mit einem Fluch belegt worden war, und zwar während eines gut dokumentierten Hexenprozesses im Jahr 1677, bei dem eine Frau auf dem Scheiterhaufen verbrannt wurde, nachdem sie zunächst von einem meiner Vorfahren der Hexerei bezichtigt worden war. Den Unterlagen ist zu entnehmen, dass sie ihn und seine Nachfahren mit einem generationenübergreifenden Fluch belegt hat.

Heutzutage neigen wir zu der Überzeugung, dass diese unglücklichen Seelen damals unschuldig waren und sich der Hexerei, der man sie beschuldigte, nicht verschrieben hatten, und die meisten waren ja auch tatsächlich unschuldig. Ich glaube wirklich, dass diese Frau in der Geschichte meiner Familie unschuldig war. Aber wie soll jemand, der auf dem Scheiterhaufen für ein Verbrechen verbrannt wird, das er nicht begangen hat, keine wutentbrannte, rachsüchtige Energie über die aussenden, die für seine ungerechte Folter verantwortlich sind? Ob sie nun beabsichtigt hatte, sie mit einem Fluch zu belegen oder nicht, wie hätte sie das nicht tun können? Ganze Wogen, erfüllt von Horror, müssen so über Generationen hinweg weitergereicht worden sein – ein geradezu albtraumhafter Schmetterlingseffekt.

Waren sie in der Familie davon überzeugt, dass es einen solchen Fluch gab, dann haben sie sicherlich darauf reagiert und ihr Verhalten und auch die Situationen, in die sie verwickelt wurden, entsprechend geändert. Bedingt durch die Schuldgefühle, nachdem sie ihrer Hinrichtung beigewohnt hatten, könnten sie sich unbewusst auch mit selbsterfüllenden Prophezeiungen und Bestrafungen gequält haben. Irgendwann wurde die Geschichte des Fluchs dann nicht mehr an die nächste Generation weitererzählt, doch die vererbten Verhaltensweisen und die negativen Anziehungen blieben *bestehen, bis sie eines Tages von jemandem entdeckt und ans Tageslicht gebracht wurden. Ich habe das Gefühl, dass das meine Aufgabe in dieser Geschichte war – einfach deshalb, weil das Geschehen nun aufgedeckt ist. Und jetzt, wo ich davon weiß, fühle ich mich dazu verpflichtet, das auszugraben, was damals passiert ist, und einen Weg zu finden, wie ich diese schrecklichen Energiemuster abmildern kann, die vor Hunderten von Jahren in Gang gebracht wurden.*

Bei weiteren Nachforschungen stolperte ich über unzählige Zwischenfälle in diesem Zweig meines Familienstammbaums, in dem Verletzungen oder Tod durch Feuer involviert waren. Vor etwa hundert Jahren sind drei meiner Vorfahren bei der Explosion einer Kohlemine ums Leben gekommen. Eine Generation später starb ein weiterer Vorfahre bei einem Küchenbrand. In der darauffolgenden Generation brannte das Haus eines Vorfahren ab, und ein Onkel wurde zum Kommandanten einer Feuerwache. Wieder ein anderer Vorfahre bekam Lungenkrebs, weil er rauchte, und litt unter den akuten Nebenwirkungen durch die Verbrennungen seiner Strahlentherapie.

Ich bin überzeugt, dass es eine Verbindung zwischen all diesen Ereignissen gibt, und ich tue alles, was ich kann, um diese energetische Kluft zu überbrücken. Unlängst bin ich an den Ort gereist, wo einst die Hinrichtung stattgefunden hat, und habe Gebete gesprochen, mich entschuldigt und um Vergebung gebeten. Seitdem haben sich mein Los und meine Gesundheit verbessert. Mein Kopf ist klarer, und ich fühle mich leichter. Ich habe nicht länger das Gefühl, von diesem unbestimmten Gefühl der Angst, für etwas Schreckliches verantwortlich zu sein, heimgesucht zu werden. Ich hoffe sehr, dass diese Geschichte damit ein Ende gefunden hat und dass alle betroffenen Seelen nunmehr frei von irgendwelchen Nachwirkungen eines Fehlers sind, der vor mehreren Jahrhunderten begangen wurde.

Dein Familienvermächtnis entdecken

Wenn du deine Nachforschungen abgeschlossen hast, dann liste alle Informationen auf, die du über die mütterliche Seite zusammengetragen hast, und mache anschließend dasselbe mit der väterlichen Seite. Manche Menschen konnten ihre Nachforschungen bis ins 10. Jahrhundert zurückverfolgen und haben so 1200 Menschen in ihrem Familienstammbaum zusammengetragen, doch da wir über immer weniger Informationen verfügen, je weiter wir in der Zeit zurückreisen, können typische Familienmerkmale normalerweise nur über drei oder vier Generationen zurückverfolgt werden. Gehe zunächst vier Generationen zurück, damit du über ausreichend Details verfügst, um dir über dein Vermächtnis klar zu werden.

Wenn du deinen Familienstammbaum erstellst, dann füge ihm auch Details hinzu wie: Geburten (zusammen mit den dazugehörigen Daten), Geburtsland, kulturelle und religiöse Einflüsse, Heiraten und mit wem diese stattfanden, Krankheiten (darunter sowohl psychische wie auch physische Krankheiten), typische Familienmerkmale und -charakteristika sowie Todesdaten. Diese Liste sollte Onkel, Tanten, Großtanten und -onkel, Geschwister ebenso wie adoptierte oder erweiterte Familienangehörige enthalten.

Führe auf:

- Probleme mit Ansehen und Finanzen
- Familiengeheimnisse
- zwanghafte Persönlichkeiten
- sexuelle Störungen
- Selbstmorde
- Gewaltbereitschaft
- kriminelle Neigungen
- Unehelichkeit
- Unfalltode

- jedwede Form von Missbrauch
- traumatische Tode

Führe als Nächstes alle positiven Talente auf:

- musikalische und künstlerische Begabungen
- finanzielle Erfolge, Auszeichnungen und gute Taten
- sportliche Glanzleistungen
- Ausbildung und erlangte Qualifikationen
- Engagement für gemeinnützige Vereine
- kreative und wegbereitende Errungenschaften
- Spenden und Unterstützung, nicht nur finanzieller Art

Schließe aufgrund der Nachforschungen, die du angestellt hast, mit deiner eigenen Meinung über die Stärken und Schwächen eines jeden Familienangehörigen. Führe die Einflüsse auf und überlege, welche davon positiv oder negativ sind. Worin wird deiner Meinung nach das Vermächtnis für deine Familie und zukünftige Generationen bestehen? Schließe ihre Talente, Gaben und Veranlagungen in deine Betrachtung mit ein.

Falls du noch tiefer in die Materie deiner Familiengeschichte eindringen willst, kannst du dir folgende Fragen stellen:

- Welche Schulbildung wird gemeinhin in deiner Familie durchlaufen?
- Inwiefern hat sich das im Lauf der Generationen verändert?
- Fallen dir im Lauf der Zeit irgendwelche Veränderungen hinsichtlich der Entfernung zwischen den Geburtsorten der Paare auf?
- Mit welchen gesellschaftlichen, kulturellen oder politischen Herausforderungen sahen sich die verschiedenen Generationen konfrontiert?

- Kannst du die Veränderungen oder Übergänge benennen, die vielleicht aufgrund dieser Veränderungen erfolgt sind?
- Was denkst du, inwiefern deine Familiengeschichte und Beziehungen davon beeinträchtigt werden können, wie du deine eigene Identität wahrnimmst?

Je mehr Informationen du zutage förderst, umso besser; das kann hilfreich dafür sein, das Vermächtnis zu verfestigen, das zukünftigen Generationen als Fundament dient.

Teil II

Das Vermächtnis der Ahnen

Kapitel 3

Dein biologisches Vermächtnis

»Biologisches Erbe mag eine Realität sein,
es muss aber nicht unser Schicksal sein.«
MARK WOLYNN

Woher kommen wir? Wie oft hast du dir diese Frage schon gestellt? Vermutlich kennst du deine Eltern, vielleicht auch deine Großeltern, aber häufig können viele von uns nicht weiter zurückreisen. Denn meistens verliert sich die Spur schon recht bald in unserem Familienstammbaum, dennoch tragen wir alle in jeder Zelle unseres Körpers, in unserer DNA, einen Samen unserer Herkunft, der aus den Geschichten unserer Ahnen stammt. In diesem Molekül steckt in jedem lebenden Wesen die Instruktion für das Wachstum und die Entwicklung, und so wird das genetische Material von einer Generation an die nächste weitergereicht. Ein Beispiel für die Komplexität unseres biologischen Vermächtnisses wird durch die Tatsache veranschaulicht, dass wir, sofern wir 13 Generationen zurückgehen, mindestens 30 000 direkte Vorfahren haben. Das wiederum bedeutet, dass wir in unserer DNA nicht nur unsere Geschichte, sondern auch die Geschichte des menschlichen Geschlechts tragen.

Was wir ganz persönlich vererbt bekommen, ist eine Mischung aus unseren biologischen und emotionalen Eigenschaften, die von der Natur ganz individuell aus unserem Familienvermächtnis ausgewählt werden. Wir tragen diese Veranlagungen in unseren Genen, die sowohl von unseren kulturellen Umständen geformt werden wie auch von den Fähigkeiten und Zwängen jener, die uns geboren haben. Die menschliche Entwicklung ist ein bilateraler Vorgang, der nicht nur von unserer Erziehung und unserem Umfeld beeinflusst wird, sondern auch von der Tatsache, dass wir selbst aktiv werden können. Nichts ist statisch, nichts bleibt je dasselbe – Unbeständigkeit und Veränderung ziehen sich durch das Vermächtnis aller Familien.

Wenn wir uns jedoch unserem biologischen Vermächtnis (der Natur) und unserem soziokulturellen Umfeld (der Kultur) zuwenden, dann wird uns bewusst, dass wir unsere eigene, einzigartige Sichtweise auf die Welt besitzen, zusammen mit ein paar der Fähigkeiten und Einschränkungen jener, deren Linie wir entstammen. Während wir wachsen und unsere Sichtweise erweitern, entdecken wir, wie wir die verschiedenen Fähigkeiten einsetzen können, die uns dabei helfen, unsere biologischen, sozialen und psychologischen Einflüsse zu steuern.

Der Ursprung bestimmter Erbkrankheiten lässt sich vielleicht nur schwer ausfindig machen, doch nach den Wurzeln einer Dysfunktion zu suchen, verleiht uns zumindest ein Gefühl des Bewusstseins. Unlängst haben wissenschaftliche Studien weitere Beweise geliefert, die nahelegen, dass wir, sofern wir etwas unternehmen können, um vererbte Merkmale von unseren Vorfahren zu verhindern oder zu verändern, verstehen müssen, wie biologische Vererbung zwischen den Generationen gespeichert und weitergegeben wird.

José Stevens, Präsident und Mitbegründer von *The Power Paths Seminars,* spricht in »Die drei Ahnenstränge und inwiefern sie dein aktuelles Leben beeinflussen«[4] über dieses Verständnis. Er erklärt, dass manche indigenen Menschen – insbesondere indigene Kulturen aus der Südsee, sowie andere Kulturen aus diesem Teil der Erde – ein ganz ausgezeichnetes Verständnis darüber besitzen, wie diese Muster im Hartgewebe des Körpers gespeichert werden. Die ältesten Muster, die lange Zeit zurückreichen, sind im härtesten Gewebe des Körpers verankert, wozu die Knochen und die Zähne gehören. Die nächste Schicht besteht aus Knorpeln, die zwar weicher als Knochen, aber härter als Gewebe sind. Die jüngsten Muster sind im Weichgewebe des Körpers gespeichert, was auch bedeutet, dass sie nicht so weit zurückreichen. Alle Muster sind im physischen Körper verankert, können jedoch an die Persönlichkeit weitergegeben werden. Jeder Mensch besitzt eine männliche und eine weibliche Seite und kann sowohl männliche wie auch weibliche Muster in seinen Knochen speichern, vielleicht scheint sogar etwas von diesem Verhalten bei ihm durch. Das Thema ist sehr komplex, doch wir wollen wenigstens ein Beispiel anführen: Wenn alle Männer einer Familie starke Trinker waren und ihre Familien nicht unterstützt haben und die Frauen über lange Zeit Opfer dieses Verhaltens waren, dann können zukünftige Angehörige dieser Familie, unabhängig von ihrem Geschlecht, dasselbe Verhalten an den Tag legen. In anderen Worten, sie bekommen die Neigungen der männlichen Seite vererbt.

Genetik

Paul Berg, der Mitbegründer der Gentechnik, sagte: »Jede Krankheit ist genetisch bedingt.«[5] Das würde nahelegen, dass unser genetisches Erbe einflussreicher ist, als es die Umwelteinflüsse sind. Und es würde bedeuten, dass unsere biologischen Reaktionen und ein paar Gene sowohl von externen Triggern als auch von den Auswirkungen zufälliger gesellschaftlicher Umstände aktiviert werden, die die biologische Entwicklung beeinflussen können. So verstärkt zum Beispiel eine Mutation des BRCA1-Gens das Risiko für Brustkrebs, aber nicht alle Frauen, die diese Mutation in sich tragen, bekommen auch Krebs. Also wird ein bestimmtes Gen, selbst dann, wenn es vererbt ist, nicht zwangsläufig aktiv. Manche Frauen entwickeln mit dreißig eine aggressive Form dieser Krebsart, während andere erst mit fünfzig eine weit weniger aggressive Form entwickeln, und wieder andere Frauen, die das BRCA1-Gen in sich tragen, bekommen nie Brustkrebs.

Das Weitergeben von genetischer Information an die nächste Generation unterliegt dem Zufallsprinzip. Eltern sind stolz darauf, wenn sie ihr gutes Aussehen, ihre blauen Augen oder ihr sportliches Können vererben, aber am Boden zerstört, sollte es sich dabei um etwas Gefährliches handeln. Zum Beispiel ein Herzleiden, wie hypertrophe Kardiomyopathie, bei der sich das Herz vergrößert, was zu Herzversagen oder plötzlichem Tod führen kann, oder aber Genvariationen, die das Risiko der Nachfahren für Brust- oder Darmkrebs steigern. Das Familienerbe kann nicht nur Anlass für Stolz sein, sondern auch für Trauer, Schmerz und Angst.

Genetische Störungen können das Resultat von Abnormalitäten wie Genmutationen oder zusätzlichen Chromosomen sein. Die Auswirkungen von Abnormalitäten in der DNA eines Individuums waren früher einmal völlig unvorhersehbar. Die moderne Medizin hat jedoch Methoden hervorgebracht, um etwaige gesundheitliche Auswirkungen einer genetischen Störung zu identifizieren. Spezialisten wie Janice Bailey, eine Fachkrankenschwester aus Somerset, kann inzwischen einige der aktuell bewährtesten Verfahren bestimmen, um mögliche genetische Defekte zu erkennen, zu behandeln und möglicherweise zu verhindern.

Janice' Geschichte

Das menschliche Genom – unser »Rezept« – ist unglaublich lang. Würde man pro Sekunde einen Buchstaben der DNA aussprechen und das 24 Stunden am Tag, dann wäre man hundert Jahre damit beschäftigt, das gesamte menschliche Genom aufzusagen. Bei den etwa 22 000 Genen im menschlichen Körper kann es ziemlich kompliziert und schwierig sein zu verstehen, wie Rechtschreibfehler (Varianten) eine Krankheit verursachen oder ein bestimmtes Krankheitsrisiko innerhalb einer Familie erhöhen können.

Genetische Berater helfen dabei, die komplexen wissenschaftlichen Angaben in eine verständlichere, zugänglichere und unkompliziertere Information zu verwandeln, was die Risiken und Veranlagungen für solche Krankheiten betrifft. Sie können sich auch bei einer Diskussion über Gentests und Reproduktionsmöglichkeiten, die häufig zu aufwühlenden, stressvollen Momenten stattfinden, unterstützend einbringen. Bei genetischen Beratungen werden das gesamte Genom und die Interaktion von Genomen beleuchtet, um dabei zu helfen, eine Prognose, die Risiken und die Wahl der Behandlungsoptionen zu diagnostizieren und zu bestimmen. Das verändert die Medizin von Grund auf und ist bahnbrechend für eine viel individueller gestaltete Medizin.

Der emotionale Aspekt für Familien, die sich mit lebensverändernden und lebensbedrohenden vererbten Krankheiten auseinandersetzen müssen, kann überwältigend sein. Es ist ein Privileg, diese Familien zu begleiten, während sie mit dem Wissen fertigwerden müssen, dass mehr als nur ihre Augenfarbe an die nächste Generation ihrer Familie weitergegeben wird und sie mit den anstehenden Entscheidungen zu kämpfen haben.

Manche Familien leben mit Chorea Huntington – einer tödlichen Erbkrankheit, für die es kein Heilmittel gibt und die die Zerstörung von Gehirnzellen zur Folge hat. Die Auswirkungen dieser Krankheit ziehen sich durch die verschiedenen Generationen, Opfer werden zufällig ausgewählt, und ihr Leidensweg kann ganz schrecklich sein. Jene, die sich dazu entschieden haben, einen Gentest durchzuführen, wissen, was ihnen bevorsteht, sollten sie diesen Gendefekt aufweisen. Manche beschließen, einen solchen Test durchzuführen, um dann zu entscheiden, selbst keine Kinder zu bekommen und ihre Linie zu beenden, wodurch sie verhindern, dass dieser Gendefekt an die nächste Generation weitergegeben wird. Andere wollen es wissen, um entsprechende Lebensentscheidungen zu treffen, wie zum Beispiel möglichst frühzeitig mit ihrer »Bucket List« anzufangen, die Welt zu bereisen und kein Geld für die Rente beiseitezulegen. Wieder andere sind der Meinung, dass es zu traumatisch wäre, sich darüber bewusst zu sein, und entscheiden sich für ein Leben mit der Ungewissheit, ohne zu wissen, ob sie die Symptome der Huntington-Krankheit entwickeln werden oder nicht.

Um aus dieser Wissenschaft schlau zu werden, die hinter dem Erbgut steckt, muss man verstehen, was genetische Faktoren genau sind und woraus die Sequenz eines speziellen Moleküls namens DNA oder DNS (Desoxyribonukleinsäure) besteht. Die DNA besitzt mehrere Basenpaare, die den Buchstaben des Alphabets entsprechen. Jeder von uns besitzt eine unterschiedliche Kombination dieser Paare, die eine Nukleotidsequenz bilden. Als Gen bezeichnet man einen Abschnitt der DNA, die in eine RNA (Ribonukleinsäure) verwandelt wird. Dieses Protein beeinflusst, wie Körperfunktionen kontrolliert werden. Dazu zählt auch die biologische Entwicklung, zum Beispiel das Wachstum des Gehirns in Erwiderung auf die unmittelbare Umgebung.

Jeder bekommt eine Gensequenz, die viele seiner Eigenschaften bestimmt. Wird zum Beispiel das Temperament einer Person von der Genetik bestimmt, so würde das die Erwiderung seines Gehirns auf eine bestimmte Reaktion festlegen – eine Kombination dessen, was Wissenschaftler als eine Bindungserfahrung der frühen Kindheit bezeichnen, sowie als genetisches und epigenetisches Erbe, die alle zur Persönlichkeitsausprägung eines Individuums beitragen.

Entgegen der traditionellen Überzeugung, dass jede Krankheit genetisch verursacht ist, wissen wir inzwischen, dass Krankheiten auch durch andere Trigger hervorgerufen werden können und nicht nur durch genetische Faktoren. Sollte unsere Zeugung durch zufällige Interaktionen von Ereignissen und eine Kombination aus Umwelt und Genen bestimmt werden, so würde das erklären, weshalb Zwillinge sich voneinander unterscheiden können. Das könnte auch der Grund dafür sein, weshalb ein Zwilling auf eine Weise reagiert, der andere hingegen eine davon abweichende emotionale und biologische Reaktion aufweist. Was wir vererbt bekommen, wird durch unsere Erfahrungen in der Gebärmutter bestimmt, von dem Lebensstil unserer Mutter, in den wir hineingeboren werden, wo und wie unsere Eltern lebten, zusätzlich zu dem, was uns während unserer frühen Kindheit beeinflusst hat. All diese Einflüsse haben eine ganz einschneidende Auswirkung auf unser Leben.

Europäische und amerikanische Studien an Zwillingen, die nicht von ihren Eltern getrennt wurden, zeigten, dass sie, obwohl sie über dieselben Gene verfügen und vom gleichen, liebevollen Elternpaar aufgezogen wurden, doch Unterschiede aufwiesen. Das würde darauf hindeuten, dass sie auch durch andere Faktoren in ihrer Umgebung beeinflusst wurden, die sowohl prä- wie auch postnatal sind. Jahrzehntelange Studien an ein- und zweieiigen Zwillingen und in manchen Fällen auch Drillingen, die in sehr jungen Jahren getrennt wurden und häufig in stark voneinander abweichenden Umgebungen aufgewachsen sind, belegen die bedeutende Interaktion von Natur und Kultur und zeigen auf, wie sich die jeweilige Beeinflussung auf die Entwicklung eines jeden Kindes ausgewirkt hat.

Gab es einen bedeutenden genetischen Faktor bei der Entwicklung von psychischen Erkrankungen, wie zum Beispiel Depressionen oder Schizophrenie, so legten die Ergebnisse bei diesen Untersuchungen von Zwillingen[6] nahe, dass die Krankheiten sehr wahrscheinlich nicht zu 100 Prozent von den Genen bestimmt werden. Besitzt ein Mensch eine derartige Veranlagung, dann tragen andere Faktoren zum Ausbruch einer solchen Krankheit bei, wie zum Beispiel schwierige emotionale Erlebnisse oder aber Krankheitserreger oder Gifte, denen die Einzelnen ausgesetzt waren. Bei Schizophrenie könnte jemand, der eine genetische Voraussetzung für diese Art ernsthafter psychischer Gesundheitsstörung besitzt, ein Trauma durchlebt haben, irgendeine Form von Schock, eine lang anhaltende Stresssituation, eine Krise oder Erfahrung der Verletzlichkeit durchgemacht haben und zusätzlich von einer gestörten Verflechtung des Gehirns beeinträchtigt werden. Jeder dieser Umstände könnte einen Anfall hervorrufen, der dann den Beginn des Kreislaufs von psychischen Problemen darstellt.[7]

Beim Erbgut geht es immer um Natur und Kultur, was auch beinhaltet, dass die Vererbung von genetischen Faktoren oder die Konfrontation mit gewissen Umständen nicht bedeuten, dass manche dieser gesundheitlichen Probleme nicht angegangen werden könnten oder unser Vermächtnis nicht repariert werden könnte.

Die Wissenschaft ist sich inzwischen sicher, dass physische und psychische Krankheiten genetisch von einer Generation an die nächste übertragen werden können. Die medizinische Forschung kann heutzutage die Auswirkungen von derartigen genetischen

Vererbungen benennen und verringern. Mit der Entdeckung der Epigenetik kann sie uns darüber hinaus helfen zu verstehen, welche Einflüsse sich in unserer Familiengeschichte durchgesetzt haben und nun bestimmen, wie wir denken, fühlen oder uns verhalten.

Epigenetik

> »Es gibt inzwischen konvergierende Beweise dafür, die die Annahme stützen, der Nachwuchs könnte von einem elterlichen Trauma beeinflusst werden, das vor seiner Geburt, vielleicht sogar vor seine Empfängnis stattgefunden hat.«
> **RACHEL YEHUDA**

Dieser Vorgang ist so zu verstehen, dass sich zellkernlose Säuremoleküle wie Histone oder Methylgruppen, die relativ einfache Moleküle sind, an die DNA-Sequenzen heften. Dadurch dass sie auf der DNA sitzen (daher das Wort »epi«, das »dazu, außerdem« bedeutet), sorgen sie für eine Veränderung der Genfunktion. Jegliche Genveränderung führt zu einer neuen »Genexpression«, die wiederum die Proteinherstellung beeinflusst, ebenso wie unsere Wahrnehmung der unterschiedlichen Daseinsformen in der Welt.

Diese epigenetischen Moleküle sind deshalb so wichtig, weil sie die Genexpression formen, unser innewohnendes Genmaterial. Ein Gen wird abgelesen, wann immer wir eine Erfahrung machen und zum Beispiel einem Stressfaktor wie Hunger oder Krieg ausgesetzt sind. Dann unterlaufen unsere eigenen Zellen eine Modifikation der epigenetischen Regulatoren, die es uns ermöglichen, Insulin aufgrund des Nahrungsmangels zum Beispiel auf andere Weise als der herkömmlichen herzustellen. Epigenetische Modulation findet statt, damit wir uns den Umständen, mit denen wir uns konfrontiert sehen, anpassen können.

So beeinflusst das, was die Mutter während einer Schwangerschaft durchmacht, bei einem weiblichen Fötus später, wenn sich die Eierstöcke entwickeln, die Eizellen. Erleidet die Mutter beispielsweise eine Hungersnot, oder lebt sie in einem von Krieg erschütterten Land, dann verändern sich die Eierstöcke des Kindes entsprechend den Erfahrungen der Mutter. Wird ein weiblicher Fötus geboren, dann kann die Tochter die epigenetischen Veränderungen in ihrem Körper haben oder auch nicht, aber wenn sie selbst ein Kind bekommt, so wird es unweigerlich die epigenetischen Änderungen der Großmutter vererbt bekommen.

Jede Generation sieht sich mit chaotischen oder traumatischen Erfahrungen konfrontiert, genau wie auch mit positiven, vermögenden und kreativen. Die nachfolgende Generation wird versuchen, diesen Erfahrungen zu folgen, sie zu heilen oder auszuleben. Aus einer emotionalen oder biologischen Perspektive heraus können uns diese Verbindungen zu unserer Familie entweder helfen oder behindern. Wenden wir uns unserem Vermächtnis zu, werden Muster deutlich, die sich über Generationen erstrecken. Es liegt ganz bei uns, nach Strategien zu suchen, um entweder mit denselben Mustern weiterzumachen oder aber mit der Vergangenheit zu brechen und die an uns vererbten Vermächtnisse zu ändern.

Würden wir in einer idealen Welt leben oder an einem vollkommenen Ort, dann wären alle glücklich. Doch leider haben die Menschen seit Anbeginn der Menschheit Probleme miteinander. Kommt ein Kind auf die Welt, so wird es davon geprägt, wie es behandelt wird, ob ihm das bewusst ist oder nicht. Der physische Körper besteht aus einem Zellgedächtnis, in dem die Atmosphäre der pränatalen Zeit der Geburt enthalten ist. Kommt ein Kind gesund auf die Welt und wird von der ganzen Familie willkommen geheißen – also eine Art Heimkehr –, dann ist diese Freude wie eine positive Injektion der Liebe, die sich im ganzen Körper spiegelt.

Ist das Kind hingegen ungewollt, wird es abgewiesen oder als Hindernis betrachtet oder aus irgendeinem anderen Grund einfach nicht geliebt, wenn es auf die Welt kommt, dann sieht sich das unschuldige Wesen mit einer bedrohlichen Geburt konfrontiert, die sich in seinem Zellgedächtnis einnistet. Die Erinnerungen, die der physische Körper in frühester Kindheit aufnimmt und in sich einschreibt, schlummern in ihm, bis sie geweckt werden.

Ich (Terry) kannte einmal einen Mann, der im Eifer des Gefechts während des Zweiten Weltkriegs einen jungen Mann kaltblütig ermordete, damit seine Truppe nicht von einer feindlichen Truppe entdeckt wurde. Von da an musste er tagein, tagaus mit diesem Mord leben. Als er mir das gestand, hatte sich diese Erinnerung viele Male in seinem Kopf wiederholt und ihn dazu getrieben, beim Alkohol Zuflucht zu suchen. Wie sollte er seiner Frau oder seiner Tochter sagen, was er getan hatte? Die Tatsache zeichnet sich durch das Vermächtnis seiner Tat aus, durch den Samen, der an die nächste Generation weitergegeben wird, dadurch, dass seine Nachfahren von diesem Trauma beeinträchtigt werden. Die Wissenschaft hat herausgefunden, dass es möglich ist, solche Energiemuster transgenerational weiterzugeben.

Es gab ein paar Fälle, in denen Menschen überaus heftige, unerklärliche Reaktionen einer posttraumatischen Belastungsstörung (PTBS) aufwiesen. Als sie zwei Generationen zurückgingen, entdeckten sie, dass ihre Großmutter oder ihr Großvater oder ein anderer Angehöriger ihrer Ahnenlinie während eines Krieges oder des Holocausts gelebt hatte oder aber dass die Ahnen ein ernsthaftes Trauma erlitten hatten. Ganz offensichtlich hatte niemand über solche Erfahrungen gesprochen, oder die Familien wussten nicht einmal, dass so etwas passiert war.

Eine der interessantesten epigenetischen Entdeckungen bezieht sich auf das Feld posttraumatischer Belastungsstörungen: Manche Menschen verhalten sich wie traumatisierte Personen, obwohl sie selbst kein Trauma erlitten haben. Im Rahmen einer medizinischen Untersuchung fand man heraus, dass sie dieselben epigenetischen Marker aufwiesen wie jemand, der tatsächlich ein ernsthaftes Trauma erlebt hatte.

Jeder, der solchen Ahnen abstammt, bekommt ein Stück vom Kuchen ab, trägt ein Bruchstück ihrer codierten Energie in sich. Starben sie an einer Krankheit oder an einem Trauma wie Selbstmord oder Mord, so beeinträchtigte das ihre Familie, auch dann, wenn man dafür sieben Generationen in die Vergangenheit zurückreisen muss. In diesem Fall bekommt man aber vermutlich nur einen winzigen Bruchteil ihrer Energie vererbt, weil sie sich zu diesem Zeitpunkt über mehrere Hundert Menschen verteilt. Mit den Wunden, die deine Urgroßeltern, Großeltern oder Eltern in sich tragen, musst du dich allerdings befassen.

Es wäre falsch, davon auszugehen, dass jedweder Einfluss unserer Ahnen negativ ist. Das hängt einzig von ihrem Gemütszustand und ihrem Charakter ab. Es gibt jene, die ein aufrichtiges Leben mit guten Absichten lebten, die wahrhaftig agierten und dafür bekannt sind, das Familienvermächtnis unterstützt und nicht behindert zu haben. Doch es gibt auch jene, deren Erfahrungen zu schweren Verhaltensauffälligkeiten und psychischen Problemen geführt haben, die noch heute von ihren Nachfahren bewältigt werden müssen.

Das biologische Vermächtnis in Ordnung bringen

Um genetische Faktoren heilen zu können, müssen wir uns mit dem physischen, emotionalen und psychologischen Verhalten befassen, ebenso wie mit gesellschaftlichen Einflüssen und Umweltfaktoren. Wissenschaftler, die sich epigenetischen Studien gewidmet haben, legen nahe, dass das Stresshormon Kortisol verringert werden kann – wodurch wiederum Entzündungen abgeschwächt werden –, indem man die epigenetischen Regulatoren verändert. Eine zentrale Methode dafür ist, den Geist zu nutzen, um Veränderungen im Denken und Fühlen hervorzubringen.

Sie gehen davon aus, dass wir unsere kardiovaskulären Reaktionen optimieren, die Funktionen unseres Immunsystems verbessern und das Enzymlevel, das die Chromosomenenden repariert und unterhält, die sogenannten Telomere, steigern und optimieren können. Dies trägt wiederum zu unserer Gesundheit und unserem Wohlbefinden bei, spiegelt sich darin, wie wir für uns selbst sorgen, wie wir unsere Beziehungen in unserer sozialen Welt wahrnehmen und ob wir leidenschaftlich und respektvoll sind und ein sinnerfülltes Leben führen. All diese Ideale helfen, unsere Telomerase-Level zu optimieren.

Die Länge eines Telomers ist ein wichtiges Maß für das Altern. Telomere sitzen auf den Chromosomen wie die sogenannten Nadeln (das plastikumhüllte Ende der Schnürsenkel). Je älter wir werden, umso kürzer und fragmentierter werden die Telomere. Somit ist die Länge der Telomere ein guter Indikator für unseren allgemeinen Gesundheitszustand, und häufig werden kurze Telomere mit Zellalterung und Dysfunktion assoziiert.

Während wir erlernen, wie wir das ändern können, ist es überaus wichtig, daran zu glauben, dass wir trotz der vererbten negativen genetischen Faktoren nicht hilflos sind. Außerdem müssen wir die Tatsache verstehen, dass schwierige Erfahrungen in unserer frühesten Kindheit oder in der unserer Ahnen nicht zwangsläufig bedeuten, dass wir nichts tun können, um zu heilen oder diese Erfahrungen zu verändern – tatsächlich bedeutet es genau das Gegenteil. Wir können lernen, unser Gehirn mehr einzubeziehen, und während der Geist gestaltet, wie wir unsere Aufmerksamkeit gezielt auf etwas richten – wohin unsere Aufmerksamkeit tatsächlich geht –, wird unsere Neuronenaktivität gesteigert, und somit wächst auch die neuronale Verbindung. All diese wissenschaftlichen Erkenntnisse sind unglaublich positiv, wenn es darum geht, die Kraft des genetischen Vermächtnisses zu begreifen.

Wenn du dein Leben verstehst, dann kannst du schlussendlich diese generationenübergreifenden Muster des Traumas überwinden. Die Neuroplastizität des Gehirns und die Fähigkeit, Beziehungen zu heilen, beeinflussen unser Innenleben und die Beziehungen, die wir zu anderen Menschen unterhalten. Durch einen Vorgang der Einbindung behalten wir Elemente ihrer Verschiedenartigkeit, aber auch der verbindenden Wesenszüge zurück.

Helena wurde 1958 in Irland geboren und suchte Terry auf, um ihre gesundheitlichen Probleme in den Griff zu bekommen, weil sie am chronischen Erschöpfungssyndrom (CFS) litt, auch Myalgische Enzephalomyelitis (ME) genannt. Helena war bewusst, dass ihre Probleme von ihren Ahnen stammen mussten.

Helenas Geschichte

Ich bin eine 60-jährige Frau aus Tipperary, und in meiner Geschichte geht es um das Vermächtnis meiner Ahnen. Ich war ein sensibles Kind, das in einem Umfeld aufwuchs, in dem man nicht über die Dinge sprach, die wirklich wichtig waren. Mein Vater heiratete sehr jung und verlor seine schwangere Frau schon nach zwei Jahren. Nie sprach er darüber. Auch über die Hungersnot von 1840 wurde nicht gesprochen, und der Irische Bürgerkrieg von 1920 sorgte nur für entsetzliche Spannungen, also sprach man darüber besser auch nicht. Ich habe gelernt, Geheimnisse für mich zu behalten, nicht aufzumucken und niemals zu zeigen, wie ich mich tatsächlich fühle.

Nach meiner Hochzeit 1981 arbeitete ich als Lehrerin außerhalb von Limerick City. Mich beengten die engstirnigen Gesinnungen, und wie unsäglich Kirche und Staat Frauen in dieser patriarchalen Gesellschaft behandelten. Ich spürte den Würgegriff der katholischen Kirche in allen Belangen des Lebens. Kinder, die außerehelich geboren wurden, mussten weggegeben und adoptiert werden, und junge Frauen, die ihre Babys behielten, liefen Gefahr, ihre Anstellung zu verlieren. Im Zölibat lebende Priester drehten völlig durch. Eine Verschwörung des Schweigens breitete sich aus. Im Oktober 1988 verspürte ich den Drang, Irland zu verlassen, ob mit oder ohne meinen Ehemann. Er beschloss, mit mir zu kommen, also ließen wir uns mit unserem kleinen Sohn in London nieder.

In kurzer Abfolge kamen weitere Kinder auf die Welt. Ich konzentrierte mich in der Arbeit auf Kinder mit Lernschwierigkeiten und wurde zu einer pädagogischen Beraterin für Colleges und weiterbildende Schulen Anfang der 2000er-Jahre. Doch 2002 wurde bei mir ME (Myalgische Enzephalomyelitis) diagnostiziert. Die zwei nachfolgenden Jahre verbrachte ich im Bett und sah zu, wie mein Leben an mir vorbeizog. Ich konnte kaum gehen, sprechen oder denken. Mein Körper zitterte unkontrolliert, ich ertrug es nicht, jemanden in meiner Nähe zu haben, und verbrachte tagein, tagaus allein in meinem Schlafzimmer im Dachgeschoss. Meine gesteigerte Sensibilität bedeutete, dass ich meinen regulären Alltag nicht länger ertrug.

Erst da beschloss ich, dass es wichtig war, meine Ahnengeschichten zu entdecken. Ich reiste zurück bis zum Beginn des 19. Jahrhun-

derts, wo ich darauf stieß, wie mein irischer Urgroßvater meine Großmutter und ihren behinderten Sohn behandelt hatte, ein Kind, das mich seit meinem vierzigsten Lebensjahr heimsuchte. In tiefer Meditation fand ich heraus, dass das Kind aufgrund seiner Behinderung nach der Geburt ermordet worden war. Er hatte im Diesseits keine Anerkennung bekommen, verlangte jedoch von seinem Grab heraus eine Anerkennung seines Seins. Auch meinen Geschwistern erschien dieses verstörte Kind; wir sind uns alle darüber einig, wo sich sein nicht markiertes Grab befindet. Wir haben es inzwischen von seinem schrecklichen Trauma und dieser Erinnerung befreit. Und als es ins Licht entschwand, machte sich bei ihm und meiner Großmutter Vergebung für das breit, was ihnen widerfahren war. Ich bin froh, dabei geholfen zu haben, ihn freizusetzen, und ich fühle mich seit diesem Aufeinandertreffen leichter und vollständiger.

Seit ich mich mit dieser Arbeit beschäftige, habe ich mich von einer kopfgesteuerten Akademikerin in ein bescheideneres menschliches Wesen verwandelt. Inzwischen arbeite ich mit Individuen und Gruppen und helfe ihnen dabei, gewisse Probleme hinter sich zu lassen, sich ihren Ängsten zu stellen und ihr Leben voll auszukosten.

Transgenerationale Weitergabe von Traumata

In der epigenetischen Nachforschung der holländischen Hungerstudie von 1944 und 1945 wurde herausgefunden, dass Kinder, die von Eltern und Großeltern abstammen, die das Hungern (das Hunger-Gen) in sich trugen, Nahrung anders verarbeiteten. Sie hielten an einem kalorienreicheren Essen fest, was wiederum dazu beitrug, dass sie eher übergewichtig waren und in höherem Alter Diabetes bekamen. Sollte einer deiner Vorfahren eine Hungersnot erlitten haben, im Bürgerkrieg, während des Zweiten Weltkriegs oder im Holocaust gestorben sein, oder sollte er mit jeglicher Form von Genozid oder Naturkatastrophen konfrontiert gewesen sein, die ein schreckliches Trauma in seiner Gemeinschaft hervorgerufen haben, dann leidest du vielleicht an Hypervigilanz, an erhöhter Wachsamkeit hinsichtlich Gefahr, begleitet von starken Angststörungen und Panik.

Manchmal bekommen wir ein Trauma sehr früh vererbt, im Mutterleib, etwa wenn die Mutter im Vorfeld eine Fehl- oder Totgeburt hatte oder wenn ihr Partner oder ihre Eltern gestorben sind. So ein Trauma kann sich durch uns ausdrücken, und es ist durchaus möglich, dass wir niemals herausfinden, wo es herstammt, weil es sich so früh ereignet hat. Und genau wie wir mit einem vererbten Trauma zur Welt kommen können, ist es auch möglich, dass wir mit Ängsten und Gefühlen geboren werden, die nicht zu uns gehören. Das alles wird jedoch erst dann anfangen, einen Sinn zu ergeben, wenn wir einen Blick in die Vergangenheit werfen.

Für gewöhnlich gibt es Hinweise darauf, dass es sich bei einer solchen Sache um ein vererbtes Trauma handelt. So können wir zum Beispiel Furcht, Angst oder ein Krankheitszeichen wahrnehmen, die uns ganz unvermittelt überkommen, sobald wir ein gewisses Alter erreichen. Das ist wie ein uralter Wecker, der auf einmal in uns losklingelt. Es ist gut möglich, dass wir im Alter von 13 Jahren unvermittelt das Gefühl haben, losgelöst zu sein oder überempfindlich, oder aber wir entwickeln ein Angstgefühl oder eine Phobie.

Andere Beispiele hierfür sind, dass wir uns unserem Ehepartner oder Lebensgefährten nach der Geburt unserer Kinder nicht mehr verbunden fühlen. Vielleicht haben wir auch unvermittelt das Gefühl, in unserer Ehe festzustecken, was wir jedoch nie in Verbindung mit unserer Urgroßmutter bringen, die als Kinderbraut im Alter von zwölf Jahren einem 40-jährigen Mann anvertraut wurde. Oder deren Ehemann im Krieg starb, nachdem ihr Kind geboren wurde. Uns ist somit nicht bewusst, dass wir es tatsächlich mit den Auswirkungen ihres Traumas zu tun haben.

Vielleicht ziehen wir zum ersten Mal aus unserem Zuhause aus und machen einen Schritt in die Welt der Erwachsenen, um dann festzustellen, dass wir ohne offensichtlichen Grund an den Symptomen einer psychischen Krankheit leiden. Oder aber wir haben Vertrauensprobleme in unseren Beziehungen, ohne jemals die Verbindung herzustellen, dass unsere Großmutter in genau diesem Alter zur Witwe wurde und von starker Trauer geplagt war. Oder dass ein Bürgerkrieg die Existenzgrundlage unserer Urgroßeltern beeinträchtigte und so weiter.

Manche Verhaltenszüge werden von einer Generation an die nächste weitergegeben. So haben deine Eltern und Großeltern vielleicht an einem Ort gelebt, von dem eine gewisse Bedrohung ausgeht, weshalb sie ein Bewusstsein für diese Bedrohung an die nächste Generation und darüber hinaus weiterreichen. Dieser Gentransfer läuft epigenetisch ab und könnte Wesenszüge, Gewohnheiten, Stimmungen und immanente Überzeugungen beeinflussen. Alle möglichen Dinge werden epigenetisch weitergegeben, ohne das Genom zu verändern.

Studien legen nahe, dass Töchter von Müttern, die depressiv waren, dieselben epigenetischen Marker wie ihre Mütter besitzen, obwohl sie keinerlei Grund haben, depressiv zu sein. Auch die Enkel dieser Mütter wiesen diese epigenetischen Marker der Depression auf, obwohl auch für sie kein Grund für eine Depression bestand. All das sind Möglichkeiten, wie die Charakteristika von einer Generation zur nächsten weitergegeben werden. Nicht alles, was du über die Welt denkst, fühlst und glaubst, gehört also tatsächlich auch zu dir. Es kann sehr gut von einem der Großeltern oder sogar von den Ururururgroßeltern stammen.

Ein transgenerationales Trauma heilen

Entstammen wir einer Familie, in der von einem Elternteil oder Angehörigen viel Stress oder Kritik ausging, so sind wir vielleicht selbst ängstlich und verfügen über ein sehr geringes Selbstwertgefühl. Für gewöhnlich ist uns nicht bewusst, weshalb unsere Eltern oder unsere Familie so schwierig geworden sind, und erst dann, wenn wir einen Blick in ihre Vergangenheit werfen, finden wir mögliche Gründe für das Warum heraus.

Häufig waren die schwierigsten Persönlichkeiten mit sehr tragischen Umständen, Missbrauch oder Trauma konfrontiert und reagierten darauf. Solche belastenden Ereignisse können auch die stärkste Person kritisch oder defensiv werden lassen. Vos kommt aus Holland, ihre Eltern haben als Kinder selbst den Zweiten Weltkrieg miterlebt. Sie suchte uns auf, weil sie die Probleme ihrer Ahnen mütterlicherseits heilen wollte, da sie davon ausging, ihre Ängste und ihr geringes Selbstbewusstsein rührten daher. Vos erzählte uns, dass ihre Mutter schwierig und sehr mäkelig gewesen sei, als sie ein Kind war, was vielleicht ihrer Familiengeschichte zuzuschreiben sei. Doch statt wie erwartet auf gebrochene und verletzte Frauen zu stoßen, wurde ihr beim Durchgehen der verschiedenen Familiengeschichten bewusst, wie außergewöhnlich sie tatsächlich waren.

Vos' Geschichte ist ein Beispiel dafür, wie ein traumatisches geschichtliches Ereignis in einer weiblichen Ahnenfolge Frauen hervorbringen kann, deren Handeln von außergewöhnlichem Mut und Charakterstärke geprägt ist, was in Vos' Fall auch an sie und ihre Kinder weitervererbt wurde. Als sie ihre Geschichten entdeckte, fand sie das Selbstvertrauen, um auch ihre Selbstwahrnehmung zu verändern.

Vos' Geschichte

Ich entstamme einer Familie von willensstarken holländischen Frauen. Wenn ich an meine Großmütter denke, dann ist es wichtig, ihr unumstrittenes Wesen zu verstehen – ihre Motivation, sich während des Zweiten Weltkriegs ethisch und moralisch richtig zu verhalten. Darüber hinaus besaßen sie ein erbittert beschützendes Wesen und einen scharfsinnigen moralischen Antrieb. Das solide Fundament und ihr unerschütterlicher Gerechtigkeitssinn ließen sie überzeugt agieren. So schützten sie viele jüdische Familien, die während des Krieges in ihre Obhut kamen, und kümmerten sich um sie.

Meine Mutter lebte mit ihrer Familie in einem Reihenhaus. Links neben ihnen wohnten deutsche Soldaten, rechts neben ihnen holländische Prostituierte, die für die deutschen Soldaten arbeiteten. Trotz dieser ungewöhnlichen und gefährlichen Situation war meine Großmutter Teil der Widerstandsbewegung, die erfolgreich und auf sich gestellt eine geheime Kriegsoperation durchführte. Nicht nur versteckte sie Waffen unter den Dielen, sie versteckte auch sehr erfolgreich viele jüdische Kinder bei sich, bis sie passendere, permanentere Verstecke für sie fand, wo sie bis zum Ende des Krieges bleiben konnten. Und all das vor den Augen ihrer Nachbarn. Als der Krieg schließlich vorbei war, erhielt sie einen Baum von Israel, als Dank für all das, was sie getan hatte. Meiner anderen, ebenso mutigen Großmutter gelang es, sich um das Wohlergehen vieler jüdischer Familien in Amsterdam zu kümmern. Sie versorgte sie mit Nahrungsmitteln und Gütern, da die Deutschen jüdischen Menschen einen vernünftigen Zugang zu medizinischer Versorgung oder jedweder Form der dringend benötigten Lebensmittel untersagten.

Als Kind wurden mir viele Geschichten über ihr mutiges Handeln und die vielen Opfer erzählt, die sie erbringen mussten, weshalb sie unvergessliche Vorbilder waren. Beide Großmütter waren liebevolle, freundliche und mitfühlende Frauen, und obwohl sie auch mit ihren eigenen Unsicherheiten zu kämpfen hatten, hielt sie das doch nie davon ab, das Richtige zu tun. Ihre Liebe, Stärke und Entschlossenheit hatten einen unglaublich positiven Einfluss auf mich als Kind und Erwachsene. Ich kann von Glück sagen, ihre unabhängige Ader vererbt bekommen zu haben, und ich habe festgestellt, dass ich dieselben moralischen Überzeugungen teile.

Meine Freunde sagen mir oft, dass ich ganz vorurteilsfrei auf sie zugehe, und wie sehr sie mich dafür lieben, eine so treue und mitfühlende Freundin zu sein. Ich spüre, dass mich dieser innewohnende Zug direkt mit meinen Großmüttern verbindet. Genauso gehe ich als Krankenschwester und Heilerin auf Patienten und Kunden zu. Darüber hinaus habe ich dieses ethische Verhalten auch an meine Kinder weitergegeben und bin sehr stolz, sagen zu können, dass sie dieses Vermächtnis fortführen.

Wenn du die Absicht hast, dich mit deinem eigenen Vermächtnis auseinanderzusetzen, dann besteht der nächste Schritt darin, mehr darüber herauszufinden. Sofern du keine Informationen über dein Familienvermächtnis hast und es dir nicht gelungen ist, etwas darüber herauszufinden, kannst du die Heilung deines Ahnenerbes dennoch vorantreiben, indem du dir ansiehst, was du in psychologischer und emotionaler Hinsicht und im Zusammenhang mit deiner Krankengeschichte über dich selbst weißt. Solltest du adoptiert sein und ein paar Informationen über deine biologische Familie besitzen, so kann dir das helfen, mehr darüber herauszufinden, was du an deinem eigenen Erbe verstehen und heilen willst.

Außerdem ist es nützlich, dir das Erbe deiner Adoptivfamilie bewusst zu machen, da auch sie mitbestimmen, wie du dich selbst wahrnimmst. Das gesellschaftliche und kulturelle Umfeld, ebenso wie ihre Traditionen, Überzeugungen und deine Erziehung, haben einen prägenden Einfluss auf deine Persönlichkeit und dein Verhalten.

- Fange damit an, einen Plan deiner eigenen Lebenserfahrungen zu erstellen, von der Geburt bis zum jetzigen Augenblick, halte darin alle Krankheiten, Übergänge und Verhaltensweisen fest.
- Gehe deine Familie durch und überlege, welche Bedingungen an die nächsten Generationen weitergegeben werden können – biologische, psychologische, emotionale und spirituelle.
- Gehe dann, sofern dir das möglich ist, mindestens vier Generationen zurück, um historische Faktoren und Ahnengeschichten zu bestimmen, die dich und deine Familie beeinflussen könnten.
- Um dir dabei zu helfen, Eigenschaften zu entdecken und zu vergleichen, ist es hilfreich, ein Diagramm mit einer Liste deiner Familienangehörigen und Vorfahren zu erstellen.
- Der nächste Schritt besteht darin, deine Entdeckungen aus dem Stammbaum zu verfolgen und alle Krankheiten, Übergänge und Veränderungen nachzuverfolgen, wie du das bereits gemacht hast, wobei du die Leerstellen deines Diagramms entsprechend füllst.
- Wenn dein Diagramm ausgefüllt ist, kannst du wie ein Ermittler anfangen zu überprüfen, ob es Wiederkehrendes gibt, das innerhalb der Generationen bis an dich weitergereicht wurde.
- Schreibe auf, was du von deinem Vater vererbt bekommen hast und was von deiner Mutter, deinen Großeltern und so weiter.
- Führe weitere Nachforschungen durch wie zum Beispiel, wo sie lebten, wie sie starben, was sie gemacht haben.

All diese Informationen können einen entscheidenden Unterschied machen, um mehr über ihr Verhalten, ihre Gaben, ihre Einstellung zu Essen, Sex, Geld, Arbeit, Beziehungen und so weiter herauszufinden.

Probleme mit Ahnen zeigen sich auf ganz vielfältige Weise, sie können sich aber auch durch schlechte Gesundheit manifestieren, da unser Körper auf den Druck alter Familienmuster und Dysfunktionen reagiert. Es ist überaus wichtig, über unser biologisches Vermächtnis Bescheid zu wissen, da wir dann ganz vielschichtig vorgehen und entsprechend unterschiedliche Heilungsformen anwenden können, um unsere Familienschatten loszulassen.

Kapitel 4

Heimat und Migration der Ahnen

»Manche, wie James Brown, haben das Stadtleben gekostet
und es wieder aufgegeben. Die Erinnerung, die Familie
zog ihn wieder zurück, wird er Ihnen sagen. Sicher, sagt er,
der Süden hat ihm keine glückliche Kindheit geschenkt.
Aber man sollte dem Land nicht die Sünden
der Menschen ankreiden, die darauf wandeln.«
GERRI HIRSHEY

Es gibt eine instinktive, unsichtbare Treue, die uns mit unserem Geburtsort verbindet, mit dem Zuhause und der kulturellen Gemeinschaft, aus der unsere Familie stammt und wo sie vielleicht über viele Jahrhunderte gelebt hat. In dieser uralten Verbindung zu unserer Heimat stecken die Geschichte, die Mythologie und die heiligen Bräuche unseres kulturellen Erbes. Während unseren Knochen die Anblicke und Geräusche innewohnen, die unsere Ahnen kannten, sind diese Einflüsse immer noch in den Stimmungen, Temperamenten, spirituellen und religiösen Neigungen oder Rebellionen unserer Familie zu spüren. Sie dienen als beständige Erinnerung daran, wer wir alle sind und woher wir kommen – sind ein Zeugnis der vielen Generationen, deren Überlebensfähigkeiten uns bereichern und die wir auch heute noch brauchen.

Es steht außer Frage, dass die Migration die Menschheit beeinflusst hat, auch wenn die Gründe dafür sehr vielschichtig sind. Sie reichen von gesellschaftlichen, politischen und historischen Ereignissen wie Krieg hin zum Besetzen von Landstrichen und ganzen Ländern, wo die Menschen mit ihrem kontinuierlichen Verlangen Gemeinschaften, Nachbarschaften und Familien zerreißen. Die Migration von einer Region in eine andere beruht häufig auf gesellschaftlichen oder umweltbedingten Gründen und ist schon seit langer Zeit weit verbreitet. Als sich zum Beispiel vor knapp 12 000 Jahren die Gletscher aus der Eiszeit nordwärts zurückzogen, folgten die migrierenden Völker den Spuren des schmelzenden Schnees auf der Suche nach grüneren Weiden zu einer Zeit der Not und des Überlebens freiwillig. Die Wurzeln, die unsere nomadischen Urahnen einst anderswo geschlagen hatten, sind bis zum heutigen Tag in unserer menschlichen Psyche verankert.

Ein weiteres Beispiel ist eine Flüchtlingskrise, die uns wachsamer macht gegenüber den Umständen der Angehörigen unserer Ahnenfamilie, die Verfolgung, Hungersnot und Krieg durchlebt haben. Viele von den Überlebenden sahen sich gezwungen, fernab von ihrem Zuhause ein neues Leben anzufangen, wodurch sie das Schicksal ihrer Nachfahren veränderten. Über mindestens sechs Generationen hinweg hat die Familie meines Vaters (Natalia) auf demselben Stück Land und in derselben Gemeinschaft gelebt, bis mein Vater Ungarn während des Volksaufstands 1956 verließ. Er floh zusammen mit 200 000 Flüchtlingen, die aus Ungarn fortgingen, als Russland dort einfiel. Da er als erster Nachfahre seine Heimat verließ, war die Familie am Boden zerstört. Wir bekommen viele Geschichten von anderen Familien erzählt, die eine solch erzwungene Migration erlebten, was bei den Nachfahren für ein transgenerationales Trauma sorgte.

Als Nachfahrin von immigrierten, geflüchteten Eltern habe ich (Natalia) häufig darüber nachgedacht, wie glücklich mein Bruder und ich uns schätzen können, zu einer Zeit ohne Krieg, Verfolgung und Unterdrückung geboren worden zu sein. Wir haben das Glück, über Meinungsfreiheit, eine gute Bildung, Gesundheitsversorgung und breit gefächerte Karrieremöglichkeiten zu verfügen, weshalb wir selbst entscheiden können, ob wir in der Nähe unserer Familie oder anderswo leben wollen. Nicht alle Familien besitzen solche Wahlmöglichkeiten, und wieder andere beschließen bewusst, in dem Land, der Stadt oder dem Dorf, in dem die Wurzeln ihrer Familie liegen, zu bleiben, wodurch sie ihrer eigenen Familie über viele Generationen nah sind. Heimat und Gemeinschaft sind jedoch nach wie vor ein wesentlicher Pfeiler für alle Familien.

Das Zuhause und die Zugehörigkeit der Ahnen

Auf der Isle of Lewis der Äußeren Hybriden an der Westküste von Schottland statteten wir einer Behausung einen Besuch ab, genannt das Schwarze Haus – ein Überrest aus Zeiten, als Menschen und Tiere über Generationen hinweg unter ein und demselben Dach lebten. Das Leben dort hatte die Bedürfnisse und Ambitionen der Menschen gestillt, die als ländliche Gemeinschaft ohne motorisierte Fahrzeuge, Straßen oder Schienen auf diesen Inseln lebten, wo sie von Geburt über Ehe, Elternschaft bis in den Tod eine dem Clan angepasste, behütete Lebensweise führten.

Jeder Mensch spielte eine Rolle in der Gemeinschaft, die er unveränderlich von seinen Eltern und den Großeltern vererbt bekam. Als die Gemeinschaften dann stärkeren äußeren Einflüssen unterlagen, fand eine Aufsplitterung statt, die Lebensweisen veränderten sich, und die durch Krieg, Krankheit und Hungersnot erschütterten Bevölkerungen, die jahrelang friedvoll nebeneinander gelebt hatten, teilten ihre Gemeinschaften auf kleinere Gruppen auf. Was die Ahnen betrifft, so sind ihre Wohnstätten nicht etwa verloren gegangen, weder der Ort als solcher noch die verborgenen Erinnerungen daran. Sie dauern im Unbewusstsein des Geistes der lebenden Nachfahren an und werden von einer Generation an die nächste weitergegeben. Mit einem vertrauten Echo rufen sie einen an den Ort nach Hause, an den man hingehört, an dem die Familie einst lebte, wo Geburt und Kindheit stattgefunden haben. Manchmal überkommt einen das starke Verlangen, wegzuziehen, sich von seinen Familienwurzeln zu entfernen, unbewusst oder unerwartet, während man sich in einem Dorf, einer Stadt oder einem Land befindet, aus dem die lange verschollenen Ahnen ursprünglich stammen.

Viele haben das Gefühl, dass sie an dem Ort, wo sie einst lebten oder wo sie herkamen, nicht dazugehören. Sie haben das Beste aus ihrem Leben gemacht und sind glücklich, trotzdem fehlt ihnen etwas, trotzdem ist da etwas nicht eingefordert oder richtiggestellt worden. Häufig tritt das nach einer Geburt oder dem Tod eines nahestehenden Menschen auf, wenn also ein Umbruch bevorsteht. Als Hattie, Terrys Kundin, den Ruf ihrer einstigen Heimat vernahm, wieder dorthin zurückzukehren, so war das nicht die Stimme ihrer jamaikanischen Mutter, die vor ein paar Jahren fernab von ihrer Heimat gestorben war. Es war die Geburt ihrer Kinder, die ihre Neugier weckte, damit sie sich auf die Suche nach dem unbekannten Erbe ihrer Familienwurzeln machte.

Obwohl sie selbst in Großbritannien geboren wurde, stammt ihre Familie ursprünglich von den Westindischen Inseln. Sie fand aber heraus, dass ihre Familie einige Generationen zuvor aus Afrika weggeholt und von Plantagenbesitzern versklavt worden war. Den Ruf, der sie dazu aufforderte, mehr über ihr Vermächtnis herauszufinden, beschreibt sie als eine Stimme, die unbewusst immer wieder in ihr nachhallte – der tief in ihr verwurzelte Ruf ihrer Ahnen. Sie ignorierte diesen Ruf, bis ihre Kinder auf der Welt waren, hatte jedoch immer schon das starke Verlangen empfunden, herausfinden zu wollen, wer ihre Ahnen waren. Also buchte sie schließlich einen Flug in die Mitte des afrikanischen Kontinents, nach Ghana, dem Zuhause ihrer Ahnen, und machte sich auf diese Reise der Selbstentdeckung.

Ist es dir auch schon so ergangen? Hast auch du, solange du denken kannst, dieses tief sitzende Gefühl in dir, nicht am richtigen Platz zu sein? Empfindest du dieses Fernweh oder das starke Verlangen, von allem wegzukommen? Als würde nichts deine Instinkte und deinen Ehrgeiz stillen, weil es keine offenkundige Verbundenheit gibt, die dich zum Bleiben auffordert? Und nachdem du weggezogen warst, hat dich dann eine Sehnsucht erfüllt, wieder zurückzuziehen?

Ich (Terry) wurde in Lowestoft in East Anglia geboren, einem der Hauptfischerhäfen der Britischen Inseln. Ich hatte keinen Grund, meine Geburtsstadt zu verstoßen, aber genau das tat ich. Ich konnte es nicht erwarten, von dort wegzukommen, neue Horizonte zu erforschen. Ich habe herausgefunden, dass viele meiner männlichen Vorfahren ihr Glück woanders gesucht und ihre Heimatstadt für ferne Orte verlassen haben, um so der Armut zu entkommen und nach besseren Möglichkeiten für sich zu suchen.

Als Kind und Teenager habe ich immer überlegt, ob ich so war wie sie, und mich gefragt: Wo bin ich? Warum bin ich hier? Wer sind diese Menschen? Es fühlte sich für mich so an, als wüsste ich nicht, wo ich hingehörte. Auch noch Jahre später verließ mich dieses Gefühl der Einsamkeit nicht. In mir wuchs das starke Verlangen, meiner Familie und der Gemeinschaft, in der ich groß geworden bin, zu entkommen.

Ich hatte nicht den Eindruck, als hätten meine Freunde Zweifel daran, wo sie hingehörten. Manche blieben ihren familiären Wurzeln verhaftet, andere gingen von hier an die Universität oder zum Arbeiten in die Stadt. Manche kamen zurück und schienen ihren Platz gefunden zu haben. Ich wusste, dass das auf mich nicht zutraf. Ich ging zum Arbeiten nach Devon und später dann nach London, wo ich viele Jahre blieb.

Ich dachte über meine Familiengeschichte nach. Meine Eltern haben kurz nach dem Zweiten Weltkrieg geheiratet und blieben bis zu ihrem Tod verheiratet. Ich bin ein Einzelkind, und meine Mutter ist hier in eine Großfamilie hineingeboren worden, deren Wurzeln über sehr viele Generationen zurückreichen. Mein Vater stammt aus London, ist englisch-irischer Abstammung und hat London nur aufgrund des Krieges verlassen. Ich fragte mich, ob dieses Fernweh, das ich vererbt bekommen habe, in Teilen dieser Familiengeschichte zuzuschreiben war. Auch fanden wir heraus, dass meine Urgroßmutter mütterlicherseits eine rumänische Roma war, was meinen Drang, wegzugehen und zu reisen, ebenfalls beeinflusst haben dürfte.

Das alles war 50 Jahre bevor ich einen Gentest machte, der mir offenbarte, dass ich nur zu acht Prozent englisch war, dafür aber zu 25 Prozent skandinavisch und zu 22 Prozent von der Iberischen Halbinsel stammte, der Rest gehörte zum südlichen Irland. Ganz offensichtlich gab es also einen genetischen Einfluss, weshalb ich immer das Gefühl hatte, nicht dazuzugehören und nicht wie die anderen zu sein, die glücklich darüber waren, von der Geburt bis zum Tod fest in ihren Familienwurzeln verankert zu sein. Das war mir einfach unmöglich. Ganz egal, ob wir nun den Eindruck haben, als wären Jahre vergeudet worden, wir alle wollen uns geborgen fühlen, wenn wir zu Hause sind.

Für die eigene Identität ist es wesentlich, zu wissen, wo man herkommt. Darum ist es auch so wichtig, sich an Sprache, Essen, Musik, Kleidung und all diese kulturellen Einflüsse zu erinnern. Nimmt man die ethnischen Eigenschaften in seinem Leben an, hat das etwas unglaublich Stärkendes. Es schafft Sicherheit, wenn man weiß, wer man ist, und wenn man dieses kulturelle Wissen an seine eigene Familie weitergeben kann.

Vor allem aber sollte jeder herausfinden, welches Vermächtnis er in sich trägt. Die gegenwärtige Beliebtheit für Gentests beweist, dass die Menschen wissen wollen, wo sie herkommen. Sobald man weiß, welches genetische Erbe einen begleitet, kann man die Heimat seiner Ahnen aufsuchen, um sich und seine Familie an diese kulturellen und spirituellen Verbindungen heranzuführen. Sollte es dir nicht möglich sein, dorthin zu reisen, dann gibt es andere Möglichkeiten, wie du sie aufsuchen kannst – du kannst über sie lesen, dir Dokumentarfilme ansehen, dich mit deinem Erbe befassen oder aber einen Schrein errichten, mit dem du die kulturellen Traditionen deines Erbes abbildest, um diese Verbindung zu dir nach Hause zu holen.

Ob es sich um einen Ort der Taufe oder der Eheschließung handelt oder um den, an dem deine Großeltern ihr Leben genossen haben – selbst da entlangzulaufen, wo sie einst entlangliefen, und Kindheitserinnerungen heraufzubeschwören, kann eine Nähe zu den Ahnen fördern.

Eine Pilgerreise in die Heimat deiner Ahnen

Lebt ein Teil deiner Familie immer noch im Land oder am Ort deiner Ahnen, dann statte ihnen dort einen Besuch ab.

- Finde bei jenen, die sie gekannt haben, mehr über deine eigenen Familiengeschichten heraus.
- Mache dich auf die Suche nach Ahnenhäusern und suche sie auf.
- Suche online nach alten Karten, wo sie einst gelebt haben.
- Vielleicht findest du auch alte Fotos von Gebäuden und Straßen jener Zeit.

Es ist möglich, deine Wurzeln zu ehren, indem du dich an deine Ahnen erinnerst und erkennst, wie sich ihr Leben über Generationen hinweg verändert hat. Vielleicht entdeckst du dabei aber auch, dass sich die Landschaft und die Gemeinschaft seitdem nicht großartig verändert haben.

Jane ist Amerikanerin mit irisch-schottischen Vorfahren, und sie hat genau das gemacht.

Janes Geschichte

Was auch immer in meinem Leben gerade ansteht, ich reise jedes Jahr einmal entweder nach Schottland oder nach Irland. Vor etwa fünf Jahren habe ich mir gewissermaßen selbst das Versprechen gegeben, dass ich dafür sorgen würde. Das ist eine wunderbare Möglichkeit, wie ich mich unseren Ahnen verbunden fühlen und über das Land der Vorfahren wandeln kann - und dann da zu stehen, wo sie einst standen, und aufs Meer zu sehen, wie sie das einst auch taten. Es gibt nichts, was mit diesem Gefühl der Verbundenheit vergleichbar wäre. Indem man das macht, errichtet und festigt man diese Linien und lässt die Traditionen und Verbindungen sehr viel stärker werden.

Der Grund dafür liegt wohl darin, dass das Land einen kennt – das Land kennt seine Kinder. Es ist ihm egal, wie viele Generationen zwischen dir und deinen Ahnen liegen. Kehrt man zu ihm zurück, dann redet es mit einem. Dann sagt es: »Steig aus dem Wagen, meine Tochter, und begrüße mich.«

Es ist sehr gut möglich, dass dir genau das passiert, wenn du dort bist. Während du diese Straßen entlangfährst, überkommt dich plötzlich eine Vorahnung, und du sagst dir: »Ich steige jetzt hier aus dem Auto. Ich muss da raus und mich an diesen Aussichtspunkt stellen.« Das ist die Stimme des Landes, die dich ruft.

Migration und transgenerationale Weitergabe von Trauma

Hast du dir je überlegt, was sich unter deinen Füßen befindet? Wie viele Generationen haben schon dieselben Pfade genommen? Wie viele Scharen sind schon vor dir hier entlanggegangen? Wie viele haben ihren Zielort nie erreicht oder sind unterwegs gestorben? Wir alle stehen als Verlängerung all jener hier, die vor uns von hier gegangen sind. Viele unserer Vorfahren machten sich freiwillig dazu auf, das zu entdecken, was sich hinter dem Horizont verbirgt, während andere durch lebensbedrohliche Umstände ihrer Heimat entrissen wurden.

Befassen wir uns mit dem, was passierte, als unsere Ahnen ihrer Heimat beraubt wurden, als sie von einem physischen Ort an einen anderen versetzt wurden, dann stellt sich heraus, dass diese Migration und das Verlassen ihrer Heimat für manche in jeder Hinsicht ein Verlust war, auch in emotionaler, psychischer und spiritueller Hinsicht, weil das Land alles für sie bereitstellte. Für die Urahnen standen das Schicksal und ihr Platz auf dieser Welt direkt in Verbindung mit dem Land. Unsere Ahnen hatten eine tiefe Verbindung zum Land, das ihnen eine Identität, einen Sinn im Leben, ein Schicksal und eine Rolle innerhalb eines Stammes oder einer Gemeinschaft verlieh.

Der Samen der Migration hat schon immer existiert. In manchen Fällen wurde der Forscher- und Entdeckerdrang als eine willkommene Gelegenheit erachtet, um Kontrollen zu erzwingen und die Existenz indigener Siedlungen zu hinterfragen. Das Besetzen von Land, ob auf kurze oder lange Sicht, hat zum Vermächtnis der Vertreibung beigetragen. Wird man vertrieben oder das Land besetzt, so zerrüttet das die grundlegenden Überzeugungen einer Familie. Die sprachlichen, kulturellen, religiösen und heiligen Bräuche des Ahnenlands gehen verloren. Denkt man erneut über diese Leidenschaft nach, über diese innige Verbindung, die alle besitzen und die einst sehr lebendig war und eine tiefe Bedeutung hatte, dann wird einem klar, wie fest sie mit diesem Ahnenland verbunden ist.

Betrachtest du Familienmuster, dann erkennst du, wie diese durch ganze Familienzweige zurückreichen, bis zu dem Punkt, an dem der Stammbaum sich von seinem Ahnenland entfernte und aufgrund von Krieg, ethnischer Säuberung, Genozid oder religiöser Verfolgung von dort verschwand. Wie werden sich die Nachfahren der heutigen Flüchtlinge fühlen? Wird dasselbe Vermächtnis auf ihnen lasten? Oder aber werden sie ihre Zukunft basierend auf der Vergangenheit erschaffen, aber eben ganz anders als ihre Eltern und Großeltern das getan haben? Ein Beispiel für das Heilen von Verlust und transgenerationalem Trauma ist die Geschichte von Rosemary, die durch und durch eine Nachfahrin der australischen Ureinwohner ist, der Kokatha. Sie arbeitet inzwischen als Trauerberaterin in Australien.

Rosemarys Geschichte

Ich lebte auf einer Mission für Ureinwohner, auf der Ureinwohner per Gesetz eine Erlaubnis brauchten, wenn sie aus irgendeinem Grund von dort wegwollten. Als ich fünf Jahre alt war, erhielten meine Eltern ein solches Exemption Certificate, eine Freistellungsbescheinigung, die sie davon befreite, sich als Ureinwohner bezeichnen zu müssen. Das bedeutete, dass sie sich unter der Assimilationspolitik und dem Aborigines Protection Act, mit dem eine umfassende Kontrolle über das Leben der Aborigines ausgeübt wurde, in die weiße Gesellschaft integrieren mussten. Meine Eltern hofften, dass das Leben für sie wie auch für ihre Kinder damit einfacher würde. Nur so konnten sie legal außerhalb der Mission leben, allerdings mussten sie dazu die Verbindung zu ihrer Aborigine-Kultur kappen. Und es bedeutete auch, dass wir unsere traditionellen Sprachen nicht mehr sprechen und sie uns auch nicht anhören durften.

Unsere Familie zog nach Clare, wo wir die einzige Aborigine-Familie waren. Als Kind hörte ich meine Eltern niemals in den traditionellen Sprachen miteinander sprechen, und obwohl unsere Großmutter fließend Kokatha spricht, hörte ich auch sie nie in dieser Sprache sprechen. Eine derartig anhaltende Unterdrückung unserer Kultur entfernte uns sowohl von unserer Herkunft wie auch von unseren Ahnen.

Der Tod meiner Mutter, als ich neun Jahre alt war, bedeutete, dass ich zusammen mit fünf meiner Geschwister in ein Pflegeheim mit Weißen kam, wo mir jede Form von Missbrauch widerfuhr – wir wurden zu den »Gestohlenen Generationen«. Ich heiratete zweimal, einmal mit 17 und einmal mit 29. Beide Male heiratete ich weiße Männer, die Alkoholiker waren. 1987 hat mich mein zweiter Ehemann so schlimm zusammengeschlagen, dass die Polizei mich in ein Frauenhaus brachte. Das bezeichne ich als meinen persönlichen Tiefpunkt, doch eines Tages, als ich mein misshandeltes Gesicht im Spiegel betrachtete, wurde mein Gesicht von dem alten Gesicht einer Aborigine-Großmutter überlagert. Sie erzählte mir, dass ich meinen Glauben und mein Vertrauen in meine eigenen Fähigkeiten erlangen musste, weil ich mich auf eine Reise machen würde.

Als ich das Frauenhaus verließ, fing ich mit meiner sehr tiefgründigen spirituellen, aber auch sehr schmerzhaften Heilungsreise der Entdeckung an. Unbewusst wurde ich inzwischen spirituell von meinen Ahnen geführt. Ich entdeckte, wie weh es tat, von meiner Familie weggebracht und zu einem Teil der »Gestohlenen Generationen« geworden zu sein. Dann fand ich heraus, dass ich nicht nur die unterdrückte, ungelöste transgenerationale Trauer meiner Ahnen in mir trug, sie wurde noch dazu von meinen gegenwärtigen Verlusten und der ungelösten Trauer verstärkt. Ich erkannte, dass meine unterdrückten Gefühle, die von der Trauer herrührten, sich anderweitig Ausdruck verschaffen mussten. In meinem Fall wurden sie nach außen gerichtet, mein Ärger verwandelte sich in Wut, manchmal auch in Gewalt. Nachdem mir aufgezeigt wurde, wie ich meine Trauer ausdrücken konnte, fand ich einen tieferen Zugang zu meiner Herkunft, meinen Ahnen und meinem Traumtotem. Sie alle zusammen halfen mir dabei, meine intuitive Intelligenz zu aktivieren.

Ich weiß noch, wie sie mir eines Tages Folgendes mitteilten: »Du besitzt jetzt die Fähigkeit, eine spirituelle Verbindung zu uns zu finden, indem du deine intuitive Intelligenz benutzt, dennoch musst du deinen Trauerprozess weiterführen.« Sie erinnerten mich daran, dass es in der alten, traditionellen Kultur der Aborigines keinen Gott gab! Für Tausende von Generationen hatten wir nur unsere spirituellen Ahnen, die in ihrer uralten intuitiven Intelligenz lebten und dadurch auch die Fähigkeit, sich zu verbinden, aufrechterhielten. Und weil sie bereits selbst auf der Erde gewesen waren, wussten sie außerdem, wie man mit der Mutter Erde, mit den Traumtotems und den benachbarten Stämmen kooperierte, und somit wussten sie auch, was es bedeutete, ein Mensch zu sein.

Bei Adoptiv- oder Pflegekindern, die man ohne eine Geschichte, die sie mit etwas verband, ins Ausland schickte, spricht vieles dafür, dass sie emotional nichts mit sich anzufangen wissen, dass sie von Schlüsselinformationen losgelöst sind, die sie mit dem Moment der Trennung weg vom Vertrauten hin zur Entfremdung eint. Das gilt auch für Flüchtlingsfamilien, denen das Recht auf Existenz genommen wurde, was durch verloren gegangene, verlegte oder zerstörte Unterlagen und Aufzeichnungen noch erschwert wird.

Ob die Wurzeln mit dem Holocaust, der Sklaverei oder Pogromen verbunden sind oder einfach nur mit einer unglücklichen Geschichte, wie zum Beispiel einer Verbindung zu den 2,5 Millionen Menschen, die Irland aufgrund der Großen Hungersnot in den 1840er-Jahren verließen, um ihr Glück woanders zu suchen, das Ergebnis ist für alle dasselbe. Ihr Vermächtnis hat seine Innigkeit zur Nation, dem Staat, der Stadt oder auch der Muttersprache verloren, die schon bald verschwindet, wenn Kultur, Traditionen und ein Gefühl für eine wahre Verbindung verloren gegangen sind.

Während der letzten 500 Jahre wanderten Europäer unterschiedlicher Nationen in ferne Länder aus wie zum Beispiel Amerika, Australien, Kanada, Neuseeland und so weiter. Viele Familien ließen sich dort nieder. Manche jedoch nahmen diese Entfernung sehr stark wahr. Sie hatten einen inneren Drang, zu ihren Wurzeln zurückzukehren – eine Sehnsucht, mit den Nachfahren der Blutlinie ihrer Ahnen vereint zu sein. Das war insbesondere dann zu spüren, wenn die Menschen von ihrer Heimat weggeholt wurden, nur um dann gezwungen zu werden, sich den Kolonien anzuschließen, in denen sie Abstand von ihrem Kulturerbe nehmen sollten und wo ihnen letztlich ihr Identitätssinn und ihr Vermächtnis im Nebel der Zeit abhandenkamen.

Nachdem 1865 der Bürgerkrieg in den USA vorbei war, wurden Ausländer dazu ermutigt, sich nach Westen aufzumachen, und viele zogen weiter von ihren Wurzeln weg. Dabei löschten sie die indigenen Völker aus. Bis zum heutigen Tag befinden sich längst vergessene, alte Grabstätten und heilige Orte unter der Erde, und Menschen, die einst dort gelebt hatten, sind nach wie vor von diesem Ahnengrund vertrieben.

Leider sind wir Menschen zu schrecklichen Dingen fähig und begehen Versklavung, Mord oder Völkermord. Dadurch wird den Familien ein Grundrecht genommen, die Puzzleteile zusammenzufügen und voller Überzeugung zu sagen »das bin ich« und »hier komme ich her«. Dieses Gefühl der Vertreibung begleitet sie wie ein Mysterium. Das Gefühl, irgendwo neu Fuß gefasst zu haben, stellt sich für sie nur schwer ein, ähnlich wie bei einem Flüchtling, der auf der Suche nach Trost ist. Das Land unter ihren Füßen nährt ihr Zugehörigkeitsgefühl nicht ausreichend.

Das, was durch die DNA eines jeden vertriebenen Menschen weitergegeben wird, ist immer noch das lebendige Trauma dieser Erfahrungen, selbst wenn sie bereits drei oder vier Generationen zurückliegen. Dieses transgenerationale Trauma umfasst Apartheid, Bürgerkriege, Religionskriege, Genozide, in denen allein in den letzten 100 Jahren Millionen Menschen abgeschlachtet und zahlreiche Nationen entmenschlicht wurden. Man hat sich noch gar nicht mit all diesen Auslöschungen befasst, die zu schwerwiegenden kulturellen Traumata führten und somit zu epigenetischen Veränderungen in den Familien, die zwar gelitten, diese Verfolgungen aber überlebt haben.

Bei jenen, die ihrem Ahnenland während der letzten beiden Jahrhunderte entrissen wurden, ist das erlittene Trauma garantiert nicht zu ihren Lebzeiten geheilt worden. Hinzu kommt, dass die gegenwärtigen Zustände überall auf der Welt neue Gründe für Migrationen schaffen, die nicht freiwillig stattfinden, sondern den Umständen geschuldet sind. Und genau diese Probleme beeinträchtigen unser Ahnenerbe.

Dasselbe war zum Beispiel bei den Adoptiv- und Pflegekindern der Fall, die nach Kanada und Australien geschickt wurden, oder auch bei den vergessenen Kindern von unverheirateten Müttern in Spanien, England und Irland, die von der katholischen Kirche adoptiert wurden. Auch diese Seelen suchen nach einer Rückkehr, damit sie ihre biologischen Familienwurzeln und ihr Erbe entdecken können. Die Bedeutsamkeit, zu wissen, wo wir hingehören, ist Teil unserer innewohnenden Neugier.

Transgenerationale Traumata heilen, indem du in dein Ahnenland zurückkehrst

Ein Weg, um ein Trauma zu heilen, das unseren Ahnen widerfahren ist, besteht darin, unsere Familiengeschichte zu erforschen. Indem wir das tun, decken wir auf, was zu ihren Lebzeiten sowohl in historischer wie auch in nationaler Hinsicht vor sich ging, und erlangen dadurch ein Verständnis, wie ihr Leben damals ablief und was ihnen wichtig war.

Je mehr wir anerkennen, dass wir im Schatten der Traumata, Krankheiten, Niederlagen und des Bedauerns leben, die unsere Ahnen durchgemacht haben, umso mehr wird uns ihr Vermächtnis bewusst. Gleichermaßen gibt es eine riesige Fülle von positiven Erfahrungen, Mut, Stärke, Tugend und Talent, von denen wir ebenfalls zehren können. Zumindest hat auch das einen Einfluss darauf, wie wir unser Leben besser leben. Außerdem können wir unsere Ahnen um ihre Unterstützung bitten, darum, uns ihre Stärke und ihre Weisheit zu geben.

Es ist nicht nur wichtig, den Toten einen Namen zu geben und uns daran zu erinnern, wer diese Individuen waren. Manchmal geht es darum, Geschichten von ihnen zu erzählen, ihr Lieblingsessen zuzubereiten, es aufzutischen und ihnen einen Platz an unserem Tisch freizuhalten. Manche Menschen verarbeiten die Asche eines geliebten Menschen in Kunst oder Andenken wie Schmuckstücke oder Ornamente. Oder aber sie nähen einen Teddybären oder ein Kissen aus den Kleidungsstücken der Verstorbenen. Vielleicht pflanzen sie auch einen Baum oder einen Busch. Oder sie errichten ein Memorial, um ihnen mit dem Respekt und der Würde zu begegnen, die sie verdient haben. Es gibt sehr viele Möglichkeiten, wie wir unsere Ahnen ehren und ihrer gedenken können.

Sollte deine Familie mit Genozid oder Krieg konfrontiert gewesen sein, dann ist es wichtig, dass du an den Ort zurückkehrst, an dem sie gestorben sind, doch dafür sind Mut und ein gutes Timing vonnöten. Also mache dich erst dann auf die Reise dorthin, wenn du dich wirklich dazu in der Lage fühlst. Es ist nicht zwingend notwendig, kann aber sehr hilfreich sein, einen engen Angehörigen, einen Freund oder eine Freundin, die dir nahestehen und denen du vertraust, auf diese Pilgerreise der Erinnerung und des Gedenkens mitzunehmen.

Finde heraus, wie die Menschen hießen, die dort starben. Denke daran, Gebete zu sprechen, singe oder sage die Worte, die zum religiösen oder kulturellen Erbe deiner Familie gehören. Falls es notwendig sein sollte, kannst du das Ritual »Himmelstreppe« durchführen (siehe Seite 188f.). Richte dich ans Engelsreich, um jene, die noch immer hier gefangen sind, zu heilen und zu erretten und ihre Erinnerung im Tod zu ehren. Vielleicht ist nicht alles daran schön, aber es kann sehr beeindruckend sein, wie wir anhand von Davids Geschichte sehen können.

Davids Geschichte

Meine Familie besteht aus osteuropäischen Juden, und die Vorfahren mütterlicherseits sind direkte Nachfahren von Gaon von Wilna, einem der größten Gelehrten, der gegen Ende des 17. Jahrhunderts gelebt hat. Er war ein Rabbi, der die Tora umgeschrieben hat – das erste der fünf Bücher des Alten Testaments der Bibel –, und lebte in Vilnius.

Ich war mit einer Partnerin in Finnland, und wir sind übergesetzt und nach Vilnius gefahren. Es war ein außergewöhnliches Erlebnis, denn als ich dort war, konnte ich die Schabbat- oder Sabbat-Kerzen für meine Familie anzünden, die nicht mehr für sie angezündet worden sind, seit sie Anfang des 20. Jahrhunderts von dort weggezogen sind, was wohl zur Zeit meiner Großmutter gewesen sein musste. Ich brach das Brot und wir tranken den Wein und zündeten Kerzen für die Ahnen an, was sich als überaus emotionaler Moment herausstellte.

Am nächsten Tag fuhren wir dahin, wo meine Vorfahren gelebt hatten. Wieder einmal hatte ich das außergewöhnliche Gefühl, als wären all meine Ahnen präsent. Ich spürte eine sehr schöne Verbindung zu ihnen. Im Nachhinein denke ich, dass ich genau dann hätte gehen sollen, doch stattdessen kamen wir an dem Schlachtfeld vorbei, auf dem so viele Juden von den Nazis massakriert worden sind. An einer Stelle haben sie die Babys mit einem Kugelhagel überzogen, ehe sie sie lebendig mit ihren Müttern begruben. Ich konnte ihre Rufe durch die Erde hören, und in diesem Moment ertrug ich das einfach nicht mehr. Ich entschuldigte mich bei meiner Partnerin und ging auf die Herrentoilette, wo ich anfing loszuschreien und gegen die Wände zu schlagen. Ich bin völlig ausgerastet.

Mich überwältigte die Trauer der Ahnen, die Trauer dieses Moments. Ich konnte es gewissermaßen weder mental verstehen noch emotional kontrollieren. Spirituell fühlte es sich für mich so an, als würde eine Flut der Trauer von überallher durch mich hindurchströmen. Kurz darauf gingen wir, und ich glaube nicht, dass ich dieses Land jemals wieder aufsuchen werde.

Das ist die Geschichte von einem Teil meiner Reise – einem Teil der Ahnenlinie mütterlicherseits, bei der die Trauer immer schon von einem bittersüßen Winkel aus in jedes Lächeln und jede Geschichte verwebt ist.

Machen wir uns in die Heimat unserer Ahnen auf, dann müssen wir bedingungslos lieben, woher unsere Familie stammt. Das fördert die Sanftheit und das Mitgefühl. Wir lernen, so für das Land zu sorgen, wie unsere Ahnen das einst taten, und als ihre Nachfahren, die wir fernab von den Wurzeln unserer Ahnen leben, müssen wir heilen und uns um unsere innere Landschaft kümmern, sie als unsere Heimat behandeln.

Jane, die sich mit Heilung des Ahnenlandes befasst, sagte Folgendes:

Im Herzen eines Landes befindet sich die Ahnenseele, die uns niemals ein Leid zufügen wird, die uns niemals in die falsche Richtung steuern wird. Wenn wir uns unsicher sind über das, was für uns richtig ist, welches der richtige Pfad für uns ist, was wir über uns selbst herausfinden müssen, was wir über unsere Ahnen herausfin-

den müssen, was wir in die Welt bringen müssen, dann können wir unseren Ahnen all diese tiefen, bedeutungsvollen Fragen stellen.

Unsere Seelensehnsucht wird uns immer wissen lassen, ob wir dem richtigen Pfad folgen. Sie ist unser innerer Kompass. Ohne sie sind wir orientierungslos. Wenn wir daran festhalten und dem treu bleiben, dann dienen wir damit nicht nur uns selbst, sondern auch unserer Ahnenlinie. Wir bringen etwas Neues und tilgen in vielerlei Hinsicht ein paar der Narben, die im Ahnenland durch schmerzhafte Traumata entstanden sind.

Eine Lösung besteht darin, uns das Leiden unserer Ahnen klarzumachen, ihre Geschichte zu verstehen und ihre Opfer zu ehren, damit wir wissen, wer sie sind, warum sie starben und wie wir, ihre Nachfahren, sicherstellen können, dass sie nicht vergeblich gestorben sind.

Teil III

Deine Beziehung zu deinen Ahnen

Kapitel 5

Dein Zuhause heilen

»Die Sehnsucht nach einer Heimat lebt in uns allen, nach jenem sicheren Ort, an dem wir sein können, wie wir sind, ohne in Frage gestellt zu werden.«

MAYA ANGELOU[8]

Der Ausdruck »das Zuhause ist da, wo das Herz ist«, legt nahe, dass der Ort, an dem wir leben, und das Gefühl, das unser Zuhause uns vermitteln soll, sowohl befriedigend wie auch komplementär sein sollten. Ob du noch immer in deinem Kindheitszuhause wohnst oder viele Tausend Kilometer von dort weggezogen bist, wo du lebst, kann einen tiefgreifenden Einfluss auf dein Wohlbefinden haben. Ein entspanntes, gemütliches Zuhause kann für den Unterschied sorgen zwischen innerem Frieden oder einem beständigen Zustand von Angst und Stress.

Abgesehen davon ist es völlig unbedeutend, ob du in Luxus oder Armut geboren wurdest, auf dem Land oder in der Stadt, die Erde unter deinen Füßen, auf der dein Zuhause steht, trägt das Echo der Geschichte, das in seinen Mauern und in seinem Inneren widerhallt. Die Erbstücke und Fotos, die wir von unserer Familie vererbt bekommen haben, die Dinge, die wir liebevoll ignorieren, enthalten Erinnerungen, die unsere Vergangenheit in uns wachrufen und einen Einfluss auf die »Atmosphäre« haben, in der wir leben.

Herauszufinden, welche alten und geschichtlichen Probleme unser Zuhause beeinträchtigen könnten, ist eine ganz interessante Entdeckungsreise. Viele denken über die Orte nach, an denen sie gelebt haben, und finden im Nachhinein heraus, wie sehr sie das Leben dort nicht nur geliebt und genossen, sondern in manchen Fällen auch gehasst haben. In jedem Fall hat das eine tiefgreifende Auswirkung auf sie. Manchmal ist es eine Vertrautheit, die uns eine gewisse Sicherheit verschafft, doch nimmt man diesen eine Bestandteil weg, dann bricht auf einmal alles auseinander.

Das Zuhause der Kindheit

Von den Wurzeln des Lebensbaums werden von Anfang an Zweige wiederentdeckt, während gleichzeitig unser Vermächtnis aufblüht. Das Stück Land, auf dem sich das Leben deiner Familie abgespielt hat, das Haus, in dem du geboren wurdest und aufgewachsen bist oder in dem deine Mutter ein Kind zur Welt gebracht oder aber selbst geboren wurde – in allem steckt eine eigene Erinnerung, wahrgenommen von denen, die in früheren Generationen dort gelebt haben. Jede Geschichte ist mit der nächsten verbunden.

Ist dein Geburtsort nicht der, an dem du gerade lebst, und solltest du dich zu deinem Elternhaus hingezogen fühlen, in dem du früher einmal gelebt hast, oder erinnerst du dich daran, wie du früher deine Großeltern zu Hause besucht hast, dann besteht zu jedem Ort eine emotionale Verbindung, die dich mit ihm verankert. Obwohl du und deine Familie vielleicht von dort weggezogen sind, gibt es Erinnerungen an deine Kindheit, die noch immer dort verweilen und darauf warten, in dir aufzuleben. Vielleicht musst du dahin zurückkehren, wo du als Kind gelebt hast, und machst dich auf eine Reise in das Zuhause deiner Kindheit. Diese Erfahrung kann sehr starke emotionale Erinnerungen wach werden lassen, sie kann aber auch sehr viel Frieden und Heilung bringen.

Viele leben immer noch unweit ihrer Familien, wie das einst bei den Ahnen der Fall war, die über etliche Generationen hinweg in einer bestimmten Stadt, einem Dorf oder einem Land lebten. Manche Familien genießen einfach diese Nähe, während sich andere an den entferntesten Ort auf der Welt flüchten. Viele von denen, die wegziehen, fühlen sich zu Orten hingezogen, die einst ihren Ahnen gehörten und wo sie sich zu Hause fühlen. So kann sich zum Beispiel das Traumhaus als der Ort herausstellen, wo sie tatsächlich ihre Familienwurzeln entdecken.

Manche Menschen haben über Generationen hinweg eine Immobilie besessen, aber irgendwann wird es einen Bruch in diesem Lebensstil geben, was darauf hinweist, dass es unter den Ahnen sowohl sesshafte wie auch nomadisch veranlagte Angehörige gab. Die Geschichte eines Eigentums, das für viele Jahre in einer Familie war, kann die gegenwärtigen Generationen mehr beeinflussen, als ihnen bewusst ist. Die Einflüsse, die in älteren Häusern zusammenkommen, werden von den Vermächtnissen ihrer ehemaligen Besitzer bestimmt. Theoretisch sind in einem neueren Haus deshalb weniger Vermächtnisse oder Geschichten enthalten.

Den Ahnen erging es an den Orten, an denen sie einst lebten, genau wie uns. Durch den Tod einer jeden Generation werden Häuser, Ländereien, Anwesen und Familienstücke vererbt. Es gibt nichts auf der Welt, das diesen geschichtsträchtigen Familienerinnerungen entkommen könnte. Die Blutlinie, die uns eint, kann nicht vom Land getrennt werden, das uns beherbergt und von uns bestellt wird. Wir können uns diesem Vermächtnis nicht entziehen, wie Sarah Jane in England entdeckte.

Sarah Janes Geschichte

Ich liebte mein Elternhaus und lebte dort, bis ich etwa 20 war; es wurde verkauft, als ich 26 war. Als wir unser jetziges Haus gekauft haben, haben viele Angehörige und Freunde meiner Familie angemerkt, wie ähnlich es Woodrow, meinem Elternhaus, doch sei. Im ersten Moment habe ich das nicht bemerkt, doch dann war es ganz offensichtlich, angefangen bei der Tatsache, dass es eine Mischung aus einem alten Cottage aus dem 17. Jahrhundert mit Erweiterungen aus den 1920ern war. Selbst die Grundrisse der Häuser ähneln einander, mit der Küche an einem Ende, dem Wohnzimmer am anderen, und auch die verbleibenden Zimmer befinden sich an ähnlichen Stellen.

Manchmal, wenn ich aufwache, habe ich das Gefühl, wieder in Woodrow zu sein – in meinem Zimmer am anderen Ende des Hauses, genau da, wo unser Schlafzimmer jetzt auch ist. Als Terry zu uns kam, um unser Haus energetisch zu reinigen, sagte er, dass er in der Nacht, ehe er zu uns kam, von unserem Haus geträumt habe, aber als er dann hier angekommen sei, sei es nicht genau das Haus gewesen, von dem er geträumt habe. Später am Tag sah er eine Zeichnung meines Elternhauses an der Wand hängen und sagte: »Das ist das Haus aus meinem Traum.« Ich habe das Gefühl, dass ich sowohl Woodrow – mit seiner gemütlichen, vertrauten Atmosphäre – wie auch die Ahnen, die eine Verbindung zu mir hatten, mit in unser neues Zuhause gebracht habe.

Es ist sehr wichtig, Verbindungen zu seinem Familienvermächtnis herzustellen. Sehr viele Familien sind weit von ihrem Ahnenzuhause weggezogen, doch die Verbindung zu ihrem Vermächtnis tragen sie noch immer in sich. Entdeckt man sein Familienvermächtnis, so kann man beschließen, dahin zurückzukehren, wo die Familienwurzeln liegen, und dabei die Orte entdecken, wo die Vorfahren einst lebten und starben, und diese Rückkehr als eine Pilgerreise erachten, um mehr über die Geschichte seiner Familie herauszufinden.

Dein Elternhaus heilen

Sowohl das Land, die Kultur, die Geschichte wie auch das Familienvermächtnis haben einen Einfluss darauf, wo wir heute leben. Die Verbindungen, die wir zu jedweder Art Besitztum haben, stellen automatisch eine Verknüpfung zu den Erinnerungen früherer Zeiten her. Wir kommen möglicherweise aus einer Stadt oder einem Dorf mit Menschen unterschiedlicher Verwandtschaftsbeziehungen, die alle in anderen Straßen leben, aber durch dieselben Blutlinien miteinander verbunden sind, die in manchen Fällen viele Generationen zurückreichen. Sind Familien weggezogen, ist es schwieriger, solche Zuordnungen herzustellen, doch ganz egal, was deine Umstände sind, ob du deine Familiengeschichte viele Generationen zurückverfolgen kannst oder nicht, diese eine Frage bleibt dieselbe: Welchen Einfluss haben meine Ahnen auf mein Zuhause?

Solltest du Eigentum vererbt bekommen haben, das über viele Generationen weitervererbt wurde, dann fühlt sich dieser Ort sicherlich atmosphärischer an und ist stärker von der Familiengeschichte erfasst. Das Zuhause, an dem wir jetzt leben, steckt häufig voller Erinnerungen. Durch das Dahinscheiden einer Generation werden Erbstücke weitergereicht. Vielleicht hatten sie eine besondere Bedeutung für den einstigen Besitzer, etwas, das er wertschätzte oder ehrte, während andere, weniger sentimentale oder wertvolle Gegenstände vielleicht auf dem Dachboden landen, in einem Schuppen oder im Keller, wo sie vergammeln oder einfach vergessen werden.

Das passiert häufig dann, wenn wir anfangen, unsere Häuser mit Krimskrams oder Gegenständen zu füllen, die nur wenig Wert oder Nutzen haben, denen wir aber einen sentimentalen Wert zuschreiben. Familienerbstücke sind Gegenstände, zu denen zum Beispiel Kriegsmedaillen und Schmuckstücke gehören, die von einer Generation an die nächste weitergegeben werden, edle Antiquitäten, ein ramponierter Schaukelstuhl, die Locke einer Großmutter in einem Anhänger, und alle sind sie sowohl mit der positiven wie auch mit der negativen Energie von unserer Familie behaftet. Für gewöhnlich wohnt allen eine eigene Kraft inne, denn je mehr ein Gegenstand wertgeschätzt oder angefasst wird, umso stärker kann die emotionale Substanz sein, die ihn mit der Person verbindet, die ihm einen so besonderen Wert zuschreibt.

Wenn man sich nach dem Tod von Angehörigen um deren Habe kümmert, dann findet man dabei womöglich heraus, dass das, was sie und ihr Leben ausgemacht hat, sehr viel mehr war als das, was wir angenommen hatten. Wir entdecken mehr über ihr Zuhause, ihre persönlichen Sachen, Erbstücke, Schmuck, Fotos und so weiter. Alle erzählen sie eine Geschichte über das Familienvermächtnis. Manchmal konfrontieren einen solche Momente mit besonders schwierigen Gefühlen und werden zu einer Tür, durch die man den wahrhaften Charakter eines Angehörigen entdecken kann – auch Geheimnisse von verborgenen Schätzen kommen dann möglicherweise ans Tageslicht.

Es ist nur richtig, sich um die geerbten Gegenstände eines verstorbenen Angehörigen zu kümmern und sie zu respektieren. Diese Dinge waren für unsere geliebten Angehörigen einst sehr wichtig. Sie wurden unverkennbar von ihnen wertgeschätzt, und jedem Gegenstand wohnt eine bestimmte Kraft inne. Jene, denen diese Erinnerungsstücke gehörten, steckten ihr Sein in diese Sammlungen, wobei ihnen manche Gegenstände wichtiger waren als andere.

Die Psychometrie ist eine Fähigkeit, mit deren Hilfe ein sachkundiger Anwender die Erinnerungen von Einflüssen, die in den Gegenständen eingeschrieben sind, benennen und definieren kann. Wenn ein Mensch stirbt, so lässt er sein gesamtes Leben in seinem Besitztum hinter sich. Das sind die Andenken an seine Zeit, gewissermaßen eine Archäologie davon, wie er gelebt hat. Ein Foto kann einen Angehörigen in einer in der Vergangenheit erstarrten Szene festhalten, wie ein Bild, das schließlich verblasst. Die Gefühle wiederum sind vermutlich nicht so eindeutig. Ein Bild ist immer ein Echo, in das eine geschichtliche Vergangenheit eingebunden ist, durch die ein Ahne nach wie vor eine Verbindung suchen kann. Somit kann eine Reihe von Fotos an der Wand einen Altar darstellen, wie eine Pforte, die sich zur Vergangenheit hin öffnet.

Heilst du die anzestrale Atmosphäre, dann identifizierst du dich bis zu einem gewissen Grad mit den Aspekten des Lebens eines anderen, die in deiner Familie noch immer nachhallen. Sie haben die Kraft, dich in deinem Vorgehen zu beeinflussen und die ungewollten, überalterten Dinge, die mit Emotionen aufgeladen sind, loszuwerden. Fängst du an, dich diesen Gegenständen zu verbunden oder von ihnen blockiert zu fühlen, dann ist der Moment gekommen, dir über den Einfluss klar zu werden, den sie auf dich ausüben. Es lohnt sich durchaus, etwas Zeit dafür aufzuwenden, um zu überlegen, was du behalten und was du wegwerfen willst.

Die Vorzüge des Loslassens bestehen darin, dass sich deine Stimmung hebt. Anzestrale Einflüsse auszumerzen, entbindet dich von ihnen und schafft somit einen frischen, reinen Raum für Veränderung. Genau wie unser Nervensystem einem Raster gleich ausgelegt ist, befindet sich dein Zuhause in einem Schwingungsnetzwerk, das tagein, tagaus beeinflusst wird. Mit der Zeit sammelt sich diese Energie an und wird immer schwerer, bis die Atmosphäre in den meisten Fällen ein Ventil braucht, wodurch entweder elektrische Geräte beeinflusst oder Verstopfungen in der Wasserversorgung hervorgerufen werden, und die so lange anhalten, bis die Energie wieder korrigiert ist.

Wir alle sehnen uns nach einem friedvollen, harmonischen Zuhause. Sind wir mit der Atmosphäre zufrieden, ist auch das Heim in Ordnung. Die Atmosphäre kann aber auch zersplittert sein, wodurch Leiden, Disharmonie und ein Ungleichgewicht hervorgerufen werden. Es ist wichtig, dein Zuhause wirklich gut zu kennen und zu wissen, welche anzestralen Einflüsse sich auf dich auswirken können.

Finde heraus, welche Atmosphären bei dir zu Hause vorherrschen

Es ist nicht immer einfach, eine Atmosphäre zu interpretieren, sie zu verstehen oder wahrzunehmen, weil sie entweder durch etwas im Haus oder durch die Umgebung beeinflusst oder beeinträchtigt werden kann. Allem wohnt eine Schwingungserinnerung inne, die eine Verbindung zur Vergangenheit ausstrahlt und auch uns beeinflussen kann, negativ wie positiv. Diese Energie erzeugt allein für sich oder im Zusammenschluss einen Einfluss, ob nun als Bündelung von Spannungen, die vom Land herrühren, oder als Verbund von Geschichte und Land, wodurch sie sich auf die Atmosphäre auswirkt. Da wir mit allem auf diesem Planeten verbunden sind – mit allem Lebendigen und mit allem Unbeseelten –, wirkt sich das tiefgreifend auf unser Wohlbefinden aus.

Menschen, denen ein Grundstück gehört, das seit vielen Generationen im Besitz einer Familie ist, müssen eine Geschichte annehmen, die einen größeren Einfluss auf gegenwärtige Generationen haben kann, als sie meinen. Die Einflüsse, die sich auf älteren Anwesen vereinigen, werden vom Vermächtnis bestimmt, das die ehemaligen Besitzer hinterlassen haben. Manche entschließen sich dazu, statt in einem geerbten Anwesen zu wohnen, lieber etwas Neues zu kaufen oder ihr eigenes Haus zu bauen. Es ist überaus wichtig, einfühlsam wahrzunehmen, wo wir leben, vor allem wenn das Land einst erobert wurde und inzwischen schon seit vielen Generationen besetzt sein sollte.

So könnte zum Beispiel eine Familie eine ehemalige Sklavenplantage irgendwo auf der Welt erben. Oder aber es handelt sich um ein Anwesen in Londons East End, einem Viertel, das schwere Zeiten der Armut gekannt hat, die von einer Generation Anwohner an die nächste weitergegeben wurde, wodurch sie eine Spirale des Elends durchlaufen und in einem Elendsviertel leben mussten, errichtet auf einem Land, wo sich früher einmal die Handelsdocks des Empires befanden. Neue Häuser können auf dem Grund und Boden von ehemaligen Psychiatrien oder Grabstätten errichtet worden sein, oder es handelt sich dabei um umgebaute Industriehallen, Armenhäuser oder alte Schulen. Nirgendwo auf der Welt entkommt man den historischen Erinnerungen. Ob du nun in einem neuen oder alten Gebäude wohnst, das Land, auf dem es errichtet wurde, besitzt seine ganz eigene Atmosphäre.

Die Geschichte eines Gebäudes ist geprägt von der Existenz aller, die dort gelebt haben und gestorben sind. Die Atmosphäre beinhaltet noch immer den Geruch und die Charakteristika längst vergangener Tage. Du kannst das Dekor verändern, um eine andere Stimmung zu erschaffen, doch du überstreichst nur die Erinnerungen an die Vergangenheit mit Farbe, nicht das, was sie im Kern ausmacht.

Vielleicht gibt es Zimmer in deinem Zuhause, in denen du dich lieber aufhältst als in anderen. Sollten dir derartige Unterschiede auffallen, dann spiegeln deine Sinne intuitiv eine unterbewusste Stimmung, vergleichbar mit etwas, worüber du nicht glücklich bist. Selbst die Dinge, die wir liebend gern vergessen, behalten Erinnerungen zurück, mit denen wir uns Übergangsriten vergegenwärtigen, wenn es um Geburt, Heirat und Tod geht. So schwingt zum Beispiel in einem verblichenen Foto, in Erbstücken der Familie oder auch in der Einrichtung eines jeden Raumes eine Stimmung, in der sich Freude, Angst und Sorgen spiegeln.

Als wir in das Haus zogen, das wir vor über 20 Jahren kauften, gab es ein Zimmer, das sich ganz anders als die anderen Zimmer in diesem Haus anfühlte, darin war es eiskalt. Einem erfahrenen Medium legt diese Atmosphäre instinktiv eine Heimsuchung nahe. In diesem Fall war es sehr einfach, den erdgebundenen Geist der ehemaligen Besitzerin zu erkennen, die, wie wir herausfanden, im Alter von 102 vor etwa 30 Jahren in unserem Haus gestorben war. Sie war keine Vorfahrin unserer Familie, dennoch benötigte die Dame Hilfe dabei, weiterziehen zu können. Eine Woche nachdem wir eingezogen waren, halfen wir ihr dabei, ganz selbstverständlich weiterzuziehen. Sowie sie verschwunden war, veränderte sich die Atmosphäre im Zimmer, wechselte von einer kalten, schweren, trübsinnigen und melancholischen Stimmung hin zu einer viel entspannteren.

Sollte deine Familie noch immer im Haus deiner Ahnen leben, und solltest du davon ausgehen, dass einer der Ahnen versucht, Kontakt herzustellen, dann ignoriere dieses starke, intuitive Gefühl nicht. Es gibt einen Grund, weshalb du seine Gegenwart wahrnimmst. Sollte das Gefühl anhalten, dann bedeutet das häufig, dass der Vorfahre noch immer erdgebunden ist und nicht weiterziehen kann, ehe das Problem gelöst ist. Ignorierst du ihn, dann kehrt er so lange wieder, bis du ihn anerkennst.

Falls du keine übersinnlichen Gaben besitzt und auch keine übermäßige Sensibilität oder Mitgefühl vererbt bekommen hast, dann wird der Vorfahre versuchen, dich sehr viel eingreifender zu stören. Das zeigt sich am Beispiel eines Kunden von Terry, der seinen Grund und Boden energetisch heilen lassen wollte. Er glaubte nicht an ein Leben nach dem Tod, und als man ihm mitteilte, dass sein verstorbener Vater im Badezimmer gesehen wurde, sagte er: »Schwachsinn, ich glaube nicht an Geister«, woraufhin er dann selbst ins Bad ging und einen Fußabdruck auf der Badematte vorfand – ein Abdruck, der viel zu groß war, um von ihm zu stammen. Da sich jedoch außer ihm niemand im Haus aufhielt, war dieses Aufeinandertreffen mit einem Ahnen auch für ihn als Nichtgläubigen Beweis genug, um sich mit dem Weiterleben nach dem Tod auseinanderzusetzen.

Derartige Übergriffe in ein Zuhause können sehr verwirrend und aufreibend sein, doch manchmal ist es der einzige Weg, wie sich ein Vorfahre bemerkbar machen kann. Von ihrem Standpunkt aus werden die Ahnen ignoriert und abgewiesen, insofern machen sie das alles doch nur, weil sie gehört werden wollen. Es ist nicht ihre Absicht, jemandem, den sie lieben, Angst einzujagen.

Du könntest historische Berichte über dein Zuhause durchgehen, um herauszufinden, was sich dort in der Vergangenheit zugetragen hat und wie sich das in der Atmosphäre widerspiegeln könnte, die du wahrnimmst. Nachfolgend haben wir ein paar einfache Möglichkeiten aufgelistet, wie man sich solche Informationen beschaffen kann. Sobald du die Informationen gesammelt hast, kannst du dich der Heilung deines Zuhauses zuwenden, die wir später in diesem Kapitel erklären werden.

So beschaffst du dir historische Informationen über dein aktuelles Zuhause

- Besorge dir Besitzurkunden und historische Daten.
- Ermittle, welche geschichtlichen Einflüsse den Ort damals beeinträchtigt haben könnten. Zum Beispiel: Handelt es sich um eine Gegend, in der Bombardierungen, Überflutungen, Erdbeben, Brände oder Ähnliches stattgefunden haben?
- Finde heraus, wofür das Gebäude, das Landstück und die Gegend einst benutzt wurden. Handelt es sich zum Beispiel um eine Kirche, eine Schule, eine psychiatrische Anstalt, ein Krankenhaus oder Ähnliches?
- Sieh dir alte Karten, historische Daten, Orte und Namen jener an, die dort gelebt haben.

Energetische Reinigung deines Zuhauses

Ziel einer solchen Reinigung besteht darin, herauszufinden, welche Atmosphäre gesäubert oder verbessert werden muss.

Energetische Raumheilung

- Fange damit an, dir deine Familienstücke und alles, was du vererbt bekommen hast, anzusehen.
- Überlege, ob du sie behalten, verkaufen oder verschenken willst.
- Falls du etwas davon an deine Nachfahren weitergeben möchtest, packe diese Dinge zusammen und gibt sie ihnen, wenn die Zeit dafür reif ist.

- Sollten sie bereits erwachsen sein, dann können sie sich vielleicht selbst aussuchen, was sie gerne haben möchten, und du entscheidest danach, was mit dem Rest geschehen soll.
- Sollte einer der Gegenstände mit einem negativen Gefühl oder einer Abneigung von einem Familienangehörigen behaftet sein, dann überlege dir sorgfältig, was du damit tun möchtest.
- Überlege, ob du ihn der Familie zurückgeben, ihn jenen, die ihn gerne haben wollen, schenken, ihn weggeben oder verkaufen willst, um dann den Erlös an deine Nachfahren weiterzugeben.

Diese Schritte sind hilfreich, um die Ahnenatmosphäre ganz umfassend und effizient zu reinigen.

Führe diese energetischen Hausreinigungen regelmäßig durch, um dabei mitzuhelfen, die Atmosphäre in deinem Zuhause zu klären und zu verbessern und negative Energien von dort zu vertreiben. Das ist besonders hilfreich, nachdem Heilmeditationen oder Rituale für die Ahnen durchgeführt wurden.

- Beginne mit einer Raumheilung, indem du ein Räucherbündel aus weißem Salbei, einen sogenannten Salbei-Smudge-Stick, mit einem Streichholz oder einer Kerze anzündest und ein paar Sekunden lang brennen lässt. (Sollte es dir lieber sein, kannst du stattdessen auch Räucherstäbchen anzünden, Aromaöle versprühen – insbesondere Zedernholz, das hilft dabei, stagnierende emotionale Energien anzuheben.)
- Blase die Flamme aus, lasse die Blätter jedoch weiterglimmen und schwelen.
- Lasse das Räucherstäbchen oder den Salbei für mindestens 20 Minuten in einer nicht brennbaren Schale, in der die Asche zurückbleibt, abbrennen, damit der Raum ganz vom Rauch erfüllt wird.

- Verteile den Rauch aus der Schale, indem du im Uhrzeigersinn durch den Raum läufst, und benutze deine Hand oder eine Feder, um den Rauch überallhin zu verteilen, auch in die Ecken und kleinen Spalten, in denen sich negative Energien ansammeln können. Der Rauch des Räucherstäbchens oder des Salbeis sorgt dafür, dass die Reinigung vollzogen wird.
- Fahre dann mit der Reinigung im angrenzenden Raum fort, bis du alle Räume gereinigt hast.
- Öffne anschließend alle Fenster und Türen, damit sich der Rauch oder der Geruch verflüchtigen können. Dadurch findet der negative Energiefluss, der sich von der Atmosphäre gelöst hat, einen Weg nach draußen.
- Du kannst das Verbrennen von Salbei mit einem Windspiel kombinieren, mit Gongschlägen, Rasseln, Glocken, Klangschalen, oder indem du chantest oder singst, damit auch der Klang in alle Ecken des Raumes vordringt und die Atmosphäre leichter wird.
- Klänge bringen die negativen und positiven Atmosphären eines jeden Raumes an die Oberfläche und verstärken jede unnatürliche oder dysfunktionale Energie, die vielleicht direkt unter der wahrnehmbaren Atmosphäre liegt.
- Sprich deinen Dank aus, sobald du das Ritual abgeschlossen hast, und benutze dafür deine eigenen Worte, oder sprich ein Gebet und bitte um Schutz als Abschluss für dieses Vorgehen.

Das empfindsame Kind und das Zuhause

Der Satz »Wände haben Ohren« ist ein Ausdruck, der bedeutet, je älter ein Gebäude ist, umso größer ist auch die Wahrscheinlichkeit, dass es erheblich mehr negative Einflüsse enthält. Mit der Zeit verwandeln sich diese in Erinnerungen, die durchlässige Materialien in unserer näheren Umgebung durchdringen. Die Stimmen unserer Ahnen und andere erdgebundene Geister können in diesen durchlässigen Substanzen immer noch aktiv sein.

Wird ein Kind in eine Familie hineingeboren, so ist das in der Regel immer ein Grund zum Feiern. Vielleicht ist das Zuhause mit Willkommensschildern geschmückt, und das Kind wird mit der täglichen Routine vertraut gemacht. Es braucht etwas Zeit, bis die Empfindsamkeit des Kindes und die Atmosphäre seiner Umgebung enthüllen, ob sie ohne Beanstandung nebeneinander existieren können.

Ein übersensibles Neugeborenes reagiert auf seine Umgebung, indem es entweder seine Zustimmung ausdrückt, oder es weint oder schläft nicht, vielleicht ist es auch unruhig oder fühlt sich da, wo es zum Schlafen hingelegt wird, nicht wohl. Babys sind ganz besonders empfindsam, was die Verbundenheit zu einem Ahnen betrifft, für gewöhnlich direkt von Geburt an, stärker wird es aber anscheinend im Alter zwischen drei und vier und dann wieder während der Pubertät. Ein Kind ist das empfindsamste Familienmitglied, unabhängig davon, ob es sich um ein angestammtes Zuhause handelt oder ob die Ahnen sich bestimmten Familienmitgliedern verbunden fühlen. Manchmal liegt es an der Atmosphäre eines Hauses, in dem Geister oder erdgebundene Seelen verweilen. Auch Haustiere nehmen diese Atmosphären wahr und reagieren darauf, indem sie Angst zeigen, ganz besonders in bestimmten Räumen im Haus.

Während dieser Jahre gibt es eine Periode der kognitiven Entwicklung, in der ein für Empfindsamkeit prädestiniertes Kind entdeckt, wie es von solchen Atmosphären beeinträchtigt wird. Das zeigt sich, indem die Kinder sich darüber beschweren, dass sie sich unwohl oder verängstigt fühlen. In eben diesen Momenten können Ahnengeister versuchen, in Kontakt mit ihnen zu treten, wodurch die Tür zwischen den Dimensionen leicht offen stehen bleiben kann, und die Kinder schwankenden Einflüssen und Impulsen unterworfen werden, von denen manche außerordentlich liebenswürdig sind, andere hingegen nicht.

Das sind die Ahnen, die kommen, um sich mit ihnen bekannt zu machen, insbesondere dann, wenn es sich um den Ahnen handelt, der als Beschützer des Kindes agiert. Es könnten aber auch lästige oder fordernde Ahnen sein. Um welche es sich auch handelt, mit allen von ihnen müssen sich Eltern befassen, die unvoreingenommen reagieren und denen nicht entgeht, dass ihr Kind von der Präsenz der Ahnen beeinflusst wird. Tatsächlich kommt das häufiger vor, als die meisten Eltern annehmen, und sobald sie sich damit befassen, indem sie einfach nur anerkennen, dass die Ahnen hier sind, und ein paar Übungen aus Kapitel 8 durchführen (siehe Seite 205–220), werden sie feststellen, dass sich der Aufruhr etwas legt.

Empfindsame Kinder werden nicht nur durch die Unruhen, die die Ahnen hervorrufen, beeinflusst, sie sind auch empfänglich für Veränderungen in der Atmosphäre oder emotionale Umwälzungen in der lebenden Familieneinheit. Im Verhalten der Kinder äußert sich das häufig als Angst vorm Zubettgehen oder vor dem Einschlafenmüssen, oder sie wollen nicht allein zu Hause bleiben, wachen häufig auf und weigern sich dann, wieder einzuschlafen, oder aber sie wollen auf keinen Fall allein in ihrem Zimmer bleiben. Das lässt vermuten, dass sie jemanden wahrnehmen, der mit ihnen im Zimmer ist und ihnen ein Gefühl des Unbehagens und der Angst vermittelt.

Sollte das bei deinem Kind der Fall sein, dann kann es helfen, wenn du es zum Schlafen in ein anderes Zimmer legst oder das Bett umstellst, sodass es in eine andere Richtung zeigt. Sollte jedoch das Haus selbst oder eine Störung durch die Ahnen das Kind beeinträchtigen, dann werden diese Maßnahmen nicht helfen. Wir raten dazu, deinem Kind zu glauben, wenn es dir sagt, dass es Angst hat. Hör ihm zu und gehe nicht automatisch davon aus, dass es sich das ausdenkt.

Die Schlafenszeit ist ein kritischer Moment für empfindsame Gemüter, zu diesem Zeitpunkt sind sie gegenüber den Atmosphären oder der Gegenwart von Geistern der Ahnen noch empfänglicher. Sollte das Kind nachts aufwachen und diese Phase nicht vorbeigehen, dann ist die Empfindsamkeit des Kindes dafür verantwortlich, dass es sich verletzlich fühlt, wie das bei Ntesislava der Fall war.

Ntesislavas Geschichte

Solange ich zurückdenken kann, war ich empfänglich für die Energien in meinem Umfeld. Ich konnte immer sagen, ob meine Eltern sich stritten oder etwas nicht stimmte, auch dann, wenn sich alle im Raum ganz normal verhielten.

Diese Empfindsamkeit begleitete mich meine ganze Kindheit über, und hin und wieder wurde ich sehr verschlossen, schützte mich so unbewusst selbst. Zum damaligen Zeitpunkt wusste ich nicht, wie ich damit umgehen sollte, da der Glaube an Energien oder Geister von meiner Familie immer als Hirngespinst abgetan wurde. Inzwischen erkenne ich, inwiefern meine Übersensibilität zu einem Großteil meiner Angst beigetragen hat, weil ich mich in meiner Haut nicht wohlgefühlt habe und keine Selbstsicherheit besaß. Mir war klar, wie sehr ich mich von den anderen in meinem

Umfeld unterschied, was im Umkehrschluss leider dazu führte, dass ich dachte, mit mir wäre etwas per se verkehrt.

Als ich damit anfing, mich eingehender mit der Spiritualität und dem Leben nach dem Tod zu befassen, wurde mir bewusst, dass ich nicht nur von den Lebenden, sondern auch von den Toten beeinflusst wurde. Ich weiß von unzähligen Malen, als ich als Teenager mitten in der Nacht aufwachte und eine Gegenwart in meinem Zimmer gespürt habe. Meine Schwester schlief tief und fest. Ich zog mir die Decke über den Kopf und gab vor, ich würde mir das alles nur einbilden. Manchmal war der Schrecken für mich jedoch so überwältigend, dass ich meine Eltern mitten in der Nacht rief, weil ich schreckliche Angst hatte, dass mir diese Gegenwart schaden könnte.

Rückblickend verstehe ich inzwischen, dass tatsächlich ein echter Geist bei mir war, vermutlich der eines Ahnen. Gesagt zu bekommen, das alles finde nur in »meiner Fantasie« statt, beeinträchtigte meine Fähigkeit, in mich und meine Gefühle zu vertrauen, obwohl wir tief in unserem Inneren immer schon das instinktive Wissen besitzen, was für uns real ist, insbesondere als Kind. Es ist überaus wichtig, uns schon von klein auf mit Kenntnissen über die Geisterwelt zu rüsten, damit wir wissen, wie wir damit umgehen können, statt einfach nur Angst davor zu haben.

Die Empfindsamkeit annehmen

- Meditiere allein oder mit Angehörigen an deinem Familienaltar und bitte deine Ahnen um Führung und Schutz.
- Höre deinen Kindern zu – achte darauf, wie sie ihre Empfindsamkeit wahrnehmen.
- Biete deinen Kindern einfache Entspannungstechniken und Meditationen der Achtsamkeit an, damit sie ihren Fokus weg von den Ängsten hin zu positiveren Gefühlen lenken können.
- Bitte sie darum, aufzuschreiben oder zu zeichnen, was sie sehen oder fühlen.
- Setzt euch einen Moment an den Ahnenaltar, um zu beten oder zu meditieren, oder setz dich nur einen Moment ruhig und entspannt zu ihnen und sei einfach nur ganz einfühlsam.

Ziehe dich schweigend zurück und begegne Empfindsamkeiten mit Ehrfurcht, so wie du einem religiösen Gebäude oder einer heiligen Stätte Respekt entgegenbringst. Unterschätze niemals die gewaltigen Auswirkungen, die übersinnliche Empfindsamkeiten auf den Verstand, den Körper und den Geist haben können.

Kapitel 6

Erdgebundene Ahnen

»Es ist durchaus vorstellbar, dass ein Geist
aufgrund des Lebens, das er gelebt hat,
als er auf der Erde war, erdgebunden ist.«
ELLIOT O'DONNELL

Das Konzept des erdgebundenen Geistes als eine verstörte und verwirrte Seele wird anerkannt, seit der Glaube an Geister existiert. Erdgebundene Ahnen bleiben nach dem Tod zurück und tun ihre Präsenz kund, lange nachdem ihr physischer Körper zur Erde zurückgekehrt ist. Laut einer irischen Sage[9] werden die Verstorbenen über eine Seereise ins Land der Toten gebracht. In der Sage kommen sowohl die Auf- wie auch die Abstiege des Geistes der Verstorbenen vor, die nach dem Tod in eine Unterwelt hinab- oder, im Gegenzug dazu, in ein erlösendes Paradies aufsteigen. Im Lauf der Jahrhunderte hat sich daran nicht viel geändert – der Himmel gilt als ein glorreiches Reich, in das das Gute einziehen darf.

Wer kann erdgebunden werden?

Es gibt viele Gründe, weshalb Geister erdgebunden werden, was im Grunde genommen nur bedeutet, dass sie durch individuelle

Umstände des Bedauerns, nicht erledigte Aufgaben oder eine Schmach an die Erde gekettet sind. Es kann auch der Furcht vor dem Sterben oder einem tragischen Tod zuzuschreiben sein. Vielleicht kamen sie im Krieg ums Leben, erlitten einen Unfall, wurden ermordet oder lebend begraben wie zum Beispiel in einem Grubenschacht oder unter den Wellen eines tobenden Meeres. Nachdem beschrieben wurde, wie jemand, der verstorben ist, zurückgehalten werden kann, stellt sich die Frage, warum ein Geist erdgebunden sein sollte, insbesondere wenn man die Familie oder die Angehörigen betrachtet, die zum Todeszeitpunkt vielleicht zugegen waren, oder das Licht, das sie ins Ahnenreich ruft?

Manche von denen, die gestorben sind, realisieren gar nicht, dass sie tot sind, sie kehren an den Ort zurück, an dem sie zu Lebzeiten gewohnt haben, und bleiben dort. Diese verlorenen, herumirrenden Seelen benötigen Hilfe, um sich zum Licht aufmachen zu können. Menschen, die bereits mit ihrer verstorbenen Familie kommunizieren, können dabei helfen, indem sie Botschaften an sie weitergeben. Außerdem können sie ihre Vorfahren und Angehörigen hinzurufen, damit sie zusätzlich dazu beitragen, all diese Bindungen zu lösen.

Der Geist kann aber auch dann erdgebunden bleiben, wenn der Verstorbene etwas bedauert, was er zu Lebzeiten nicht wiedergutgemacht hat. In diesen Fällen bleiben viele zurück und versuchen, ihre Botschaften der Reue zu übermitteln und um Vergebung zu bitten. Zahlreiche Geister lassen los, sobald sie sich gehört fühlen, sobald sie spüren, dass einige der Probleme, die sie den lebenden Angehörigen verursacht haben, gelöst sind. Manche der Ahnen unserer Kunden wollen ihre Absichten erläutern und ihre Umstände erklären, wie zum Beispiel, warum sie bei ihrem Tod ein derart tragisches, gewalttätiges oder dunkles Vermächtnis hinterlassen haben.

Als wir einmal in Amerika gearbeitet haben, halfen wir ein paar Kunden, deren Familien vom Tod des jeweiligen Großvaters ganz schrecklich beeinträchtigt waren, einer davon war vom Ex-Mann seiner Partnerin ermordet worden. Der Großvater war bestürzt und bedauerte zutiefst, welche Erschütterung sein Tod verursacht hatte, wie betroffen seine Kinder und Enkelkinder darüber waren und dass ihre kleine Gemeinschaft nun von Furcht und Sorge erfüllt war und sich dieses Gefühl der Verletzlichkeit sogar in deren eigenen Partnerschaften einstellte.

Ein weiteres Beispiel hierfür ist der Enkel eines New Yorker Gangsters, der das ganze Geld seiner Familie verloren hatte. Der Gangster hatte erneut geheiratet, jedoch kein Testament hinterlassen, weshalb seine Familie und seine erste Frau mittellos waren, als er starb. Die Familie gab mehrere Tausend Dollar für Gerichtsverhandlungen aus, um sein Erbe anzufechten, was sich Jahre in die Länge ziehen kann und vielleicht trotzdem nicht gelöst wird. Solche Seelen können nicht weiterziehen, ehe sie wissen, dass ihnen vergeben wurde. Probleme mit Eigentum, Geld oder Liebesgeschichten sind die Themen, die Individuen am häufigsten mit ihren Verstorbenen und erdgebundenen Angehörigen verbinden.

Manchmal halten sie auch an einem lebendigen oder seelenlosen Gegenstand fest. Ein unbelebter Gegenstand kann alles Mögliche sein, das von den Verstorbenen einst besessen oder bewundert wurde, wodurch sie sich diesem Gegenstand immer noch verbunden fühlen und keine physische Trennung vollziehen können, entweder aufgrund des Verlangens danach oder weil sie sich nicht mit dem Tod abfinden können. An etwas Lebendigem festzuhalten kann beiden Kategorien angehören, ob man nun am Verlangen oder an der Verbundenheit zu einem lebenden Menschen festhält oder aber am Verlust eines Angehörigen, was darauf hinweist, dass der Verstorbene seine Lieben nicht zurücklassen kann. Auch von Rache besessen zu sein kann dazu führen, dass jemand erdgebunden wird.

Das Erretten aus plötzlichen oder tragischen Todesfällen

Plötzliche oder tragische Todesfälle erschüttern einen Stammbaum bis ins Innerste, insbesondere dann, wenn Angehöre umgebracht werden oder viel zu jung versterben. Dazu gehören auch Selbstmord oder gewalttätige Todesfälle, schmerzhafte, aggressive Krankheiten mit raschem Verlauf oder aber ein Todesfall, der mit Scham oder Vorwürfen verbunden ist. In solchen Fällen überschattet der Tod das Leben von Familie und Angehörigen, und es ist durchaus möglich, dass er sie auch noch mehrere Generationen später beeinträchtigt, genau wie das bei transgenerationalen Traumata, verursacht durch Krieg, Naturkatastrophen und Pandemien, der Fall ist.

Naturkatastrophen wie Erdbeben oder Tsunamis, in denen Menschen zu Hunderten ganz unerwartet sterben, können sowohl den Geist wie auch den Ort erschüttern, an dem sie sich zugetragen haben. Die Furcht vor Desastern, die der Mensch hervorgebracht hat, wie Krieg oder Genozid, wird noch durch die Tatsache verstärkt, dass die Leichen vielleicht niemals gefunden werden. Sind Soldaten oder Zivilisten zum Beispiel im Krieg in einem fremden Land gestorben, dann erstarren viele von ihnen in der Zeit, scheinen niemals weiterzuziehen und sind gleichzeitig durch den Umstand gefangen, wie sie ums Leben kamen. Sie haben keine Erinnerung und kein Bewusstsein, und ohne Hilfe von außen bleiben sie unbeachtet und stecken in einer Zeitschleife fest, aus der sie niemals herauskommen.

Terrys verstorbener Onkel Freddie Cooke starb während des

Zweiten Weltkriegs in Burma. Er wurde in die Luft gesprengt und war auf der Stelle tot. 60 Jahre lang blieb er zusammen mit seinen Kameraden, die ebenfalls dort umgekommen waren, am Ort ihres Todes zurück.

Ich weiß noch, wie alle über meinen Onkel Freddie sprachen, als ich klein war, darüber, dass er niemals mehr nach Hause kommen würde. Er war der Besondere seiner Generation, derjenige, den man am meisten vermisste. Hin und wieder spürte ich die Nähe meines Großvaters, obwohl er schon seit vielen Jahren tot war. Gelegentlich kommunizierte er durch Natalia, aber er war nicht derjenige, der viel Wirbel um etwas machte, also erstaunte es mich, als er mich um meine Aufmerksamkeit bat.

Als ich mich dieses Mal auf ihn einließ, überraschte mich, wie mein ganzer Körper plötzlich zu zucken anfing, ich mich aber nicht rühren konnte. Schließlich wurde mir klar, dass es sich hierbei um den erdgebundenen Geist meines lange verschollenen Onkels handeln musste. Irgendwie war es meinem Großvater gelungen, ihn ausfindig zu machen und nach Hause zu bringen. Sobald mein Onkel sich in der Sicherheit seiner Familie wiegte, konnte er sich damit arrangieren und mit meinem Großvater weiterziehen. Da die Geisterwelt naturgemäß sehr komplex und für uns nur schwer zu verstehen ist, dauert es manchmal Jahre, ehe sich nach dem Tod eines Menschen die Versöhnung einstellt.

Erinnern und versöhnen

In allen Kulturen werden jährliche Feste, Gebete und Erinnerungszeremonien abgehalten, um die Toten zu ehren, wertzuschätzen und ihrer zu gedenken. Diese jährlichen Feste sollen aber auch sicherstellen, dass die Toten nicht mit ihrer Familien, dem Zuhause oder dem Ort ihres Todes verhaftet bleiben. Diese Übergangsriten, Riten der Würdigung oder Bräuche des Gedenkens sind kraftvolle Möglichkeiten, den verlorenen Seelen zu helfen, in die Geisterwelt weiterzuziehen.

So haben sich in Thailand nach dem Tsunami von 2004, bei dem über 200 000 Menschen ums Leben kamen, buddhistische Mönche am Strand versammelt und für die Toten gebetet. In vielen Traditionen werden Reinigungsrituale durchgeführt in dem Glauben, dass die Geister der Toten die Hilfe der Lebenden benötigen, um freigelassen zu werden, insbesondere nach einem traumatischen Tod. Es gibt überall auf der Welt Orte, an denen sich solch traumatische Ereignisse zugetragen haben. Die Toten haben zwar ein unterstützendes Netzwerk in Form von älteren, weiseren Ahnen und Lichtgestalten (erleuchteten Wesen oder Wächtern), doch manchmal benötigen sie auch, dass wir ihnen aus dem physischen Reich helfen, indem wir Rituale durchführen und sie von den Orten erretten, an denen sie tragisch ums Leben kamen.

Starben unsere Ahnen unter grauenhaften Umständen, so sind ihre Todesfälle mit belastenden energetischen Schwingungen behaftet, die selbst jene spüren können, die nicht mit ihnen verwandt sind. Solche Traumata nimmt man wahr, wenn man Orte wie die Somme in Frankreich aufsucht – ein Schlachtfeld aus dem Ersten Weltkrieg – oder das Konzentrationslager von Auschwitz. Solltest du mit jemandem verwandt sein, der an einem solchen Ort gestorben ist, dann werden dich diese Schwingungen mehr beeinflussen, da du durch die Blutlinie mit diesem Menschen verbunden bist. Es ist durchaus auch möglich, dass dich ein Ahn um Hilfe bittet, damit er von dort freikommt.

Das Problem entsteht dann, wenn ein Mensch nicht geehrt

oder betrauert wird. Wenn die Familie ihre Trauer ganz effizient verdrängt und nicht mehr über den Toten redet, was bedeutet, dass dieses Individuum ganz einfach verschwindet oder aber in der Familiengeschichte ein Geheimnis bleibt. Und weil er niemals erwähnt wird, wird sein Tod einfach vergessen.

Alle unsere Ahnen müssen geehrt werden, insbesondere jene, die unter tragischen Umständen ums Leben kamen, damit das Trauma ihres Todes die Familie nicht länger stört. Ehren wir jene, die gestorben sind, dann retablieren wir sie im Familienstammbaum, machen das, was kaputt war, wieder heil, und sorgen so für einen unsichtbaren Segen für die Familie.

Angela Watkins ist ein bekanntes Medium, das mit spiritualistischen Kirchen in London arbeitet. Sie lässt an ihren persönlichen Erfahrungen teilhaben und erklärt, inwiefern die Geisterwelt die Lebenden unterstützt und jenen hilft, die um Vergebung bitten, um nach ihrem Selbstmord weiterziehen zu können.

Angelas Geschichte

Suchen die Toten uns Medien auf, um einen Familienzwist zu bereinigen oder sich für etwas zu entschuldigen, was ihnen zu Lebzeiten nicht möglich war oder was sie nicht geschafft haben, dann empfinden viele von ihnen ein großes Bedauern, dass sie nachtragend waren. Sie sind sehr froh darüber, sich entschuldigen zu können, und hoffen, dass ihnen vergeben wird. Das kann sowohl für die Lebenden wie auch für die Geister ihrer Verwandten sehr heilsam sein.

Durch meine Arbeit kann ich darüber Auskunft geben, welcher geistige Ahn, der für seine Angehörigen hier ist, durch mich kommuniziert. Es wird bestätigt, dass die Ahnen über das bevorstehende Dahinscheiden im Bilde sind und dass sie hier sind, um die Toten sicher ins Licht zu begleiten. Für gewöhnlich ist der Geist, der sich in einer öffentlichen Demonstration als Letzter zeigt, ein Suizidant. Leider hat sich meine Tochter das Leben genommen, und sie kommt immer ganz zum Schluss eines solchen Gottesdienstes. Ich spüre, dass sie näher kommt, dann ermutigt sie die anderen Seelen, sich zu offenbaren und darauf zu vertrauen, dass ich ihren Familien die Information behutsam beibringen werde.

Für gewöhnlich sage ich nicht, weshalb sie dahingeschieden sind, da es für ihre Familien häufig zu aufwühlend oder zu traumatisch war, um damit umgehen zu können. Mir wird das in den Mund gelegt, was es sich vor einer Versammlung oder einer Zuhörerschaft zu sagen ziemt. Die Sprecher der Geisterwelt sagen häufig, dass ihnen die Welt zu erschütternd und schwierig war, als dass sie damit hätten fertigwerden können, oder aber dass sie schon seit Langem psychisch, emotional oder physisch krank waren. Für gewöhnlich stellt es für sie eine unglaubliche Erleichterung dar, ihren Körper zu verlassen und ins Reich der Geister zurückzukehren. Vielleicht wollten sie ihren Körper auch dann schon verlassen und nichts Neues mehr anfangen, als ihnen alles im Leben viel zu schwer erschien.

Nachdem die Demonstration des Mediumismus abgeschlossen ist, sagen mir Familie oder Freunde manchmal, wie erleichtert sie sind, dass die Ahnen für ihre Angehörigen da waren. Unabhängig davon, mit welch schwierigen Umständen sie sich konfrontiert sahen, ist es beruhigend für sie zu wissen, dass sich ihre Verstorbenen jetzt sicher fühlen und von einem Frieden erfüllt werden, den sie zu Lebzeiten nie verspürt hatten.

Bei dem plötzlichen Tod eines nahestehenden Menschen ist es wichtig, ihm zu erklären, dass er gestorben ist, damit er ins Licht weiterziehen kann. Du kannst ein Foto von ihm auf deinem Altar aufstellen und laut oder in Gedanken mit ihm sprechen, denn er wird dich hören. Gedenke seiner an seinem Todestag, indem du sein Leben mit Blumen, Geschenken und Familienzusammenkünften feierst. Wenn du mutig genug bist, kannst du auch den aufgebahrten Toten aufsuchen und Zwiesprache mit ihm halten. Wurde die Leiche nicht gefunden, oder sollte es dir nicht erlaubt sein, den Verstorbenen zu besuchen, dann kannst du auch an den Ort gehen, an dem deine Familie religiöse Zeremonien durchführt, und den Priester darum bitten, ein Gebet für ihn zu sprechen.

Welcher Typ Ahnengeist uns beeinflussen kann

Es gibt viele unterschiedliche Ahnentypen, wie wir durch unsere Arbeit der Ahnenheilung mit Familien herausgefunden haben. Sie zeigen sich uns durch ein vertrautes Verhaltensmuster oder aber durch unerklärliche Phänomene. Die Ahnen werden nicht nur als wohlwollend wahrgenommen – sie können auch grimmig oder Furcht einflößend sein. Das ist deshalb so, weil ein Mensch im Tod genauso bleiben kann, wie er zu Lebzeiten war. War jemand also gewalttätig, skrupellos, grausam, boshaft oder wütend, so kann er diese Züge auch im Tod noch haben, uns heimsuchen, wenn er sich vernachlässigt fühlt, oder unser Gleichgewicht aus dem Lot bringen, indem er seinen unveränderlichen Glauben und seine Furcht vor Veränderung auf uns überträgt. Das heißt aber auch, dass wir uns damit identifizieren können, wer sie sind, und dass wir sie heilen und freisetzen können, wodurch wir gleichzeitig die Ahnenschatten heilen, die aus ihrem Leben herrühren.

Die folgenden allgemeinen Kategorien von Ahnentypen decken ein Ahnenspektrum ab, das in der Geisterwelt vertreten ist und vermutlich auch deine Ahnen umfasst.

Biologische Ahnen – das ist die einfachste Stelle, bei der du anfangen kannst, solltest du bei deinen biologischen Eltern aufgewachsen sein. Befrage sie nach allen lebenden Angehörigen und werde dann etwas persönlicher, lasse sie von ihrer Kindheit erzählen, davon, wen sie als Kind geliebt haben, zu wem sie einen Bezug hatten, und erkundige dich nach Familiengeschichten.

Adoptierte Ahnen – solltest du adoptiert und nicht von deiner biologischen Familie großgezogen worden sein, dann nimmt die Suche nach deinen Wurzeln einen leicht davon abweichenden Weg. Für viele lohnt es sich, sowohl nach ihren adoptierten wie auch nach ihren biologischen Vorfahren zu suchen, weil sie von beiden Familienzweigen beeinflusst werden. Sollte deine spirituelle Verbindung zu deiner Adoptivfamilie stärker sein und du dich ihnen stärker verbunden fühlen, dann behandle sie, als stellten sie deine wahre Ahnenlinie dar, und erachte sie als deine Vorfahren. Kamst du dir jedoch immer schon wie ein Außenseiter in deiner Adoptivfamilie vor und hast das Gefühl, dass zwischen dir und deinen biologischen Eltern ein stärkeres Band besteht, dann kann es sich lohnen, mehr über deine biologischen Eltern herauszufinden. Unabhängig davon, wie viel oder wie wenig du aufdeckst, kannst du dich durch geführte Meditationen immer noch mit ihnen verbinden oder dadurch, dass du Zugang zur Ahneninformation suchst, die du in dir trägst.

Umhegende Ahnen – das sind Verstorbene, die zwischen zwei und vier Generationen zurückreichen. Vielleicht hast du sie gekannt, vielleicht auch nicht, aber ihr Leben hallt in dir nach. Es kann sein, dass sie das Bedürfnis verspüren, sich um ihre Nachfahren zu kümmern, weil sie jung gestorben sind oder ihre Familie verlassen haben. Vielleicht gab es Umstände, die sie damals nicht beeinflussen konnten, die sie jedoch jetzt als Geist berichtigen wollen. Ihre liebevolle Zuneigung kann manchmal in einer Form der Überbehütung ihrer Nachfahren resultieren und so weit gehen, dass sie deren Entwicklung nachteilig beeinflussen.

Die Protagonisten von Missbrauch und Macht – in diesem Fall gibt es Missstände oder gewisse Formen von Verhaltensweisen und Scham, die sie über ihre Lebzeiten hinaus immer noch begleiten. Verborgene Loyalitäten lassen sich nur schwer verstehen, doch wenn du dich deiner Familiengeschichte zuwendest, dann kannst du sie ausfindig machen und dafür sorgen, dass sie sich die Verantwortung für ihr Tun eingestehen.

Die wütenden und die schlechten Vorfahren – hierbei handelt es sich um beschämte, verirrte oder verborgene Individuen, um jene, die wütend oder traurig sind, bis hin zu jenen, die böse und grausam sind. Solche Charaktere müssen angenommen und von ihrer Familiengeschichte befreit werden. Verborgene Probleme sorgen für größere Schatten, und das, was unbekannt oder nicht angesprochen wird, äußerst sich in zukünftigen Generationen als Trauma.

Die tragischen Ahnen – jene, die unter erschütternden, traumatischen Umständen umkamen, was einem natürlichen oder von Menschenhand hervorgebrachten Desaster zuzuschreiben ist (Krieg und Genozid), und deren Leichen nie gefunden, geborgen oder dem Schlachtfeld entrissen wurden.

Die vergessenen Kinder – das sind die Fehlgeburten, Abtreibungen und Totgeburten. Die kranken oder unerwünschten Kinder, die verlassen wurden oder verschollen sind. Man sollte sich an diese Kinder erinnern, sie anerkennen und ihnen den ihnen zustehenden Platz in der Familiengeschichte einräumen, denn viel zu oft werden sie einfach totgeschwiegen.

Der kollektive Schatten oder das historische Ahnenvermächtnis – es fühlt sich vielleicht an wie ein Vorfahre, doch es ist keiner. Es wird in jeder Generation erschaffen und verursacht von den Umständen und den Entscheidungen einer Familie wie Migration, Trennung, finanzielle oder gesundheitliche Traumata sowie von nationalen und internationalen Ereignissen wie Krieg, Umweltkatastrophen und Hunger.

Ahnen, die in der Öffentlichkeit stehen – bei ihnen handelt es sich um ikonische Menschen innerhalb deiner Familie. Jene, die Märtyrer und Märtyrerinnen, Könige und Königinnen, Politiker und Politikerinnen, lokale Akteure, Feministen und Feministinnen und Frauenrechtler und Frauenrechtlerinnen waren – die Ersten ihrer Generation, die die Welt ihrer Gemeinschaft, Nation und Familie verändert haben. Wie haben sie die Welt zu ihren Lebzeiten verändert? Was machte sie so einzigartig? Worin lag ihre Leidenschaft, ihre Kreativität, ihre Vision?

Spirituelle Ahnen – ein Teil deines spirituellen Ahnenvermächtnisses, dieser Zusammengehörigkeitssinn, der dich mit deinen spirituellen Vorfahren eint, kann auch heute noch für ein Gefühl der Zugehörigkeit sorgen, das die eingeschränkten Vorstellungen von Familien, Clans, Klassen oder Nationen von Menschen übersteigt und die Familie mit moralischer, ethischer und intuitiver Weisheit versorgt.

Anzestrale Archetypen – sind inspirierende Schlüsselpersonen ihrer Generation, die die Geschichte markiert haben. Sie sind nicht zwangsläufig mit deiner Familie verbunden, aber sie sind Führer, die die politischen, religiösen und kulturellen Hintergründe deiner Ahnen beeinflusst haben, und für gewöhnlich sind sie verantwortlich dafür, das kollektive Vermächtnis von Menschen oder Stämmen zu leiten.

Erdgebundene Ahnen befreien

Eine Weisheit besagt: »Wenn du sie liebst, lässt du sie ziehen.« Das gilt für alle Menschen, die wir lieben. Uns allen, die wir schon einmal einem Begräbnis oder einer Einäscherung beigewohnt haben, ist der emotionale Aufruhr unter den Anwesenden aufgefallen. Stirbt jemand, den wir lieben, so nehmen sie einen Teil von uns mit sich, und wir spüren diesen Verlust.

Wir wollen, dass alles wieder so wird, wie es war, und haben vielleicht das Gefühl, in einem emotionalen Tauziehen festzustecken, in dem unsere Trauer sie festhält. Sie wiederum werden von der Anziehungskraft unserer Liebe, unseres Bedauerns und unseres Verlusts verleitet, mit dem wir sie zum Bleiben bringen wollen. Dann setzt unbemerkt von den Lebenden ein Ringen ein. Ihre kollektive Energie und das Verlangen, dass alles so bleibt, wie es war, holt den Geist aus dem Totenreich zurück. Für erdgebundene Geister heißt das, dass sie ihren Pfad verloren haben, weil das Licht, das sie bei ihrem Tod gesehen haben, verschwunden ist. Sie haben den Moment des Loslassens und Weiterziehens verpasst.

Am häufigsten werden erdgebundene Ahnen aus dem Grund zurückgehalten, weil sie zwar versuchen zu helfen, dann jedoch zu einem Hindernis werden. Sie wollen uns mit ihren eingeschränkten Fähigkeiten aus ihrer Zeit beistehen, doch die Dinge haben sich weiterentwickelt, also gelingt ihnen das nicht. Manchmal zeigen sie sich überbeschützend, wollen fast schon zu viel helfen. Daraus resultiert ein negativer Effekt, der schließlich zu einem Hindernis wird, und das ist der Moment, zu dem wir sie erlösen müssen.

Liebevolle Bindungen

Als Kind hat Carla ihre Großeltern nicht kennengelernt. Ihre Mutter hatte ihr immer erzählt, dass ihre Mutter ein sehr liebevoller Mensch war, die starb, als Carla noch ein Kind war.

Carlas Geschichte

Als empfindsames Kind wusste ich, dass meine Großmutter bei mir war, nachdem sie verstorben war. Meine Großmutter sagte mir, wie sehr sie mich liebte. Immer versuchte sie, mir zu helfen, und war stets zugegen, doch als Erwachsene wurde das irgendwann so viel, dass es erdrückend war. Zu diesem Zeitpunkt war ich eine praktizierende Heilerin, und während meiner Ausbildung zur Seelenretterin sagte Terry zu mir: »Mann, du bist vielleicht schwer. Du hast eine starke anzestrale Bindung. Die müssen wir loswerden.«

Ich war sehr verwirrt, weil ich sie liebte. Ich wollte nicht, dass sie ging, und fühlte mich schuldig, als wäre ich undankbar für all das, was sie für mich getan hatte. Gleichzeitig war die physische Last so schwer, dass ich mich kaum noch rühren konnte. Es war an der Zeit, sie ziehen zu lassen. Und genau das machten wir dann auch. Direkt danach fühlte ich mich um einiges leichter. Ich kann spirituell immer noch mit ihr in Verbindung treten und spüre unser Band, aber sie ist nicht länger ständig mit mir verbunden.

Unter den verstorbenen Angehörigen gibt es jene, die man nicht persönlich kannte, deren Nachfahren aber dennoch Liebe und Unterstützung benötigen, was ihnen und ihrem Bedürfnis, ins Licht weiterzuziehen, damit sie sich mit ihrer eigenen Ahnenfamilie vereinen können, allerdings häufig zum Nachteil gereicht. Das Loslassen dieser geliebten Ahnen kann zum Beispiel um ihren Todestag herum erfolgen, wenn wir ihre Verbundenheit mit uns spüren. Ehre sie an ihrer Grabstätte, am Familienaltar, in ihrer Kirche oder an ihrer Kultstätte. Ein Ritual des Loslassens ist ein Akt der liebenden Güte.

Das kann die Lebenden mit einem wunderbaren Gefühl der Erleichterung erfüllen. Manche erdgebundenen Ahnen sind jedoch sehr besessen und kontrollsüchtig. Eine Besessenheit kann auf eine Trauer über einen sehr langen Zeitraum hindeuten. Es gibt ein paar extreme Fälle von jemandes Besessenheit über den Tod hinaus in unserer eigenen Familie. Ein Beispiel für eine kurzzeitige Besessenheit ist Natalias Vater, der mitgeteilt bekam, dass er nur noch sechs Monate zu leben hätte. Das war jedoch nicht das Problem. Das Problem war, dass er gerade mal zwei Wochen nach dieser Diagnose starb und somit vieles unerledigt blieb, was zu seiner Besessenheit führte. Damit befassten wir uns bei einem Besuch in Ungarn, wo wir seine Asche hinbrachten. Das zweite Beispiel zieht sich über einen längeren Zeitraum: Es handelt sich um Terrys Mutter, die ihm niemals vergeben hat, dass er Lowestoft verlassen hatte. In beiden Fällen führte diese Besessenheit dazu, dass sie erdgebunden blieben. Vielen ist gar nicht bewusst, dass sie besessen sind, wenn sie sterben, doch mit der andauernden Besessenheit verringern sie ihre Chancen, weiterzuziehen, und damit auch die ihrer Nachfahren.

Es gibt einen Unterschied zwischen einer Besessenheit oder Bindung und einer bedingungslosen Liebe oder Unterstützung. Um zu erkennen, was auf die jeweiligen Ahnen zutrifft, müssen wir verstehen, wer sie zu Lebzeiten waren. Waren sie lieblos und selbstsüchtig, dann benötigt das Befreien ihrer Seele Vergebung. Auch wenn wir die Vergebung nicht in unserem Herzen spüren, sollten wir wenigstens versuchen, ihnen mit Mitgefühl zu begegnen, und nicht an dem Schmerz festhalten, den sie verursacht haben.

Das Loslassen ist zwar Teil des Trauerprozesses, aber es kann passieren, dass auch wir nach dem Tod von einem geliebten Menschen besessen werden. Eine der Möglichkeiten für uns, selbst zu heilen, besteht darin, der oder dem Verstorbenen einen Brief zu schreiben. Schon allein das Offenlegen unserer Gefühle kann hilfreich sein. Zünde eine Kerze an und sprich ein Gebet an deinem Familienaltar. Bitte darum, vergeben und sie oder ihn ziehen lassen zu können. Viele der beschützenden Ahnen sind uns nah und können in solchen Momenten eine große Stütze sein.

Erdgebundene Ahnen ziehen lassen

- Stelle ihr Foto auf den Familienaltar, zünde eine Kerze an, setze dich entspannt hin und bitte um Hilfe.
- Schreibe ihnen einen Brief und stelle ihn zusammen mit ihrem Foto auf den Familienaltar, alternativ kannst du auch einfach ihren Namen auf ein Stück Papier schreiben.
- Sprich das folgende Gebet laut oder in Gedanken aus:

Auf dieser Reise, die sich Leben nennt, bist du eine lange, gewundene Straße entlanggegangen. Keiner von uns weiß, was danach passiert, aber wenn du ganz tief in dich hineinsiehst, in deine Seele, dann weißt du, dass die Geburt nicht der Anfang und der Tod nicht das Ende ist. Denk an die Momente, als du glücklich warst und geliebt wurdest. Erinnere dich an die, die du geliebt hast und die dich als Geist aufsuchen werden.

Es ist an der Zeit, dass du deine Wut und auch deine Liebe ziehen lässt. Jetzt ist der Moment gekommen, um dich auszuruhen, dich zu entspannen und loszulassen. Du kannst nichts anderes mehr tun. Wenn du immer noch ängstlich oder wütend bist, so ist das in Ordnung - das wird vergehen, wenn du erst loslässt. Und in deinem Herzen weißt du, dass du einen Teil von dir zurücklässt, mit allem, was du getan hast, mit allen, die du kennengelernt hast, mit jedem Leben, das du berührt hast - und du wirst einen Teil all dieser Dinge und Menschen mit dir mitnehmen. Du kannst jetzt an den Ort reisen, an dem deine verstorbenen Angehörigen auf dich warten. Jetzt, wo du langsam von hier aufbrichst, wünsche ich dir Liebe, Frieden und sicheres Geleit. Die Zeit ist gekommen, dass du ins Ahnenreich nach Hause kehrst.

- Versichere ihnen, dass sie deine Liebe und Erinnerungen mit sich auf die Reise nehmen können.
- Erinnere sie daran, dass sie niemals vergessen sein werden.
- Sage ihnen, dass es egal ist, wie sie über ihr Leben denken, was passiert ist, ist passiert.
- Sage ihnen, dass sie ihr Leben so, wie es war, annehmen sollen.

Tatiana hatte als angehende Seelenretterin dieselbe Erfahrung gemacht.

Tatianas Geschichte

In einem Kurs wurden wir gebeten, uns mit der Seele eines Vorfahren zu verbinden, die es nicht ins Jenseits geschafft hatte, und sie zu erretten. Das war ganz zu Beginn meiner Ausbildung als Seelenretterin, also glaubte ich nicht daran, dass es mir gelingen würde, diese, wie ich fand, riesige Aufgabe zu bewältigen, mal ganz zu schweigen von der Verantwortung. Doch ich machte mit, befolgte Terrys Anweisungen, der uns auf dieser heiligen Reise der Verbindung zu einem oder mehreren verstorbenen Familienangehörigen führte.

Nachdem es mir gelungen war, innerlich etwas ruhiger zu werden, tauchte unvermittelt ein Bild vor meinem geistigen Auge auf. Eine alte Frau, die sich offensichtlich verirrt hatte. Sie war klein und zerbrechlich, erinnerte mich an das alte Foto meiner Urgroßmutter auf der russischen Seite väterlicherseits. Zu diesem Zeitpunkt konnte ich mir keinen Reim darauf machen, aber ich spürte ein Engegefühl in der Brust und um den Hals, als würde sich etwas fest darum herumwickeln. Die Beziehung meiner Großmutter zu ihrer Mutter war nicht sonderlich gut, also wussten wir nicht viel über sie oder über ihren Tod.

Ich begann, mit meiner Urgroßmutter zu kommunizieren, erklärte ihr, in welcher Beziehung wir zueinander standen. Sie war verwirrt und wollte zunächst nicht näher kommen, doch dann schickte ich ihr Erinnerungen von mir und meiner Großmutter, ihrer Tochter, woraufhin sie sofort weicher wurde. Das war der Moment, zu dem Terry uns auftrug, sie durch unser Licht weiter zu uns zu ziehen. Ich fing damit an, aber sie schien von etwas zurückgehalten zu werden und sich einfach nicht lösen zu können. Sie wirkte besorgt, fast schon hysterisch. Terry erkannte, dass sie den Schmerz und das Leiden, die sie während des Krieges gesehen hatte, erneut durchlebte – ein Ödland des Todes voller Leichen –, das war die Erinnerung, die sie einfach nicht loslassen konnte.

Terry trug mir auf, meine Liebe für sie aus meinem Herzchakra »herauszubeamen«, damit sie aus ihrem Kummer und Schmerz herausfand. Als ich das machte, erschien meine Großmutter zu meiner Rechten. Sie sah jung aus, so um die 20, wie auf den Fotos der beiden zusammen. Mich bewegte das sehr, schließlich war es das erste Mal seit sehr langer Zeit, dass meine Großmutter sich wieder mit ihrer Mutter in Verbindung setzte. Sobald die beiden einander sahen, erkannte meine Urgroßmutter ihre Tochter und kam auf sie und auf das Licht zu. Während das geschah, verschwand das Engegefühl um meine Brust und meinen Hals langsam immer mehr.

Als ich an diesem Tag nach Hause kam, erzählte ich meiner Schwester, was passiert war. Schockiert fand ich heraus, dass meine Urgroßmutter sich meiner Tante zufolge erhängt hatte. Das erklärte so vieles. Seit jenem Tag fühlt es sich jedes Mal, wenn ich das Foto meiner Großmutter und ihrer Mutter betrachte, anders an – friedvoll.

Wie man anhand von Tatianas Geschichte sieht, gibt es Wege, wie man erdgebundenen Geistern helfen kann.

Rituale, um erdgebundenen Geistern zu helfen

- Ehre sie durch dein Handeln – gedenke ihrer.
- Behalte ihre Erinnerung auf deinem Familienaltar heilig, zusammen mit Fotos von ihnen, Kerzen und Blumen.
- Bete für sie.
- Sprich ihre Namen laut aus und lasse ihnen deine Liebe zukommen.
- Erzähle deinen Kindern und Enkeln Geschichten von ihnen, damit sie in Erinnerung bleiben.

- Errichte eine Gedenkstätte für jene, die unter tragischen Umständen umkamen – rahme Fotos von ihnen, um das, was sie getan haben, zu ehren.
- Errichte an dem Ort, an dem sie verstorben sind, eine Gedenkstätte.
- Halte jedes Jahr an ihrem Todestag eine Familienzusammenkunft ab – eine Art Picknick im Freien, zu dem jeder kommen kann –, damit ihr über eure Erinnerungen von ihnen sprecht und einen Platz am Tisch für sie freihaltet.
- Lade bei diesen Zusammenkünften Jung und Alt gleichermaßen ein.
- Ermutige die Kommunikation zwischen den Generationen, damit sich bei den Nachfahren eine Wertschätzung und ein Vermächtnis entwickeln.
- Schreibe deine Erinnerungen in ein Tagebuch und behalte eine Fotokopie aller Nachrufe, die überliefert sind.
- Feiere ihr Leben an Gedenktagen.
- Denke daran: Es braucht mehr als nur einen Menschen, um eine ganze Ahnenlinie zu heilen.

Ein ritueller Brauch namens Himmelstreppe kann dafür benutzt werden, erdgebundene Geister freizusetzen. Bei dieser Methode verbindet man sich mit Vorfahren, die in einem spirituellen oder intellektuellen Licht stehen. Wenn die Ahnen an der Schwelle zum Bewusstsein ankommen, umhüllt von Träumen und Fantasie, sind weisere Ahnengeister zugegen, um jenen zu helfen, die erst noch weiter ins Licht der Geisterwelt reisen müssen.

Wir können das Heilen eines erdgebundenen Geistes nicht nur durch verschiedene unterstützende Techniken einleiten, sondern auch durch unsere Entschlossenheit und unsere Klarheit darüber, heilen zu wollen. Eine solche Veränderung wird nicht von heute auf morgen eintreten, kann jedoch Teil eines fortlaufenden Prozesses für sie sein, durch den sie verinnerlichen können, was sie im Lauf ihrer Erfahrungen im Leben gelernt haben und wodurch sie ein Teil der größeren Ahnenfamilie werden.

Hinter dieser Himmelstreppe steckt die Vorstellung, dass die Ahnen an der Schwelle zum Bewusstsein ankommen, wo sie Fragen stellen, Wissen weitergeben und die unterschiedlichen Schichten ihrer Identität ablegen können. Denn womit sollten wir für ein Gleichgewicht zwischen der realen und der überirdischen Welt sorgen, wenn nicht mithilfe ihrer spirituellen Führung?

Das nächste Ritual kannst du durchführen, wenn sich ihr Todestag jährt, an Orten, an denen sie einen traumatischen oder plötzlichen Tod erlebt haben, oder in Häusern, in denen es angeblich spukt. Achte darauf, dass du dich zunächst mit der Technik vertraut machst, wie du dich erst mit ihnen verbindest, ehe ihr euch vor dem Altar versammelt.

Die Himmelstreppe

- Mache es dir gemütlich, schließe die Augen und atme ein paarmal tief durch. Wenn du durch deinen Mund ein- und durch die Nase ausatmest, unterstützt das deine Konzentration. Dieses umgekehrte Atmen hilft dir auch, wenn du deine geistige Haltung verändern willst.
- Mache es dir bequem und entspanne dich, richte deine Aufmerksamkeit auf die Sonne als eine Inspirationsquelle für das Licht.
- Das Leuchten der Sonne ist strahlend und so hell, gerade so, als wäre es die Tür zur Himmelspforte.

- Zeichne die Strahlen der Sonne auf deinen Altar.
- Stelle dir vor, wie das Licht vom Altar aus den Raum erfüllt und durch deinen Körper fließt.
- Spüre das Leuchten und die Wärme auf deinem Gesicht.
- Nimm wahr, wie dein Geist zum Licht hingezogen wird, nimm seine allmächtige Kraft wahr, als würdest du gerade geweckt werden.
- Während sich das Licht in deinem Bewusstsein weiter ausbreitet, wirst du eine Bewegung spüren und sehen, wie eine goldene Treppe langsam Form annimmt und vom Himmel bis zur Erde reicht.
- Sobald sie dort verankert ist, kannst du beobachten, wie Geistwesen die Verbindung, die du hergestellt hast, anerkennen.
- Rufe die Ahnen, die schon ins Jenseits gereist sind.
- Erkläre den Verstorbenen, dass sie nach dem Licht suchen müssen, damit sie die Treppe und jene sehen, die dort auf sie warten.
- Versichere ihnen, dass es okay ist, wenn sie jetzt gehen, und dass sie keine Angst haben müssen.
- Ermutige sie dazu, das Loslassen anzunehmen.

Sobald die verstorbenen Ahnen die Treppe zum Himmel erklommen haben, haben sie Anziehungskraft vom Magnetfeld der Erde überwunden und sich vollständig von ihrer sterblichen Hülle gelöst. Ab da haben sie das Himmelsreich betreten und sind mit ihrer Ahnenfamilie und dem Jenseits verbunden. Die Freiheit, den physischen Körper zu überwinden, wird als ein Zustand der Glückseligkeit, frei vom Leiden des physischen Körpers beschrieben. Die Befreiung besteht darin, zum Geist zurückzukehren, von dem sie herkamen, ehe sie in den Zyklus von Leben, Tod, Leben hineingeboren wurden.

Kapitel 7

Trauer, Vergebung und Loslassen

»Ihr fragt nach dem Geheimnis des Todes.
Aber wie könntet ihr es jemals begreifen,
außer ihr sucht es im Herzen des Lebens?«
KHALIL GIBRAN[10]

Verstehen wir unsere Beziehung zum Tod, gibt uns das die Gelegenheit, unsere Ahnenverbindungen kennenzulernen. Aber selbst dann, wenn wir uns unserer Sterblichkeit bewusst sind oder gesehen haben, wie Angehörige starben, macht das momentane Leid nicht erträglicher. Auch generell hören Trauer und Leiden nicht auf. Verlust ist unter fast allen Umständen schmerzhaft, doch wenn wir weiter als nur bis zur Trauer sehen, dann können wir das Leben der Verstorbenen mit freudiger Dankbarkeit feiern.

Um mit dem Tod zurechtzukommen, müssen wir auf vielerlei Ebenen arbeiten, dazu gehören die physische, die emotionale und die psychologische. Das können wir jedoch unmöglich allein bewerkstelligen. Wenn wir davon erfahren, dass auf diese Welt noch etwas anderes folgt, erfüllt uns vielleicht die Zuversicht, dass uns die Geisterwelt aus dem Reich der Ahnen heraus unterstützen wird und die Ahnen kommen werden, um uns beim Übergang vom Leben in den Tod und darüber hinaus zu helfen. Allen

Traditionen ist die Idee gemeinsam, dass der Tod und die Veränderungen, die damit einhergehen, Teil des natürlichen Lebenszyklus sind. Wir können das Heilen durch unterschiedliche Techniken einleiten, mit denen wir diesen Vorgang unterstützen, und ihn durch unsere Entschlossenheit vorantreiben. Das Heilen unserer Trauer muss nicht auf einmal vollzogen werden, es kann Teil eines fortlaufenden Prozesses sein, bei dem wir verinnerlichen, was wir von unseren Erfahrungen gelernt haben, die zu einem Teil von uns geworden sind.

Der Tod verlangt von unserem Körper, sich von seiner Hülle zu befreien, indem er in die Erde zurückkehrt oder sich in Asche verwandelt, die der Wind davonträgt oder die in Flüssen oder Meeren verteilt wird. Zurück bleibt der reine Geist der Person, die du einst geliebt hast. Sie muss im Reich der Ahnen willkommen geheißen werden, genauso, als wäre sie soeben neugeboren worden. Gewissermaßen wird ihr Tod zu einer Wiedergeburt, als wäre sie ein Neugeborenes, das nach einem Leben verlangt.

Ist jemand gestorben, dann hat es sich bewährt, eine einfache Zeremonie sowohl für die Lebenden wie auch für die Verstorbenen abzuhalten. Diese wird für gewöhnlich irgendwann zwischen dem Todeszeitpunkt, der Beerdigung und den darauffolgenden 40 Tagen abgehalten, um den Toten den Übergang ins Geistreich zu erleichtern. Würdige ihr Dahinscheiden, indem du eine Kerze anzündest und ein Gebet sprichst. Lasse über drei Tage hinweg Kerzen an deinem Familienaltar für sie angezündet. Der Tod wird von einer Ruhe und Bestimmtheit des Friedens und Annehmens begleitet. Es gibt kein Zurück. Der Schlüssel zur Unsterblichkeit liegt in dem Glauben, dass der Tod das Tor zum Reich des göttlichen Bewusstseins darstellt.

Ob du von einem religiösen oder spirituellen Glauben erfüllt bist oder nicht, wenn du den Namen der geliebten Menschen einen Platz in deinem Herzen einräumst, eine Kerze auf deinem

Altar für sie anzündest, ihr Andenken ehrst, Geld für den guten Zweck spendest, der ihnen sehr wichtig war, oder ihnen gedanklich Liebe und Licht zusendest, dann hilfst du ihrem Geist, seinen Weg durch die Ungewissheit nach dem Tod zu finden, während sie den Übergang von der physischen zur spirituellen Ebene durchlaufen. Gebete sprechen und einen Altar erschaffen, Gedenkfeiern, Erinnerungsrituale und Feuerzeremonien für unsere Verstorbenen durchführen, all das hilft, die Trauer zu heilen. Auch andere Angehörige können dazu eingeladen werden, damit ihr zusammen Zeit verbringt, euch Geschichten von ihnen erzählt und euch daran erinnert, wer die Verstorbenen waren.

Stirbt jemand unter tragischen Umständen, dann fällt es den Menschen häufig schwer, über sie zu sprechen. In solchen Fällen bleibt die Trauer über ihren Verlust eine offene Wunde, und manchmal hören wir auch einfach ganz auf, an sie zu denken, als hätten wir sie vergessen. Aber die Toten wollen, dass wir uns an sie erinnern.

Am schwierigsten sind Tode von Kindern zu ertragen, durch die eine unsichtbare Gegenwart entsteht. Säuglingstode, Fehlgeburten, Abtreibung oder Totgeburten verursachen eine versteckte Trauer, die die Eltern und ihre Familien umgibt und jeden ganz unvorhersehbar beeinflusst, bis man sich ihr zuwendet und sie heilt. Erst als ich (Natalia) nach Spanien reiste, wo ich unserer Familiengeschichte nachspürte, fand ich heraus, dass meine Großmutter einst eine Totgeburt gehabt hatte, einen Jungen namens Adolphino, ehe sie meine Mutter zur Welt brachte. Keiner erwähnte ihn je, und da man Gefühle damals für sich behielt, fiel es meiner Großmutter sehr schwer, über den plötzlichen Tod zu sprechen. Das trifft auf viele andere Eltern zu, die mit dem Verlust eines Kindes oder Babys zurechtkommen müssen. Menschen, die einen solch tragischen Verlust nicht erlebt haben, können die Tiefe der Trauer vermutlich gar nicht begreifen, meint man, also wird dieser Schmerz nicht mit ihnen geteilt, und man spricht auch nicht darüber. In manchen Fällen entsteht auch ein Schatten der Scham, und in der Vergangenheit war ein solch unausgesprochener Verlust noch sehr viel geläufiger, als er das heute ist.

Es gibt viele Geschichten von Kindern, die zur Welt kommen, nachdem ein Kind im Mutterleib verstorben ist, und manche Kulturen gehen davon aus, dass die Seele, die zuerst da war, den Weg für die nachfolgende bereitet hat. Mein Neffe Louis (Natalia) verlor seine Tochter Marlie mit 14 Monaten aufgrund eines plötzlichen Kindstodes, und seine Partnerin Joanna fand heraus, dass sie zu dem Zeitpunkt, als Marlie starb, seit zwei Tagen schwanger war. Mit dem Verlust von Marlie und der bevorstehenden Ankunft eines kleinen Jungen – einem neuen Licht für die Familie – wurde dieser Moment nicht nur zu einer Tragödie, sondern auch zu einem Grund der Freude. Zahlreiche Geschichten berichten von ungeborenen oder jung verstorbenen Kindern, die zu Schutzengeln werden und über die lebende Familie wachen. Das kann denen, die zurückbleiben, helfen zu gesunden, da die Unterwelt einen unbewussten Sog ausübt. Manchmal leiden sie aber auch an einer Überlebensschuld, die sie mit einem verworrenen Gefühl der Unvollständigkeit zurücklässt.

Den Traditionen vieler Kulturen zufolge soll die Seele des verstorbenen Kindes anerkannt und geehrt werden. Es wird empfohlen, den Kindern dafür zu danken, den Weg für die Geburt einer neuen Seele geebnet zu haben, damit ihre unsichtbare Gegenwart zu einer Quelle der Liebe, Inspiration und des Trostes wird und nicht nur zu Trauer und Schmerz.

Das Dahinscheiden eines solch kurzen Lebens zu ehren und ihm zu gedenken, spendet Trost angesichts des Verlusts. Indem wir den Toten einen Namen geben, verleihen wir ihnen eine Existenz und erklären ihr Leben und ihren Tod für heilig. Die

Seelen, die zum Leben erwachen, so kurz es auch sein mag, haben viele Geschenke und Lektionen im Gepäck. Wenn wir sie ehren und in Erinnerung behalten, können wir das Trauma des Verlusts einfacher verarbeiten. Außerdem geraten sie so auch nie in Vergessenheit. Louis und Joanna haben bei sich zu Hause einen kleinen Altar errichtet, an dem sie mit ihrer Tochter sprechen und sich in Erinnerung rufen, wer sie war. An diesem Ort können sich auch ihre lebenden Kinder mit ihrer Gegenwart verbinden. Der Schmerz mag mit der Zeit weniger werden, doch so wird man sich für immer an diese wunderbaren Seelen erinnern.

Eine wichtige Möglichkeit, wie wir uns mit unseren Ahnen verbinden können, besteht in den Gedenkstätten und Statuen, die überall auf der Welt errichtet wurden, um der Toten zu gedenken. In Großbritannien und im Commonwealth werden am 11. November, dem Volkstrauertag, Mohnblumen in Erinnerung an die Gefallenen angesteckt, die in den Schlachten seit dem Ersten Weltkrieg ums Leben kamen. Um der Menschen zu gedenken, die bei den terroristischen Anschlägen am 11. September 2001 starben, ist ein dauerhaftes Denkmal auf dem Ground Zero beim World Trade Center in New York City errichtet worden. Es ist so konstruiert, dass es das Fehlen der zerstörten Twin Towers nachbildet, und besteht aus zwei riesigen, im Grundriss der jeweiligen Tower errichteten Brunnen mit den größten, von Menschenhand erschaffenen Wasserfällen in Nordamerika und viel Raum für Spiegelungen. Außerdem gibt es ein Holocaust-Denkmal für die ermordeten jüdischen Opfer Europas in Berlin, das aus 2711 grauen Betonstelen besteht, was durchaus verstörend, in seiner Bedeutung aber sehr eindrucksvoll ist.

Kollektive Denkmäler schaffen einen Ort für uns alle, an dem wir unserer Trauer Ausdruck verleihen und einen Moment lang die Gegenwart jener spüren können, die verstorben sind. Dort kommen wir zur Ruhe, können mit ihnen sprechen und ihrer gedenken. Unserem Gedenken der Toten wohnt eine Schönheit inne, die zumindest etwas von dem Schmerz über ihren Verlust lindert und eine starke Verbindung zwischen uns und ihnen schafft.

Wenn du loslassen musst

Der Schmerz darüber, einen geliebten Menschen zu verlieren, ist quälend, und dieses verheerende Gefühl gehört zu den schlimmsten Erfahrungen, der sich ein jeder von uns je stellen muss. Allerdings setzt ein ganz natürlicher Trauerprozess ein – und die Zeit ist noch dazu eine großartige Heilerin.

Loslassen

- Stirbt ein geliebter Mensch, dann nimm diese Gelegenheit wahr, um ihm zu sagen, was du ihm gern sagen würdest, oder schreibe ihm einen Brief.
- Vielleicht stellst du auch fest, dass du gern etwas für die Verstorbenen tun würdest, möglicherweise willst du einen ihrer Wünsche erfüllen, ein bestimmtes Land oder einen Ort aufsuchen, eine Wohltätigkeitsorganisation oder einen Menschen, den sie liebten, beschenken. Stelle zudem ihr Foto auf deinen Altar oder suche ihre Grabstätten oder den Ort auf, an dem sie begraben wurden oder wo ihre Asche verstreut wurde.
- Stelle Blumen oder Geschenke für sie auf.
- Setze dich und nimm dir Zeit, mit ihnen über deine Gefühle zu sprechen.
- Sage ihnen, dass du sie geliebt hast und dass sie jetzt frei sind, weiterzuziehen.

- Die Erinnerung an die Menschen, die wir geliebt haben und die uns geliebt haben, wird immer schwierig sein, aber dadurch leben sie in unserem Herzen und in unseren Gedanken weiter.
- Segne sie und bitte sie, ihren Frieden zu finden.

Die Schatten deiner Beziehung mit den verstorbenen Eltern heilen

Jedes Mal, wenn du einem anderen etwas nicht verzeihen kannst, bleibt die Verbindung zwischen dir und dieser Person bestehen. Ganz besonders ausgeprägt ist das bei einer sehr schwierigen Beziehung mit den Eltern, denn dieser Schmerz geht nicht weg, nur weil sie nicht länger hier sind. Die zwingende Notwendigkeit, die Vergangenheit loszulassen, indem man jenen vergibt, die einen mit ihrem Handeln verletzt haben, besteht weiterhin. Die Verletzungen und der Schmerz, den ein Elternteil einem Kind zufügen kann, werden niemals vergessen und aus diesem Grund auch niemals verziehen. Sollten ein oder beide Elternteile verstorben sein und davor eine zerstrittene oder angeschlagene Beziehung bestanden haben, die vor ihrem Tod nicht geheilt wurde, dann hilft dir die nächste Übung dabei, einen Teil des Schmerzes freizusetzen, da vieles von dieser Übertragung während deines Heranwachsens stattfand.

Das zurückzugeben, was wir nicht als unsere Bürde tragen müssen, bedeutet, ihr Schicksal in ihre Hände zu geben. Wenn wir einen Blick auf die Untiefen werfen und dem nachspüren, was ihre eigene Lebensreise ihnen auferlegt hat – die Kämpfe, Verluste, Schwierigkeiten, Freuden, Liebe und Feiern –, dann treten wir damit quasi einen Schritt zurück und geben diese ganze Last respektvoll wieder an sie ab. Wenn wir die Toten ehren und respektieren, indem wir ihr Leiden anerkennen, dann können wir sie im Gegenzug auch loslassen und unseren rechtmäßigen Platz einnehmen.

Auch wenn wir sie zufriedenstellen wollen, dürfen wir dennoch weiterhin ein gutes und glückliches Leben führen. Dadurch sehen die Ahnen, dass nichts, was sie erdulden mussten, umsonst war. Uns hingegen wird vielleicht klar, dass unsere Eltern häufig Entscheidungen trafen, weil ihre Eltern einst für sie Entscheidungen getroffen haben. Und wir können anerkennen, dass die Umstände ihrer Geburt, ihres Todes und ihres Lebens allgemein das überschatteten, wer sie waren und wie sie uns behandelt haben.

Trauer macht uns emotional verwundbar. Dennoch ist die Trauerphase eine bedeutsame Zeit, um uns mit ein paar der vererbten Wunden zu beschäftigen, wodurch wir unser inneres Kind heilen lassen können. Solltest du zum Zeitpunkt ihres Todes mit deinen Eltern oder Familienangehörigen zerstritten gewesen sein, dann nimm dir ausreichend Zeit, um dich mit deinen Gefühlen auseinanderzusetzen. Sei ganz ehrlich und denke über das nach, was zu eurem Zerwürfnis geführt hat. Du könntest ihnen einen Brief schreiben (den du dann nicht abschickst, sondern entweder verbrennst, vergräbst oder behältst), darin festhalten, was du für sie empfindest und womit sie dich verletzt haben. Beende den Brief damit, dass du ihnen vergibst.

Vergib ihnen alles, womit sie dich und deine Familie verletzt haben – und lasse sie los. Befreie dich und erlöse sie von ihrer Bürde. Führe eine positive Loslösung von ihnen durch und finde zu dir selbst, damit du in deine nächste Lebensphase weiterziehen kannst, ohne dass sie länger im Schatten der Ahnen verweilen. Es ist an der Zeit, uns selbst wie auch den anderen zu vergeben, die vor uns hier waren. Dazu gehören auch adoptierte oder nicht bekannte biologische Angehörige, damit sie ebenfalls mit ihrem eigenen Schicksal weiter voranschreiten können.

Den Schatten deiner verstorbenen Mutter oder deines verstorbenen Vaters heilen

- Stelle dir vor, deine Mutter steht vor dir, nur wenige Schritte von dir entfernt.
- Spüre, wie sie auf dich zukommt, und frage dich, was du für sie empfindest.
- Bist du ihr gegenüber aufgeschlossen, oder willst du sie von dir wegstoßen?
- Wenn du sie wegstoßen willst, dann erkenne an, dass die schmerzlichen Schatten in der Beziehung zu deiner Mutter für deine Abweisung verantwortlich sind.
- Stelle dir vor, wie deine Mutter erneut vor dir steht, und frage sie, wie sie ihr Leben empfindet.
- Dann nimm dir einen Moment, um in deinem Körper und in deinem Herzen nachzuspüren, wie es für sie gewesen sein muss.
- Sage ihr, dass du ihren Schmerz spürst, dass du verstehst, dass sie zum damaligen Zeitpunkt ihr Bestmögliches getan hat.
- Sage ihr auch, dass du weißt, wie schwierig es für sie als Kind, Heranwachsende, als Frau oder Mutter war.
- Beobachte, wie ihr Schmerz schwächer wird.
- Auch die Atmosphäre wird weicher, wenn sie anfängt, loszulassen – zeige dich damit einverstanden, indem du sie ziehen lässt.
- Führe dieselbe Übung anschließend auch für deinen Vater durch.

Diese Methode ist für jedes verstorbene Familienmitglied angebracht, auch für solche, die entfremdet oder adoptiert sind oder zu einer Pflegefamilie gehören.

In vielen Traditionen glaubt man, dass es einen Zeitraum nach dem Tod gibt, in dem der Geist des Toten noch in der Nähe verweilt und durcheinander ist, während er nach seinem Platz im Geisterreich sucht. Ist dies der Fall, können wir uns mit unserer Trauer über den Tod der geliebten Menschen befassen und sie dann ziehen lassen, ihnen vergeben.

Gebet der Vergebung

- Bete für die Ahnen und den Geist, nachdem du eine Kerze auf dem Familienaltar angezündet hast.
- Sage Folgendes laut oder auch nur in Gedanken: *Ich vergebe dir, ich vergebe dir, ich vergebe dir. Und jetzt bitte ich dich darum, mir und meiner Familie beim Heilen zu helfen.*
- Wenn du ihnen nicht voll und ganz vergeben kannst, dann sage: *Ich kann dir jetzt noch nicht vergeben, aber ich möchte dich wissen lassen, dass ich genau das vorhabe, und ich bitte dich, mir dabei zu helfen.*
- Sitze ruhig da und meditiere.
- Atme tief durch die Nase ein und durch den Mund wieder aus, entspanne dich dabei.
- Schließe die Augen und denke über Vergebung nach. Was bedeutet sie für dich?
- Schreibe deine Gedanken und Gefühle auf, zusammen mit den Veränderungen, die du gerne herbeiführen möchtest.
- Lass die Vergangenheit los, indem du tief einatmest und sie beim Ausatmen loslässt.
- Bedanke dich bei den Ahnen.

Wir können unsere Heilung weiter vorantreiben und die Verkettung der Traumata unterbrechen, indem wir uns mit ihnen versöhnen.

Kapitel 8

Sich mit seinen Ahnen verbinden und mit ihnen kommunizieren

»Ich kam allein auf die Welt, doch ich bin erfüllt
von dem Geist und dem Blut meines Vaters, meiner Mutter
und meiner Ahnen. Also bin ich tatsächlich niemals allein.
Meine Identität wird durch diese Linie bestimmt.«
ZIGGY MARLEY

Die Vorstellung, dass unsere Liebsten eine Verbindung zu uns aufbauen können, verwandelt die Geisterwelt in einen Ort voller Menschen, die wir einst kannten. Für gewöhnlich erwägen wir ein Leben nach dem Tod erst dann, wenn unsere Großeltern oder Eltern sterben, wir die Verbindung aber gern weiter aufrechterhalten würden. Das Verlangen, uns durch Träume, Gedanken und Gefühle mit ihnen zu verbinden, kombiniert mit eigenartigen Zufällen gibt uns oft das Gefühl, dass sie über uns wachen.

Ein Aufeinandertreffen mit der Geisterwelt ist eine übernatürliche Erfahrung. Sie kann sich ganz unterschiedlich manifestieren: als physische Erinnerung oder als ungewöhnliches Ereignis wie eine körperliche Wahrnehmung, ein Kribbeln, oder aber unsere Härchen stellen sich unvermittelt auf, wir meinen, einen Windhauch zu spüren, wo doch gar kein Wind weht, oder das Streicheln einer unsichtbaren Hand zu spüren, vielleicht ist es auch ein vertrauter Geruch, der uns an jemanden erinnert, oder aber Gegenstände verrücken sich selbstständig, ohne dass jemand in der Nähe wäre. Vielleicht tauchen zusätzlich auch weiße Federn, Zeichen oder Omen in deinen Gedanken auf, die dich an sie erinnern, oder aber es sind ganz zufällige Gedanken. Es ist möglich, dass du ohne besonderen Grund an sie denkst und unvermittelt eine große Zuneigung empfindest oder eure Verbindung scheinbar zufällig stärker wird.

Diese Synchronizität und die unterschiedlichen Wege, wie sich die Ahnen mit uns in Verbindung setzen, dienen dazu, uns in Erinnerung zu rufen, dass sie bei uns sind. Während sich manche einer plötzlichen Veränderung in der Atmosphäre oder der Energie überaus bewusst sind, bekommen andere nichts davon mit. Die Tatsache, dass nicht jeder die Geister spürt oder wahrnimmt, bedeutet aber nicht, dass diese nicht existieren.

Dein erstes Aufeinandertreffen mit den Ahnen kann für dich aufgrund des Unbekannten durchaus mit Furcht erfüllt sein. Manchmal liegt das auch an den persönlichen oder familiären Problemen, mit denen du dich befassen musst, für die du dich aber noch nicht bereit fühlst. Berücksichtige jedoch, dass die meisten Menschen mit ihren Ahnen kommunizieren, ohne dabei irgendwelche übernatürlichen Erlebnisse zu haben. Sie zeigen sich durch warme, tröstende Zuwendung und in dem Glauben, dass sie bei einem sind. Manchmal fühlen sich die Verstorbenen nicht bereit, in Verbindung mit ihrer lebenden Familie zu treten. Denke daran: Auch ihnen kann eine solche Begegnung sehr nahegehen. Es ist ratsam, der Verbindung mit den Ahnen nicht aus dem Weg zu gehen, denn je wohler du dich fühlst, wenn du dich mit ihnen verbindest, umso besser wirst du die weiseren, mitfühlenderen Ahnen kennenlernen, die sich im

Geisterreich zu Hause fühlen und dir mit liebevoller Unterstützung begegnen.

Angeborene übersinnliche Gaben

Die meisten empfindsamen Menschen erspüren Stimmungen. Sie haben hoch entwickelte empathische Züge und bemerken Veränderungen in der Atmosphäre sehr schnell. Sie nehmen die Welt anders wahr, sie wissen, was andere denken und fühlen, und sie erkennen Negativität, die von Menschen und Orten abstrahlt.

Während meiner frühen Kindheit (Natalia) war es für mich nicht ungewöhnlich, regelmäßig Albträume zu haben. Ich bin katholisch getauft und hätte eigentlich nicht an Geister glauben dürfen, mit Ausnahme des Heiligen Geistes. Wenn mich die Geister nachts in meinem Zimmer während meiner Träume aufsuchten, dann spürte ich ihre Gegenwart. Weil ich dazu in der Lage war, dachte ich, dass mit mir etwas nicht in Ordnung war. Erst als ich älter wurde, verstand ich, dass ich ein Medium mit einer natürlichen Gabe war. Diese Gabe war durch meine Ahnenlinie an mich weitergereicht worden.

Die übersinnlichen Fähigkeiten entsprachen einem Wesenszug in meiner Familie, der bis zu meiner Urgroßmutter zurückreicht, die Karten legen und mit den Toten sprechen konnte. Wenn Ahnen mit solch außergewöhnlichen Talenten gesegnet sind wie dem Vermögen, mit den früheren Generationen zu kommunizieren, dann werden diese Gaben unweigerlich an die Nachfahren weitervererbt.

In allen traditionellen Kulturen ist die Fähigkeit, ein Mediator und Ahnenheiler zu sein, eine vererbte Gabe. In vielen Fällen wird das Potenzial nicht erkannt, oder der mit übersinnlichen Gaben Beschenkte wird als eigenartig oder merkwürdig erachtet. Es gibt mindestens einen Nachfahren in jeder Generation, der so sensibel ist, dass er die stärkeren spirituellen Bedürfnisse der Familie über Generationen hinweg wahrnimmt. Sie sind die Heiler des Familienstammbaums, und sie werden von verstorbenen Ahnen gerufen, die für eine Heilung sorgen wollen, nicht nur für sich selbst, sondern auch für andere Familienmitglieder.

Jeder kann übersinnliche Fähigkeiten entwickeln, auch wenn sie ihm nicht von Natur aus gegeben sind. Schon der Wunsch, mit den Ahnen zu kommunizieren, kann der Auslöser dafür sein, dieses Können zu entwickeln. Damit deine Fähigkeit sich entfalten kann, brauchst du Übung, Entschlossenheit und Selbsterkenntnis. Es werden sich Wege vor dir auftun, und Lehrer, Mentoren sowie andere begabte Menschen werden in deinem Leben auftauchen und etwas zu deiner Entwicklung beitragen. Denke daran, dass dein eigenes Heilwerden und deine eigene Entwicklung als anzestraler Mediator der größte Hoffnungsträger für andere ist.

Maria ist Italienerin und fand nach dem Tod ihrer Großmutter heraus, was für übersinnliche Gaben sie selbst besitzt. Ihre Geschichte erzählt, wie sich ihre Gaben als spirituelle Mediatorin entfaltet haben.

Marias Geschichte

Ich stamme aus einer katholischen Familie und wurde in Italien geboren. Meine Religion machte mich glauben, dass Geister, Phantome und Magie nicht real, sondern reine Fantasie sind. Ich weiß noch, dass ich als Kind überempfindlich war. Es fiel mir sehr leicht zu spüren, wie sich die Menschen fühlten, und als sehr empathischer Mensch nahm ich ihr Leiden wahr, als wäre es mein eigenes.

Ich hörte Stimmen ganz in meiner Nähe und auch in meinem Kopf, und ich hatte immer das Gefühl, dass jemand bei mir war, insbesondere zur Schlafenszeit.

2016 lag meine Großmutter sterbend im Krankenhaus, und ich habe die letzten 48 Stunden bei ihr verbracht. Das war eine unglaubliche Erfahrung, und seit jener Zeit sucht sie mich im Geist auf. Zunächst wurde es von einem physischen Gefühl begleitet. Es fühlte sich an, als würde jemand oder eine Katze auf meinem Bett herumlaufen, doch da war nichts und niemand zu sehen. Irgendwann fing ich an, Empfindungen wie Schauer an ganz bestimmten Körperstellen zu spüren, zusammen mit einem starken Kribbeln im Nacken.

Als mein Vater einen Monat später starb, wurden meine übersinnlichen Empfindungen noch stärker. Die Energie war zu Hause regelrecht aufgewühlt, und Gegenstände bewegten sich oder fielen herunter, obwohl niemand in der Nähe war. Ich bekam Nachrichten aus der Geisterwelt übermittelt, obwohl ich wegen der Trauer um meinen Vater und meine Großmutter am Boden zerstört war. Nach und nach verstand ich aber, was mir da widerfuhr – und was ich gewissermaßen schon mein ganzes Leben über gespürt hatte. Das hat mein Verständnis für meine übernatürlichen Gaben verstärkt und mir wirklich geholfen, sie schätzen zu lernen. Es ermöglicht mir, keine Furcht vor der Kommunikation mit der Geisterwelt zu haben, sondern zu akzeptieren, dass diese Gaben Teil meines Lebens sind.

Wie Maria kannst auch du an deinen übernatürlichen Gaben als Ahnenmediator arbeiten.

Deine übernatürlichen Gaben entwickeln

Jeder kennt die fünf Sinne – sehen, hören, schmecken, riechen und tasten –, doch es gibt auch noch einen sechsten Sinn, der den übernatürlichen Fähigkeiten zugeschrieben wird: außersinnliche Wahrnehmungen (ASW).

Die folgende, ganz einfache Übung zeigt, wie du die Atmosphäre um Menschen – auch Aura genannt – spüren und wahrnehmen kannst. Diese Fähigkeit kann entwickelt werden, sodass du verstehst, wann du Geister in deiner Umgebung wahrnimmst. Du kannst diese Übung allein oder mit einem Partner oder einer Partnerin durchführen.

- Mache mit beiden Händen eine lockere Faust und presse die Fingerspitzen gegen die Handinnenflächen.
- Wiederhole das mehrmals rasch hintereinander, bis du intuitiv spürst, dass sie voller Energie sind.
- Dasselbe erreichst du, indem du deine Handflächen kreisförmig aneinanderreibst, bis du ein Energiefeld zwischen ihnen spürst.
- Solltest du mit einem Partner/einer Partnerin arbeiten, dann lege deine Hände um das Energiefeld des anderen, das für gewöhnlich in einem Abstand von 30 Zentimetern um den Körper herum anfängt beziehungsweise endet.
- Bitte den anderen, sich entspannt und mit geschlossenen Augen hinzustellen.
- Stelle dich zehn Schritte entfernt zu deinem Gegenüber auf, das Gesicht und die Handinnenflächen ihm zugewandt.
- Gehe dann auf deinen Partner oder deine Partnerin zu und bleibe stehen, wenn du den »Rand« der Aura oder des Energiefeldes spürst.
- Es ist davon auszugehen, dass sie kugelförmig ist, also bewege dich um das Feld herum und benutze die Empfindsamkeit deiner Handflächen, um dich führen zu lassen.

- Fahre mit den Händen an der energetisierten Oberfläche entlang und spüre, wie es sich anfühlt.
- Schreibe auf, was du siehst und spürst.
- Lasse deinen Partner/deine Partnerin an deiner Wahrnehmung teilhaben.
- Vergleiche die Atmosphären von Menschen nach ihrem Charakter, ihrem Gesundheitszustand und so weiter.

Deine Ahnen wahrnehmen

Mit den Geistern zu kommunizieren ist Teil der Entwicklung des übernatürlichen Bewusstseins. Während sich manche Menschen ganz einfach mit Geistern verbinden, müssen andere erst lernen, keine Angst zu haben, wenn ihre Ahnen zu ihnen kommen, um sich mitzuteilen. Versuche dir ihre Kommunikation wie einen Inspirationsfluss vorzustellen – wie das bei Radiowellen oder bei Licht der Fall ist –, der durch deinen Geist und deinen Körper hindurchfließt. Mit etwas Übung lernst du, wie du dich ganz bewusst mit dieser Frequenz verbinden kannst. Wenn du akzeptiert hast, dass es völlig natürlich ist, eine solche Verbindung einzugehen, wirst du darauf vertrauen, dass die Geisterwelt deine Bedürfnisse stillt. Sobald du bereit bist, die Unterstützung deiner Ahnen anzunehmen, wirst du diese Verbindung überall in deinem Leben sehen.

Träume sind eine andere Möglichkeit, wie sich die Ahnen mit dir verbinden. In diesem Zustand bist du am entspanntesten und gewissermaßen ohne Bewusstsein, was es deinem Verstand einfacher macht, mit den Geistern zu kommunizieren. Solltest du dich an deine Träume erinnern, so schreibe sie auf, das könnte dir beim Trauern helfen, wie auch dabei, eine Verbindung entstehen zu lassen. Viele Kunden haben uns erzählt, dass ihre Liebsten sie häufig nach dem Tod in ihren Träumen aufsuchen, entweder um ihnen mitzuteilen, dass es ihnen gut geht, oder aber um ihnen ihren Rat anzubieten.

Nachdem die Frau unseres Nachbarn Rob nach 50-jähriger Ehe gestorben war, träumte er, dass sie ihm sagte, er solle einen Anwalt aufsuchen. Später gab er uns gegenüber zu, dass er es immer aufgeschoben hatte, die abschließenden Regelungen seines Nachlasses für die Kinder zu treffen. Sobald eine Verbindung mit dem Ahnenreich entstanden ist, wird diese sich weiterentwickeln und im Lauf der Zeit und durch unser Engagement stärker werden.

Es gibt zahlreiche übersinnliche Möglichkeiten, die Menschen benutzen, um sich mit der Geisterwelt zu verbinden, von der Telepathie über die Psychometrie bis zum Mediumismus. Sehr viele haben intuitive Fähigkeiten und spüren oder fühlen die Gegenwart eines Geistes, oder wenn etwas nicht stimmt. Die meisten dieser Erfahrungen machen keine Angst, sondern sind positiv und angenehm.

Ich (Terry) habe meinen Großvater verloren, als ich 13 Jahre alt war, und als meine Großmutter starb, war ich gerade mal 21. Ich hatte davon gehört, dass es Menschen gab, die mit den Geistern der Toten sprechen können, und so suchte ich ein paar Jahre nach ihrem Tod eine spiritualistische Kirche auf. Ich wusste nicht, was mich da erwartete, doch schon bald fand ich heraus, dass es ein paar wahrhaft empfindsame Menschen gibt, die tatsächlich tröstende Nachrichten aus dem Jenseits überbringen können.

Sie erzählten, wie das Leben für sie war, seit sie sich von der physischen Ebene gelöst hatten, und ich erfuhr, dass der Geist des Verstorbenen in vielen Fällen sehr zufrieden mit seinem Leben nach dem Tod war. Außerdem fand ich heraus, dass sie die Gesellschaft von alten Freunden wie auch die von ein paar entfernten Cousins genossen. Das half mir wirklich zu verstehen, wie nützlich es war, dass die vor Kurzem Verstorbenen kommen, um mit den Lebenden zu kommunizieren.

Wie wir bereits gesehen haben, können Ahnen von der Geisterwelt zurückkommen, um uns aufzusuchen. Betrachten wir religiöse Studien und Arbeiten, wie zum Beispiel das *Bardo Thödröl,* das *Tibetische Totenbuch,* dann sind diese Texte Anleitungen, Karten des Jenseits und Wege, die vor dem Tod auswendig gelernt werden müssen, damit der Übergang von diesem zum nächsten Leben leicht vonstattengeht.

Viele Verstorbene, die zurückkehren und mit den Lebenden kommunizieren, beschreiben, wie sie direkt nach dem Tod abgeholt und an einen Ort der Erholung gebracht worden waren, wo sie Zeit hatten, zu heilen und andere verstorbene Familienmitglieder zu treffen. Es gibt Schutzmechanismen, die einen Ahn, der direkt nach dem Tod noch nicht bereit dazu ist, davor bewahren, sich mit seinen Nachfahren in Verbindung zu setzen. Aufgrund unserer Erfahrung wissen wir, dass ihr Verlangen und Bedürfnis, sich mit ihren Nachfahren auszutauschen, diese spirituellen Instanzen allerdings aufheben. Wir legen den Menschen nahe, sich professionelle Hilfe zu suchen, sollten sie das Gefühl haben, dass ein Ahn sie oder ihre Familie belästigt.

Solltest du Geistern gegenüber offen eingestellt sein, dann werden die Ahnen dich aufsuchen, dich trösten, lieben und dir zu Frieden verhelfen, wann immer etwas in deinem Leben für Aufruhr sorgt, du übermüdet bist oder dich unwohl fühlst. Wenn ich (Natalia) mich niedergeschlagen fühle oder mir Sorgen um meine Kinder mache, dann spüre ich, wie mir meine Großmutter über den Kopf streichelt. Ich weiß, dass sie und andere Vorfahren mir nahe sind und mich daran erinnern, dass ich mir keine Sorgen machen muss.

Als Natalia und ich unser erstes Haus zusammen einrichteten, erschien uns Henry James Cooke, mein verstorbener Großvater mütterlicherseits, und schenkte uns seine Zustimmung. Zu diesem Zeitpunkt war das hilfreich, da meine Mutter zu Beginn unserer Beziehung eher schwierig war und unser Zusammensein nicht guthieß.

Solltest du in eine Familie oder Kultur mit starken spirituellen Wurzeln hineingeboren worden sein, dann ist es sehr viel einfacher, diese Verbindung zu verstehen und eine Beziehung zur Geisterwelt einzugehen. Dann hast du von klein auf gelernt zu beten und zu kommunizieren, somit weißt du um dieses besondere Verhältnis.

Wir lernen durch unsere Erfahrung, dass der Tod nichts weiter als ein Übergang ist. Dass man, um ein Ahn zu werden, eine schärfere Vision und Weisheit benötigt, um so den Lebenden zu Diensten sein zu können. Ganz egal, wie weit du von deiner Heimat oder deiner lebenden Familie entfernt bist, deine Ahnen, die dich führen und unterstützen, werden dich niemals im Stich lassen.

Ahnenführer

> »Ich habe eine überaus co-abhängige Beziehung mit meinem Großvater. Wenn ich ins Bett gehe, lasse ich ihm eine Nachricht zukommen. Ich sage ihm, dass ich bestimmte Dinge vorhabe und von ihm erwarte, dass er für mich da ist. Von einem traditionellen Gesichtspunkt aus gesehen, gehören die Ahnen zur Familie. Für uns ist der Tod kein Ende, das die Toten von den alltäglichen Dingen der Lebenden trennt.«
>
> **MALIDOMA SOMÉ**

Als du geboren wurdest, muss ein ungesehener oder unbekannter Ahn da gewesen sein, der sich deines Schicksals annahm. Die

Ahnen begleiten dich seit deiner Geburt. Kinder sind sensibler als Erwachsene und können die beiden Reiche einfacher überbrücken, da sie immer noch je einen Fuß in dieser Welt und einen in der Geisterwelt haben. Genau wie Tiere, denn ihnen wurde noch nicht gesagt, was sie sehen oder denken sollen, weshalb sie empfänglicher dafür sind, Geister zu spüren oder zu sehen.

Catherine interessiert sich von klein auf für Engel und ging während ihrer Kindheit und Jugend in Irland regelmäßig in die Kirche.

Catherines Geschichte

Ich war 18 Jahre alt und arbeitete in einer Schuhfabrik, als einer der Lagerarbeiter zu mir kam und sagte: »Weißt du, dass du einen Schutzengel hast? Sie steht hinter dir und hat ein Auge auf dich.« Ich stellte ihn auf die Probe und fragte, wie sie denn aussähe. Er beschrieb haargenau meine Großmutter, sogar wie sie die Haare trug. Sie hatte einen Schlaganfall gehabt, und er beschrieb sogar ihr schiefes Lächeln. Mir gefällt der Gedanke ganz ungemein, dass meine Großmutter über mich wacht.

Es gibt sehr begabte Kinder, die nur darauf warten, geboren zu werden. Die Ahnen bereiten sie auf ihre Geburt vor, und sie wissen, welches Schicksal sie erwartet, damit sie sie vom Ahnenreich aus mit Weisheit und Führung unterstützen können. Sollte ein Kind eine Unternehmerlaufbahn einschlagen wollen oder musische oder künstlerische Gaben besitzen, dann würde der Ahnenwächter das verstehen und ihm dabei helfen, sein Ziel umzusetzen. Diese Ermutigung muss von einer Quelle innerhalb des Familienstammbaums, die über dieses Talent verfügt, weitergereicht worden sein. Ältere Ahnen hatten den Samen dafür gesät und diese Erinnerungen dann in der Ahnenlinie an zukünftige Generationen weitervererbt, von denen sie weiterentwickelt wurden, bis sie schließlich bei dem Kind ankamen, das bereit dafür war, diese Gabe oder Rolle für die Familie zu übernehmen, so wie das auch bei Bede der Fall war.

Bedes Geschichte

Während ich für mein Diplom lernte, war mir bewusst, dass es auf der mütterlichen Seite meiner Familie sehr viele Intellektuelle und gebildete Individuen gab. Für mich fühlte es sich ganz natürlich an, dieselbe Richtung einzuschlagen, also beschloss ich, mich für Geschichte und Politik an der Universität einzuschreiben. Während meines Studiums nahm ich einen subtilen, unbekannten Einfluss wahr, als würde mir jemand helfen, den ich nicht sehen konnte. Ganz besonders spürte ich diese Gegenwart bei einer tatsächlichen Prüfung, bei der ich eine sanfte Stimme hörte, die mich anleitete und mit Ratschlägen aufwartete, wie ich die Fragen angehen sollte. Diese Hilfe stellte sich als ausgezeichnete Führung heraus, die mit großartigen Ergebnissen belohnt wurde.

Wir alle haben Bilder davon im Kopf, wie ein Vorfahre ausgesehen hatte oder wie er war. Diese romantischen Vorstellungen beurkunden nicht die Wahrheit darüber, wer die Vorfahren wirklich waren, ganz unabhängig von ihrem Alter oder ihrer Nation. Nur weil jemand alt ist, heißt das nicht notwendigerweise, dass er oder sie auch weise ist, gleichermaßen gibt es jene, die jung gestorben sind und dennoch die Lebenden führen und ihnen assistieren. Indem du diese Verbindung zu tatsächlichen

Menschen machst, die in deiner Familie gelebt haben und gestorben sind, kannst du dich einfacher mit ihnen verbinden, damit sie zu deinen Führern werden. Manche bleiben ihr ganzes Leben lang ein Führer, manche ziehen nach deinem Tod oder dem Tod von deinen Angehörigen weiter.

Damit die Ahnen mit uns arbeiten können, müssen sie in irgendeiner Weise mit uns kommunizieren. Manchmal benötigen wir dafür einen Vermittler – eine Brücke, die in die Geisterwelt reicht. Das sind die Momente, in denen sich Menschen an Hellseher, Medien und Wahrsager wenden, die mit unseren geliebten Ahnen und verstorbenen Angehörigen kommunizieren können.

Teilt dir ein Hellseher etwas von einem Verwandten mit, der dir eine Nachricht übermitteln will, dann hören sie den oder die Verstorbene telepathisch. Telepathie kann aber natürlich auch zwischen Lebenden stattfinden, und manche können Geister »sehen«, wie wir schon weiter vorn erwähnt haben.

Weshalb möchtest du dich mit deinen Ahnen verbinden?

Du musst kein Medium oder Hellseher sein, um mit den Verstorbenen aus deiner Familie zu kommunizieren. Viele kommunizieren mit ihnen, indem sie einfach reden oder ein Foto von ihnen auf einen Tisch oder Altar stellen. Manche träumen von ihren Angehörigen, während anderen Zufälle widerfahren, bei denen alles ganz eindeutig auf die Persönlichkeit des Verstorbenen hinweist.

Wenn du mit deinen Vorfahren kommunizierst, so ist es ratsam, zu wissen, weshalb genau du mit ihnen in Verbindung treten willst. Warum möchtest du mit der Geisterwelt kommunizieren, was möchtest du damit für dich oder für andere erreichen?

Deine Ziele entdecken

Denke über die folgenden Fragen nach, um herauszufinden, was deine Ziele sind:

- Möchtest du glauben, dass ein Leben nach dem Tod existiert?
- Willst du wissen, ob es den Verstorbenen gut geht?
- Willst du verstehen, wie die Geister sich mit den Lebenden in Verbindung setzen?
- Würdest du deine übersinnlichen Fähigkeiten und Empfindsamkeiten gern entwickeln, um mit ihnen kommunizieren zu können?
- Würdest du gern herausfinden, wie du mit der Geisterwelt kommunizieren kannst, um anderen zu helfen?

Bitte um Schutz, ehe du mit der nachfolgenden Meditation beginnst. Denke zuerst über Folgendes nach:

- Wen kannst du um Schutz bitten?
- Mit welcher göttlichen oder geistigen Verbindung bist du vertraut?
- Handelt es sich um einen Schutzgeist, Türhüter, den Großen Vater, die Große Mutter?
- An welche Heiligen oder Gottheiten glaubten deine Ahnen?
- Welchen deiner Ahnen würdest du um Hilfe bitten?
- Wie bittet man um Schutz?
- Wenn du dir nicht sicher bist, wer dein Schutzgeist ist, dann sage: *Im Namen des Großen Vaters, der Großen Mutter, ich bitte darum, auf meiner Suche nach Wahrheit, persönlicher Unsterblichkeit und Erleuchtung geführt zu werden.*

Sich mit den Ahnen verbinden

> »Was ich eigentlich sagen möchte, ist,
> dass wir gewillt sein müssen, uns von unserer Intuition
> führen zu lassen, und dann gewillt, dieser Führung
> direkt und ohne Furcht zu folgen.«
> SHAKTI GAWAIN

Der Geisterwelt ist bewusst, dass du im physischen Leben gerade an der vordersten Front stehst, was nicht einfach und mit vielen Herausforderungen für dich verbunden ist. Die Ahnen sind trotzdem da, unterstützen dich und helfen dir dabei, deine Träume und Ziele zu verwirklichen, damit du gesund bleibst und es dir gut geht, und damit du sowohl mit dir wie auch mit anderen nett und liebevoll umgehen kannst. Verursachen unser Lebensstil, Gewohnheiten und Verhaltensweisen gesundheitliche Probleme, verletzen sie andere, sind sie überzogen oder unmoralisch, dann stellt das für die lebenden wie auch für die verstorbenen Familienangehörigen eine Herausforderung dar. Unserer Erfahrung nach sind die Ahnen jedoch geduldig genug und warten, bis wir sie um Hilfe bitten, und diese erreicht uns dann tatsächlich auch auf unzähligen Wegen.

Die mit der Ahnenheilung behaftete Bürde ist ein anderer Grund, weshalb sie mit uns kommunizieren wollen. Wir können ihnen dabei helfen, diese Bürde mithilfe noch älterer Ahnen zu heilen, indem wir sie als Kollektiv anrufen und jene erleuchten, die Hilfe benötigen. Durch unsere Kommunikationen und Verbindungen zu Ahnenführern und Ahnenwächtern fängt dann die tatsächliche Heilung an. Wir beten dafür, die Ahnengeister von ihren Wunden zu erlösen, wir beten für einen Abschluss noch unerledigter Angelegenheiten, suchen und gewähren Vergebung, wir wenden uns ganz aktiv dem Problem zu, damit eine Lösung gefunden und die Situation berichtigt werden kann.

Sobald du dich mit deinen Ahnen vereinst, löst du die Rückbesinnung aus, dem Geist gegenüber offen zu sein. Unserer Erfahrung nach kann man sich dieser Aufgabe mit der Hilfe solcher Ahnen ganz vertrauensvoll stellen. Auch kannst du dich eingehender mit deiner Herangehensweise an das Leben befassen, und dein Familiensinn kann wiederhergestellt werden, unabhängig davon, wie du aufgewachsen bist oder ob du dich von deinen Wurzeln entfernt hast.

Wenn du selbst ein Ahnenmediator bist, dann wirst du genau wie wir herausfinden, dass auch die Ahnen anderer Menschen versuchen werden, mit dir zu kommunizieren, da sie von ihrer lebenden Familie häufig enttäuscht sind. Es kann außerordentlich schwierig für sie sein, gehört zu werden, und es ist ein seltenes Geschenk, ein Medium zu finden, das mit ihnen zu kommunizieren vermag. Du musst lernen, sie zu bitten, dich in Ruhe zu lassen und nur dann zu dir zu kommen, wenn es passend für dich ist, ihnen zu helfen. Selbstredend kommen manche mit guten Absichten, aber nicht alle, und du musst den Unterschied zwischen beiden herausfinden. Es gibt verschiedenartige Methoden, die du anwenden kannst, um mit ihnen zu kommunizieren. Ein herzlicher, einfacher Weg, um dich mit deinen Ahnen zu verbinden, besteht darin, dir jeden Tag fünf Minuten genau dafür Zeit zu nehmen.

Zu den Ahnen beten

- Zünde eine Kerze an deinem Altar an und rede mit den Ahnen.
- Bitte sie um Schutz und Führung.
- Sprich ein Gebet, singe einen heiligen Song oder eine Hymne oder chante ein Mantra.
- Bitte deine Ahnen um Führung für das, was du gerade brauchst, und bedanke dich bei ihnen.
- Wähle ein abschließendes Gebet, sage etwas wie »Amen« oder »Gesegnet sei« oder chante ein »Aum« oder ein »Om«, je nach deiner kulturellen und religiösen Ausrichtung.

Diese nächste, etwas längere Übung schafft ein Gefühl der Entspannung und lässt uns eine offene Haltung gegenüber den Ahnen einnehmen.

Meditation für die Ahnen

- Zünde als Erstes eine Kerze an deinem Altar an.
- Sprich ein Gebet, um eine Verbindung herzustellen, wie zum Beispiel: »Ich bitte meine Ahnen, kommt zu mir, unterstützt mich und führt mich durch mein Leben.«
- Bitte um Führung, dann konzentriere dich auf deinen Atem und entspanne dich.
- Bitte deine Ahnen darum, von ihnen Licht, reines Mitgefühl und Liebe zu empfangen.
- Spüre, wie das Licht deinen Körper umfängt und deinen Geist mit Frieden erfüllt.
- Wenn du möchtest, dann bitte um kreative Inspiration oder intuitive Antworten für persönliche Belange.

Führe diese Meditation regelmäßig durch und schreibe dir in einem Notizbuch auf, was für Erfahrungen du machst. Vielleicht erweckt es den Eindruck, als würdest du keine Verbindung erlangen, doch rückblickend wirst du feststellen, dass die Ahnen dich die ganze Zeit geführt und unterstützt haben.

Um deine Beziehung zu den Ahnen durch Träume zu erschaffen, brauchst du Hingabe und Disziplin.

Von den Ahnen träumen

- Sprich ein Gebet, ehe du zu Bett gehst.
- Bitte deine Ahnen, sich mit dir zu verbinden, während du schläfst.
- Führe ein Traumtagebuch.
- Lerne herauszufinden, wie du träumst und ob du dich an Farben, Bilder oder Symbole erinnerst, die alle die Intensität der Gefühle widerspiegeln.

Die Ahnen können in Träumen auftauchen, um uns anzuleiten oder vor einer Gefahr zu warnen. Großartige Kunstwerke und Literatur wurden von den Ahnengeistern inspiriert, darunter auch Shakespeares *Hamlet* oder Homers *Odyssee,* Goethes *Faust* und Dantes *Göttliche Komödie.*

Deinen Ahnenführer entdecken

Ein kluger Ahn ist ein wertvoller Lehrer, was die alltäglichen Probleme betrifft, ob es sich um persönliche Gefühle, Beziehungen oder Entscheidungsfindungen handelt. Mit ihrer pragmatischen Annäherung an die Wirren des Lebens können Ahnen dir helfen, Entscheidungen zu treffen, die deine Familie unterstützen werden. Manche der Ahnenführer können zwei oder drei Generationen älter sein, andere befinden sich im Familienstammbaum sehr viel weiter in der Vergangenheit. Manche Ahnen haben Güte durch herausfordernde, schwierige Umstände erlernt, während andere von Natur aus ein mitfühlendes Wesen besitzen und das wohlwollende Bedürfnis, sich um ihre Familie zu kümmern.

Mögliche Ahnenführer kannst du anhand deines Familienstammbaums identifizieren, wenn du einen solchen besitzt (siehe *Den Familienstammbaum heilen,* Seite 33). Wenn du deine Ahnenführer finden und eine Beziehung zu ihnen aufbauen möchtest, dann ist es hilfreich, dir Fotos von ihnen zu besorgen und diese auf deinem Altar aufzustellen. Deine Verbindung zu ihnen wird stärker, wenn du sie jeden Tag siehst.

Ein Ahnenführer wird durch seine fürsorgliche Unterstützung oder die Wärme, den Trost und die Geborgenheit, die er spendet, erkannt. Solltest du adoptiert sein, dann kannst du dich, wie schon weiter vorn erwähnt (siehe Seite 177), entweder mit deiner biologischen oder mit deiner Adoptivfamilie verbinden, je nachdem, zu wem deine Beziehung stärker war. Manchmal gibt es mehr als nur einen Führer, und hinter dem engsten Führer tauchen viele andere auf, die deine Ahnenlinie unterstützen und betreuen. Wir würden jedoch vorschlagen, dass du erlernst, wie du mit dem einen Vorfahren kommunizierst, zu dem du dich am meisten hingezogen fühlst. Denke daran, dass es manchmal derjenige ist, dessen Persönlichkeit dir am ähnlichsten ist und der sich auch selbst dazu entscheiden würde, mit dir zu arbeiten.

In traditionellen Gesellschaften entschieden die Ältesten, wer der Ahnenkommunikator sein soll, und diese Rolle wurde dann innerhalb der Familienlinie weitergereicht. Das ist eine weise Vorgehensweise, da nicht alle Ahnen als Führer für dich geeignet sind, also bitte die weisesten und mitfühlendsten Ahnen darum. Denn sollten sie selbst und das, was ihnen im Leben widerfahren ist, noch nicht geheilt sein, so verfolgen sie vielleicht eigene Ziele, werden von Bindungen oder persönlichem Kummer beeinflusst, die sie als Ahnenführer ungeeignet machen. Wende dich an die, deren Absichten für dich und deine Familie am besten sind.

Visualisierungsmeditation, um deinen Ahnenführer zu entdecken

- Stelle Fotos von den Ahnen, die du für diese Übung ausgewählt hast, auf deinen Altar.
- Wenn du keine Fotos besitzt, dann stelle die Verbindung her, indem du ihre Namen auf einen Zettel schreibst.
- Zünde eine Kerze an und rufe die Ahnen zu dir.
- Diese Ahnen können entweder durch laut ausgesprochene Worte oder durch eine gedankliche Verbindung herbeigerufen werden, indem du sagst: *Ich bitte alle meine Ahnen, die von guten, mitfühlenden Absichten erfüllt sind, sich für diese Meditation der Führung und des Schutzes zu mir zu gesellen.*
- Konzentriere dich auf deinen Atem, atme durch die Nase ein und durch den Mund wieder aus.
- Nimm tiefe Atemzüge, bis du spürst, wie dein Körper entspannter wird und sich deine Gefühle beruhigen.
- Verspritze Wasser (versetzt mit ätherischen Ölen), um deinen Altar zu segnen.
- Werde ganz ruhig – spüre (im Gegensatz zu denken) die Atmosphäre um dich herum.

Für die Meditation

- Setze oder lege dich bequem hin.
- Nimm jede Form der Anspannung wahr.
- Atme tief durch, ein durch die Nase und aus durch den Mund, während du dir vorstellst, wie der Ahn vor dir steht.
- Stell dir vor, du könntest auch die zahllosen Generationen sehen, die alle hinter deinem Ahnenführer aufgereiht sind.
- Sobald du eine Kommunikation erlebt hast, atme tief durch.
- Entspanne deinen Körper und dein Herz, während du ihnen sagst: *Ich werde daran denken, die Widerstandsfähigkeit zu ehren, die ihr als Vermächtnis hinterlassen habt.*
- Schreibe alles auf, was du gesehen und gefühlt hast.
- Lade deinen Ahnenführer täglich ein – fange wirklich damit an, eine Verbindung mit ihm oder zu ihr aufzubauen.

Nimmst du die Ahnen als ein Echo wahr, das dein Unterbewusstsein beeinflusst, wirst du automatisch mit ihrer Frequenz verbunden sein, als handelte es sich um den Nebenanschluss eines Telefons. Die Kommunikation mit den Ahnenwächtern ist eine Unterstützung und wird deine Familienlinie stärken.

Sobald du das Wissen erlangt hast, dass die Geisterwelt überall um dich herum ist, wirst du empfänglicher für deine Ahnen und auch für deine direkten Angehörigen. Indem du lernst, wie man die Wahrheit herausfiltert, wirst du auch erkennen, was authentisch ist und was nicht.

Denke daran, dass du das Recht dazu hast, die Kommunikation mit den Geistern zu jeder Zeit abzubrechen. Du entscheidest, wann es dir angemessen erscheint, dich mit ihnen zu verbinden, und wann nicht. Außerdem kannst du die Ahnenführer rufen, damit sie helfen, dich zu schützen.

Teil IV

Die spirituelle Abstammung

Kapitel 9

Die Urahnen

»Bewahre den heiligen Ring deines Stammes,
der Großväter und Urgroßväter, der jüngeren und
der älteren Generationen ... Den Pfad der Generationen
sollst du wandern. Sieh her! Das ist dein Volk und
du wirst wieder zu ihm zurückkehren.«

BLACK ELK DER OGLALA-SIOUX

Die westliche Gesellschaft ist zukunftsorientiert und konzentriert sich auf Errungenschaften. Nur selten betrachten wir die Vergangenheit oder unsere Wurzeln. Aber das Leben ist keine lange gerade Straße, die vom Hier und Jetzt zu einem fernen Punkt am Horizont zurückführt. Stattdessen ist es ein dynamischer Zyklus von Geburt, Tod, Wiedergeburt und so weiter. In indigenen Kulturen, in denen der schamanische Glaube noch immer praktiziert wird, ist der Tod der finale Übergangsritus in einer langen Reihe von Feierlichkeiten und Ritualen, die die überaus wichtigen Veränderungen wie Geburten, Pubertät, Partnerschaften, Hochzeiten, Elternschaft, Fülle und Fruchtbarkeit kennzeichnen. All diese Schlüsselmomente im Leben eines Menschen werden durch aufwendige Rituale geehrt, die den Tod des Alten und die Geburt von etwas Neuem anerkennen.

Solche Traditionen reichen zu unseren ältesten Ahnen sowie

zu Praktiken und Bräuchen zurück, die von einer Generation an die nächste weitergereicht wurden. Jede neue Phase sollte durch ein Übergangsritual markiert werden, da das Leben niemals statisch sein kann und die Veränderung Teil unserer Reise ist. Wir sollten unsere Lebensphasen durch Rituale und Zeremonien kennzeichnen, um dadurch voller Dankbarkeit die Lektionen zu würdigen, die uns die Lebenserfahrung zuteilwerden lässt. Rückschau durch Gebet, Rituale und das Ehren der Urahnen sind alles nützliche Mittel, um unsere Wunden und familiären Probleme heilen zu lassen, und ermöglicht es uns, die Zukunft mit mehr Klarheit und Fokus anzunehmen. Mit jedem Problem, mit jedem Bedenken, das wir durchlebt haben, haben sich unsere Ahnen zuvor schon befasst – unsere Reise vom Geist zum menschlichen Wesen und wieder zurück zum Geist ist der beständige Zyklus allen Lebens.

Versteckte Trauer kann sich um die Familie winden, uns auf unerklärliche Weise beeinflussen, bis wir uns mit ihr befassen und sie heilen. Die Ahnen zu ehren ist eine wunderbare Form des Heilens – insbesondere für jene, die unter tragischen Umständen umkamen. Eine Folge davon ist, dass ihr Tod die Familie nicht länger heimsucht. Wenn wir jene ehren, die gestorben sind, dann bringen wir sie in den Familienstammbaum zurück, machen das heil, was zerbrochen war, und bringen so viele unsichtbare Segenswünsche zurück in die Familie.

Urahnen können auch in den Momenten beistehen, wenn sich Familien aufgrund von sozialen oder emotionalen Umständen trennen. Das sind wichtige Momente, in denen betroffene Familien um Hilfe bitten sollten, insbesondere für ihre Kinder und zukünftige Nachkommen. Teil der Hilfe sollte auch sein, sich den Dynamiken von Stief- und Halbgeschwistern anzunehmen, die häufig Teil unserer modernen Gesellschaft sind. Suche nach Lösungen und Führung, damit die Familiendynamiken weiterhin einen freundlichen Umgang zulassen, und löse Missverständnisse oder Fehlkommunikation auf, die zu Zwietracht in der Familie führen können. Bedenke dabei, dass manche Familien vor vielen Jahren aufgehört haben, miteinander zu sprechen – ein Zustand, der manchmal unverändert für immer andauert, wodurch ein Ungleichgewicht entsteht und das Familienerbe schwer belastet wird.

Das Anrufen von Urahnen kann dabei helfen, solche Missverhältnisse zu heilen, und für ein friedlicheres Miteinander für zukünftige Familien und ihre Nachfahren sorgen. Werden sie dazu eingeladen, dann helfen sie, die Dynamik zu verändern, indem sie für Klarheit sorgen und ein paar der schwierigeren und störenden Ahnen von dort entfernen.

Pilgerreisen an Ahnenorte vergangener Zeiten

Pilgerreisen an sehr alte, heilige Orte bieten Gelegenheit, seine kulturellen Wurzeln besser zu verstehen, das Geisterreich anzunehmen wie auch die tiefe Verbundenheit, die wir zur Erde verspüren. Unsere Urahnen hatten verstanden, dass die physische und die spirituelle Welt nebeneinander existieren, wie in Glaubenssystemen weltweit zu sehen ist.

Das Sichtweise des Lebens als ein Kreislauf der Transformation, der mit der Geburt beginnt, dann den Zyklus vom Leben zum Tod durchläuft, worauf die Wiedergeburt folgt, reicht bis zu unseren frühesten Ahnen zurück. Sie waren mit den jahreszeitlichen Zyklen der Erde und des Mondes vertraut, und die Planeten spiegelten für sie den menschlichen Daseinskreislauf wider. Die Mysterien von Paganismus und Schamanismus bestärken eine ganzheitliche Haltung hinsichtlich der Seelenreise durch den Zyklus von Leben und Tod. Viele heilige Orte überall auf der

Welt sind nicht nur als Stätten der Verehrung errichtet worden oder um eine Verbindung mit dem Geist zu erlangen, es sind auch Orte des Todes und Pforten zu den Ahnenreichen und der Geisterwelt.

Eine Pilgerreise an einen heiligen Ort ist eine Reise der Wiedergeburt und der Erkenntnis, dass unsere traumatischsten Übergänge jene vom Bekannten zum Unbekannten, vom Vertrauten zum Fremden sind. Der Moment, wenn wir uns angesichts von Kräften, die wir nicht kontrollieren können, am verletzlichsten fühlen, verlangt uns Vertrauen ab. Dann müssen wir all unseren Mut zusammennehmen und mit einem Vertrauensvorschuss aufwarten. In solchen Augenblicken haben unsere Ahnen Momente der Erleuchtung gehabt. Und wir begegnen dort unserer eigenen Sterblichkeit und lernen am meisten über die Geheimnisse der Seele. Für Buddhisten ist die Betrachtung des Todes der Mittelpunkt des Lebens: »Ich möchte, dass kein Mensch Angst vor dem Tod haben muss – und genauso wenig vor dem Leben.«[11]

Die Pilgerreise ist im Wesentlichen eine physische Reise auf der Suche nach inneren Offenbarungen und dementsprechend eine Öffnung hin zu einer Sichtweise, das Leben völlig anders wahrzunehmen. Das, was vonnöten ist, um die Reise in der Vergangenheit anzufangen, um nach Urahnen zu suchen, ist ganz einfach eine Bereitschaft, die Vorgeschichte der Landschaft zu erforschen.

Ein Vermächtnis indigener Menschen aus der Vergangenheit schmückt Orte von den Osterinseln im Südpazifik bis zu Uluru (Ayers Rock) in Australien und den heiligen Black Hills im mittleren Westen von Nordamerika. All diese Orte sind in Traditionen, Überzeugungen, Bräuche und spirituelle Zugehörigkeiten getaucht, die die unterstützenden Verbindungen innerhalb der Natur sowohl als Hüter wie auch Beschützer der indigenen

Lebensweisen ehren. Beispiele aus jenen Zeiten unterscheiden sich von Land zu Land, von den Hochburgen – wunderbare Städte, die in Zentral- und Mittelamerika noch erhalten sind – hin zu dem, was zahnähnlich aus der Erde aufragende Steinkreise in keltischen Ländern sind, wie Avebury in England oder Carnac in Frankreich.

Das Land selbst liefert das Bindeglied, das uns mit den Zeiten verbindet, zu denen unsere frühesten Vorfahren lebten, einfach dadurch, dass wir in die Fußstapfen unserer Großväter und Großmütter treten. Sie wiederum verweisen auf die Erinnerungen ihrer eigenen Vorfahren. Indem wir weiter zurückreisen, erkennen wir, dass es noch gar nicht lange her ist, dass uns ein simples Schema oder ein durchdachter Lebensstil mit dem grundlegendsten Konzept verband, nach dem wir auch heute noch leben – dem des Überlebens.

Die Zeiten haben sich vielleicht geändert, doch noch immer erfüllt uns das tiefe Verlangen nach Zugehörigkeit, Sicherheit und Umhegtsein – wir möchten ein Gefühl der Verwirklichung, der Zufriedenheit und Erfüllung spüren. Wenn wir unsere modernen Lebensstile mit denen unserer Urahnen in Einklang bringen, dann wird diese Loslösung von der natürlichen Welt, in der alles eine Rolle spielte, erneut durch Verbundenheit mit der sichtbaren und der unsichtbaren Welt (der physischen und der spirituellen Welt) als ein Ganzes abgelöst.

Die Rolle der Schamanen in der Ahnenheilung

Dieses Gefühl, miteinander verbunden zu sein, schuf einen Zustand des Wohlergehens, in dem das Überleben auf der physischen Ebene ganz immanent von jenen in der unsichtbaren Welt unterstützt wurde. Die Schamanen oder die Medizinmänner, die man auch Priester, Arzt oder Orakel nennen könnte, stellten diese untrennbare Einheit mit den Ahnen sicher.

Der Schamane sorgte als ein Reisender, der zwischen dem Traumreich und dem Gesellschaftssystem ihrer gebürtigen Ahnenlinie wandelte, für das Gleichgewicht zwischen dem Sichtbaren und dem Unsichtbaren. Als Priester versahen sie ihr Amt und bahrten die Toten auf. Als Arzt oder Medizinmann heilten sie Wunden und Krankheiten. Und als Orakel sagten sie Ereignisse vorher, die für den Clan von Nutzen sein konnten. Sie führten durch alle Zusammenkünfte, Rituale und Zeremonien, die als Übergangsriten zwischen der Geburt und dem Tod vollzogen wurden. Beispiele für sehr alte Ahnentraditionen verweilen als Überreste ihrer Zeit im Land und wurden als Pforte ins Traumreich zu ihren Erinnerungen benutzt. Das Echo ihres Gesangs, ihrer Feiern und Opfergaben hat die Steine und die Landschaft durchdrungen – diese Erinnerungen stecken in der Erde.

An allen Orten der spirituellen Ehrerbietung wird jedes Mal, wenn ein Gebet gesprochen, ein Ritual oder eine Zeremonie durchgeführt wird, ein Kraftfeld erschaffen. Durch das Wiederholen dieser Bräuche bündelt sich die Energie – in einem Zeitschloss, wenn du so willst – und wartet darauf, dass zukünftige Generationen dieses Erwachen in sich selbst anstoßen. In uralten Erinnerungen ist die Rede von einer inneren Enthüllung, die sich dadurch erneut mit den Zeiten verbinden können, zu denen ihre Ahnen einst über diese Pfade gewandelt sind.

Dieser Moment, dieses Déjà-vu, diese Epiphanie ist als das Erwachen bekannt, in dem man sich mit dem sogenannten Lebenszyklus, dem Kreislauf aller Existenz vereint. Dem Pilger oder Initiierten wird ihre Verbundenheit mit den Urahnen bewusst, das Erwachen hat stattgefunden, und in einem nächsten Schritt müssen sie als die Ahnenmediatoren der Familie agieren.

Der Ahnenmediator

> »Mein Großvater hat mir beigebracht, dass ein Heiler, der keine Leidenschaft für das Leben in sich verspürt, wie eine Trommel ohne Haut, ein Fluss ohne Wasser oder ein Mensch ohne Fortpflanzungsorgane ist.«
> VUSAMAZULU CREDO MUTWA

Sobald du herausgefunden hast, dass du die Gabe, dich mit den Ahnen zu verbinden, vererbt bekommen hast, kannst du dich darin üben, ein Experte darin zu werden, mit ihnen zu kommunizieren. Das bedeutet, dass du lernen musst, wie man betet, zuhört und träumt und wie man Rituale durchführt, um die Ahnen zu ehren und ihrer zu gedenken.

Vusumazulu Credo Mutwa war ein berühmter südafrikanischer Sangoma, der diese heiligen Bräuche in Zululand, seiner Heimat in Südafrika, wachhielt. Ein Sangoma ist ein Mediator zwischen der natürlichen Welt und den überirdischen Dimensionen. Im Hinblick auf die Kommunikation mit den Toten sind sich ein Sangoma und ein Schamane insofern ähnlich, als sie an der Pforte zwischen dem stehen, was mit bloßem Auge gesehen werden kann, und dem, was in dem bunten Sammelsurium steckt, aus dem die Mythologien der Erde gewebt sind. Sie sind die Türhüter der Weisheit der Urahnen für die lebenden Nachfahren, die Führung und Unterstützung benötigen. Und sie führen die Rituale und Zeremonien für ihre Gemeinschaft aus.

Die meisten Kommunikationen mit den Urahnen werden von einem ausgewählten Mediator durchgeführt, für gewöhnlich einem begabten Schamanen oder Ahnenheiler. Diese besitzen die natürliche Gabe, zwischen der Geisterwelt, der Welt der Lebenden und dem Naturreich zu vermitteln, da sie Fähigkeiten entwickelt haben, die ihnen den Zugang zu Vergangenheit, Gegenwart und Zukunft ermöglichen. In den schamanischen Traditionen glaubt man, dass die Ahnen bereits nach einem rufen und das spirituelle Wachstum der Lebenden vorantreiben wollen. Am einfachsten fängt man damit an, indem man sich darauf einlässt, diese Arbeit bereitwillig anzugehen.

Vor nicht allzu langer Zeit kannten unsere Ahnen jeden Grashalm, jeden Fluss, Berg und Grat. Sie kannten die verschiedenen Bäume, Tiere, Vögel und Insekten, die in ihrer Heimat lebten. Auf dieser Weise erlernten die Gemeinschaften, sich mit den Geistern vor Ort zu verbinden und eine Beziehung zu ihren Ahnen aufrechtzuerhalten. Obwohl wir dieses Wissen und die Verbindung zur natürlichen Welt verloren haben, ist uns noch immer bewusst, dass die Natur lebt. Wir besitzen ein Gefühl und ein Bewusstsein dafür, dass es im Leben mehr gibt als nur das Menschsein. Unsere Beziehung mit der natürlichen Welt zu erneuern, würde der Zukunft der Erde für unsere Nachfahren von großem Nutzen sein.

In vielen indigenen Kulturen gibt es den Glauben, dass alles, Gutes wie Schlechtes, vom Jenseits stammt, von der Geisterwelt. Sich mit den Ahnen und den Geistern der Natur zu verbinden, wird als sehr bedeutsam erachtet, schließlich bilden alle ein großes Ganzes. Wie die traditionellen Heiler sich Ahnenverbündete und Ahnenführer suchen, könntest auch du nach weisen Ahnen suchen, die dem uralten kosmischen Netz am nächsten sind. In den schamanischen Traditionen glauben sie, dass kein Geist dem Ewigen fern ist – manche sind der Erde einfach nur näher als andere.

Während du dich zum Ahnenheiler und Mediator für deine Familie entwickelst, wird dir klar, dass du ein Ahn der noch ungeborenen Kinder bist – eine lebende Verbindung zwischen Vergangenheit und Zukunft. Wir müssen diese Übergänge mit der Unterstützung unserer Ahnen ehren, insbesondere dann, wenn wir die Verbindung zu unserer eigenen Ahnenlinie verloren haben. Indem wir uns mit unseren Ahnen wieder verbinden und mit ihnen kommunizieren, können wir uns von ihnen leiten lassen, um diese schwierigen Zeiten zu überstehen, oder wann immer wir das Gefühl haben, ihre Hilfe zu benötigen. Ehe wir eine solche Verbindung herstellen, sollten wir aber noch ein paar Dinge wissen.

Spiritueller Schutz und Selbstgewahrsein

- Sobald du ein Tor ins Jenseits aufgestoßen hast, bist du verantwortlich dafür, dass diese Verbindung aufrechterhalten wird oder wieder verschwindet.
- Diese Erfahrung ist ein Erwecken deiner natürlichen Sinne (Sensoren), und mit etwas Übung werden die Erscheinungen mit der Zeit stärker werden.
- Jede Begegnung mit dem Jenseits kann anders ablaufen.
- Es ist eine gute Idee, dich durch Meditation und Gebet darauf vorzubereiten.
- Dir können ungeahnte, versteckte Gefahren auflauern, wenn du dich mit der Geisterwelt befasst und du dir über das, was du tust und worauf du dich einlässt, nicht bewusst bist. Daher ist es von ganz wesentlicher Bedeutung, dass du um Schutz bittest, ehe du mit einer Meditation beginnst. Sage: *Ich bitte meinen Ahnenführer, über mich zu wachen und mich zu leiten, während ich diese Meditationsrituale durchführe.*
- Wenn du dir unsicher bist, wer dein Schutzengel ist, dann sage Folgendes: *Im Namen des Großen Vaters und der Großen Mutter bitte ich darum, auf meiner Suche nach Wahrheit, sowohl für die eigene Unsterblichkeit wie auch für Erleuchtung, geführt zu werden.*
- Wir raten jedem davon ab, mit dem Jenseits zu kommunizieren, der übersensibel, aufgewühlt oder psychisch labil ist, wie auch nach dem Konsum von Drogen oder Alkohol.

Der Ahnenführer ist der Türwächter zu alter Weisheit und der Filter zwischen den Dimensionen. Diese Seelen reichen in unserer Ahnenlinie weiter zurück, und sie waren schon länger ein Geist, was bedeutet, dass sie dir größere Weisheit bieten können. Die Urahnen werden als Weisheitsbewahrer der Erinnerungen bezeichnet oder als Türwächter, und ihre Aufgaben sind denen unserer bedeutenden Vorfahren oder Schutzengel sehr ähnlich.

Möchtest du dich mit deinem Urahn verbinden, dann raten wir dir zu der folgenden Meditation.

Meditation, um dich mit einem Urahn als Ahnenwächter zu verbinden

- Suche einen ruhigen Ort auf, an dem du allein sein kannst.
- Setze oder lege dich bequem hin, achte darauf, dass dein Rücken aufrecht ist oder flach auf dem Boden liegt.
- Atme langsam und tief in den Solarplexus ein.
- Folge deinem Atem.
- Halte kurz inne, atme dann aus und lasse alle Anspannung los.
- Wiederhole das siebenmal.
- Rufe die Urahnen, die über deine Familie wachen, damit sie ihr Licht mit dir verbinden.
- Stelle dir vor, wie dieses Licht immer stärker und mit jedem Atemzug realer wird.
- Lasse es deine Aura erleuchten und durch deinen Körper fließen, bis du siehst, wie du selbst unter einem Lichtregen stehst, so rein wir klares Wasser, der durch deinen Kopf eintritt und deinen Körper reinigt.
- Wenn du diese Verbindung mit dem Ahnenlicht spürst, dann rufe sie mit einem einfachen Gebet und deiner Bitte zu dir.
- Sage: *Ich bitte den Geist meines wahren Ahnenführers, jetzt nach*

vorn zu kommen und mir seine Macht und Schutz zu zeigen, um mich dieses Mal zu führen.

- Stelle dir einen Ort oder eine Landschaft vor, die dich mit ihm verbindet, ebenso mit seinem ursprünglichen Zuhause, um deine Verbindung mit ihm zu stärken und zu festigen.
- Bitte ihn, dein Herz und deinen Geist für neue Wahrnehmungen zu öffnen.
- Dann bitte deinen Ahn um Hilfe bei einem Problem, mit dem du dich gerade beschäftigst.
- Achte darauf, dass du tiefe Atemzüge nimmst, dass du durch die Nase ein- und durch den Mund wieder ausatmest, und lasse deine Gedanken fließen.
- Wenn du bereit bist, dich wieder zu lösen, nimm drei Atemzüge und mache die Augen dann auf.
- Atme zum Abschluss der Meditation noch einmal tief durch die Nase ein und durch den Mund aus.
- Bedanke dich bei deinem Ahn dafür, dass er gekommen ist und sich mit dir verbunden hat.
- Wiederhole das, falls nötig.

Mit etwas mehr Übung wirst du eine Gegenwart spüren. Sobald du diese Rituale und Mediationen regelmäßig an deinem Ahnenaltar durchführst, gelingt es dir ganz selbstverständlich, deine Verbindung zu den Urahnen aufrechtzuerhalten.

Kapitel 10

Die Ahnen ehren und ihrer gedenken

Die Ahnen zu ehren hat überall auf der Welt Tradition, und jede Kultur, Religion oder spiritueller Glaube führt auf ihre oder seine Weise Beerdigungsriten, Totenandachten und Erlösungen der Seele durch. Ob du nun an eine Wiederauferstehung glaubst oder an Wiedergeburt, die Verstorbenen verlangen von den Lebenden, dass sie die Erinnerung an sie lebendig halten, denn die Toten sind nicht tot, ihnen widerfährt ein Übergang, ihnen steht ein neuer Abschnitt der aufregenden Reise in das größte aller Mysterien bevor.

An der Bedeutung der Verstorbenen hat sich nichts geändert, da sie die Erinnerungen an ihre Zeit nur dafür hinter sich gelassen haben, um in eine andere spirituelle Dimension zu gehen. Wenn du einen Altar oder Schrein für ihre Bedürfnisse errichtest, dann solltest du dabei an sie denken. Jede Generation stellt sich zum Beispiel den Herausforderungen des Lebens mit ihrem zeitgenössischen Blick und wird manche Dinge vermutlich anders machen. Denke daran, dass der Altar oder Schrein, den du errichtest, so konstruiert ist, dass auch traditionelle Ansichten ihre Berücksichtigung finden, behalte jedoch gleichzeitig aber auch einen Teil für die moderne Gegenwart vor, und begegne ihr ebenso mit Liebe und nicht mit Generationsvergleichen. Das dient dazu, allen gleichermaßen dieselbe Bedeutung zukommen zu lassen (siehe dazu den Abschnitt über Familienaltäre auf Seite 50f.).

Die Ahnen feiern

Ob du das Mysterium des Jenseits nun auf der Basis traditioneller oder christlicher Überzeugungen von der Einheit von Seelen begehen willst oder im Sinne von Halloween (ursprünglich Hallow e'en) als eine Flut von Geistern, denke daran, dass diese Feierlichkeiten uns dazu einladen, dem Tod ohne Schrecken zu begegnen und den Göttern Opfergaben darzubringen. Auch wenn wir wissen, dass uns lange Winternächte bevorstehen und die Dunkelheit die gefrorene Landschaft in ihre Decke hüllen wird, so können wir doch den Tisch für unsere verstorbenen Angehörigen herrichten und voller Dankbarkeit und Ehrfurcht an sie denken.

Jedes Jahr lassen wir (Terry und Natalia) Menschen zu heilenden Ahnen-Retreats zusammenkommen, laden Teilnehmer dazu ein, sich mit den Erinnerungen von verstorbenen Angehörigen zu verbinden, ihre längst verschwundenen Ahnen zu ehren und sich der Probleme anzunehmen, die sie vielleicht aufgrund ihres Ahnenvermächtnisses heimsuchen. Bei solchen Retreats lernen sie auch ihre Familiengeschichten dahin gehend zu überprüfen, um die folgende Frage, zumindest im Ansatz, zu verstehen: Wo endet die Geschichte meiner Ahnen und wo fängt meine an?

Diese Retreats helfen dabei, sich über unbeantwortete Fragen klar zu werden und Probleme zu lösen, die von unerledigten Angelegenheiten herrühren. Vielleicht sind in den Nachfahren irgendwelche traumatischen Erinnerungen verankert, vielleicht gibt es auch ein Problem, das dazu führt, dass sich ein Familientrauma stets wiederholt. Diese Zusammenkünfte regen dazu an, sich endgültig von den Ahnenschatten zu verabschieden.

Doch nicht alle vererbten Probleme lassen sich einfach lösen. Da gibt es zum Beispiel jene, denen es schwerfällt, sich mit Menschen zu versöhnen, die ihnen wehgetan und sie verletzt haben.

Um den Schmerz zu beenden, gilt es diese Zwistigkeiten zunächst anzuerkennen, damit wir sie später dann auch wirklich loslassen können. Natürlich fällt das Loslassen all denen, die keinen Groll hegen, sehr viel leichter. Brechen können wir den Bann der Missverständnisse und Uneinigkeiten, wenn wir das Verzeihen in Worten kundtun (siehe Seite 199).

Indem wir unsere Ahnen ehren, erschaffen wir eine Beziehung – eine beständige Verbindung, die sich entwickelt und sich stets verbessert, während sie zu Vergebung und Mitgefühl auffordert, wodurch neue Erkenntnisse entstehen, die wiederum zu mehr Weisheit führen.

Eine Zeremonie der Ahnenheilung durchführen

Hältst du eine Zeremonie der Ahnenheilung ab, dann übernimmst du die Rolle desjenigen, der organisiert, vermittelt und heilt, um dein eigenes Potenzial als Dreh- und Angelpunkt zwischen dem Reich der Lebenden und den Dimensionen der Toten zu erforschen. Durch spirituelle Mediation mit allen Ahnen halten wir die reale und die übersinnliche Welt im Gleichgewicht.

Du kannst eine solche Zeremonie jedes Jahr entwickeln, erforschen und verändern, dich über neue Vorschläge austauschen und offen für Veränderungen sein. Jedes Jahr bringt eine neue Geschichte in die Familie: eine Geburt, einen Tod, eine neue Partnerschaft, Eheschließung, einen neuen Berufsabschnitt und so weiter. Somit werden jeder jährlichen Zeremonie sowohl neue als auch vertraute Familienangehörige beiwohnen.

Familienzusammenkünfte können entweder warm und herzlich sein, sie können aber auch eine Herausforderung darstellen und mit Anspannungen einhergehen. Daher ist es hilfreich, wenn du im Vorfeld bekundest, dass keine Erwartungen gestellt werden – dass ihr euch nur darauf konzentrieren wollt, die Familiengeschichte zu feiern und in Ehren zu halten, um so eine mögliche oder absehbare Zwietracht zu verringern. Wenn du eine solche Zeremonie zum ersten Mal als Mediator durchführst, dann stellt das wohl die größte Herausforderung dar.

Während ihr einander an euren Gefühlen und euren Auffassungen teilhaben lasst, ist es wichtig, den spirituellen Pfad jedes Einzelnen zu akzeptieren und zu unterstützen. Jeder muss das Gefühl haben, als der Mensch, der er ist, einbezogen und respektiert zu werden. Bei der Zeremonie geht es nur darum, die Ahnen zu feiern und zu ehren, und um nichts anderes.

Wenn du die Zeremonie einmal geleitet hast, wirst du sie vermutlich jedes Jahr wieder abhalten sollen, damit die ganze Familie der Menschen gedenken kann, die sie geliebt und verloren hat, und möglicherweise auch, um das Geschenk eines Neugeborenen zu feiern oder jene dazu zu ermutigen, zu kommen, die noch nicht geboren sind.

Das Vermächtnis eines Ahnenmediators besteht darin, den anderen in der Familie beizubringen, wie sie diese Zeremonien selbst abhalten und die Ahnen ehren können. Es geht darum, die Zeremonien zu einem Teil der kulturellen und spirituellen Erfahrungen für die Familie werden zu lassen und auch Familienzeremonien wie Weihnachten, Ostern, Thanksgiving, Sabbat und Diwali mit darin einzubeziehen.

Eine Zeremonie für die Toten hält man am besten zur Dämmerung ab, also abends. Optional zündet man dazu draußen noch ein Lagerfeuer an. Diese Zusammenkunft von Familie, erweiterter Familie und engen Freunden ist dazu bestimmt, das Dahinscheiden von Angehörigen zu ehren und die Erneuerung zu feiern, wodurch auch die zu diesem Zeitpunkt noch Ungeborenen repräsentiert sind. Der Gastgeber bittet die Geladenen unter Umständen, etwas zum Essen und Trinken beizusteuern.

Solltest du ein Lagerfeuer vorbereitet haben, dann bitte alle, etwas Holz und auch Blumen, Kerzen und Fotos von ihren Verstorbenen mitzubringen. Du kannst im Vorfeld der Zeremonie einen Schrein errichten oder einen Altar, den du später auch für andere heilige Zwecke nutzt, oder zu Zeiten, in denen du die Ahnen ehren und dich mit ihnen verbinden willst.

Das auf den britischen Inseln und in Irland weitverbreitete Samhain-Fest wird am Abend vom 31. Oktober zum 1. November abgehalten (in der südlichen Hemisphäre findet es vom 30. April auf den 1. Mai statt). Es markiert das Ende der Erntesaison sowie den Beginn des Winters und neuen Jahres (siehe dazu auch Seite 243f.).

Ein Samhain-Fest durchführen

- Zur gewählten Zeit sprichst du als Gastgeber ein Gebet, in dem du dich im Namen aller Versammelten an die Ahnen richtest.
- Nachdem das geschehen ist, kannst du die Kerzen anzünden, die schon auf dem Schrein oder Altar stehen.
- Danach kann jeder seine Fotos, Blumen oder eine Schale mit Sand, die kleine Kerzen und persönliche Gegenstände der Ahnenfamilie beinhaltet, dort abstellen.
- Sobald du den zeremoniellen Rahmen errichtet hast, bittest du als Gastgeber alle, einen Moment ruhig zu sein oder eine Schweigeminute für die Toten einzulegen.
- Du könntest auch eine geführte Meditation anleiten.
- Danach besteht die Möglichkeit für alle anderen, ein paar Worte zu sagen, sei es laut oder jeder schweigend für sich.
- Um die Gebete zu unterstützen, ist es am besten, all jene, die etwas sagen wollen, zu bitten, sich zunächst im Kreis aufzustellen.
- Lasse sie dann nacheinander im Uhrzeigersinn an den Schrein

treten und mit den Ahnen sprechen, ehe sie ihren Platz im Kreis wieder einnehmen.

- Der Kreis bleibt so lange bestehen, bis der letzte Sprecher wieder an seinen Platz zurückgekehrt ist.
- Erst dann bittest du als Gastgeber die Redner, ihre vorherigen Plätze wieder einzunehmen.
- Manche Menschen stellen einen Korb mit Stöcken neben dem Lagerfeuer auf, damit jeder sich einen Stock nehmen und ihn ins Feuer legen kann, während er ein Gebet zu Ehren der Verstorbenen und der Ahnen spricht.
- Der Stock ist dazu bestimmt, sich auf das zu konzentrieren, wovon sie sich aus dem alten Jahr gern lösen wollen, damit sie frei sind und noch einmal neu durchstarten und sagen können: »Ich lasse los.«
- Nachdem die Gebete gesprochen wurden, ist es an der Zeit, das Lagerfeuer zu entzünden und das Licht zu feiern, neue Anfänge, Wiedergeburt, neue Chancen und Freundschaften.
- Während das Feuer brennt, bildet sich ein Lichtkreis in der Dunkelheit der Nacht.
- Nun ist es Zeit, das Essen und die Getränke miteinander zu teilen, zusammenzukommen, euch die Geschichten all derer zu erzählen, die sich von dieser Welt verabschiedet haben und in die Gemeinschaft der Geister eingezogen sind.
- Als Gastgeber bist du dafür verantwortlich, den Abend zu einem Abschluss zu bringen, indem du den Ahnen für ihre Gegenwart dankst.

Festivitäten, um die Toten zu ehren und zu feiern

Bräuche sind in der örtlichen Kultur verankert und werden von einer Generation an die nächste weitergegeben. Das beeinflusst, wie Menschen religiöse und spirituelle Zeremonien ausüben, zu denen auch Lieder, Tänze und Feste gehören.

Viele traditionelle Kulturen feiern die Ahnen und genießen diese Gelegenheit, die trennende Kluft zwischen den Generationen zu überbrücken und zu einer Zeit vor der geschriebenen Sprache und der historischen Erinnerung zurückzukehren – auch wenn das nur kurzzeitig möglich ist. Die Gräber unserer Familie und Angehörigen sind wichtig, da wir uns an sie erinnern müssen, auch wenn sie nicht mehr da sind, denn sie sollten nicht vergessen werden.

In indigenen Kulturen ist es Brauch, mit den Ahnen zu kommunizieren, wodurch eine untrennbare Verbindung ermöglicht wird, die von einer Generation zur nächsten Bestand hat. In manchen Fällen wird die Kommunikation als Fest durchgeführt, das die Lebenden und die Toten in einem Ritual vereint. Dazu gehören auch Festivals, bei denen Masken getragen werden oder Körperbemalung stattfindet. Araly macht genau das, indem er edes Jahr am Festival von Sumpango in Guatemala teilnimmt.

Aralys Geschichte

Der 1. November ist das Datum einer mystischen kulturellen Feier, die von Generation zu Generation weitergegeben wird. Trotz der kulturellen Vielfalt in diesem Land feiern sehr viele diesen Tag mit ihrer Familie. Das Festival von Sumpango oder das Große Drachenfestival wird im Dorf Sumpango in Guatemala ausgetragen. An Allerseelen kommen die Menschen auf dem Fußballplatz zusam-

men, um die Drachen zu bestaunen, die regelrechte Kunstwerke, farbenfroh und sehr einfallsreich sind, wie sie aufsteigen und den Himmel mit Kultur und Kreativität verschönern. Sie sind unterschiedlich groß, manche erreichen tatsächlich eine Größe von 20 Metern und werden häufig über viele Monate im Vorfeld von den Anwohnern erbaut.

Sie stehen für unterschiedliche Themen wie Kultur, Tradition, Einheit und Glaube, wie auch für die Rücksichtnahme auf die Natur, die Liebe für Mutter Erde und den Menschen. Gemäß den Überzeugungen von Siedlern in frühen Zeiten war es ihnen bestimmt aufzusteigen, um den guten Geistern zu huldigen und die bösen Geister einzuschüchtern. Mir gefällt es, sie von der Straße aus zu beobachten, weil der Anblick einfach großartig ist. An diesem Tag genießen die Menschen »kaltes Fleisch«, was zu den traditionellen Gerichten in diesem Land gehört, mit viel unterschiedlichem Gemüse und Wurst, gemischt mit einem eingelegten Salat, was alles für den Multikulturalismus dieses Landes steht.

Man gedenkt der Toten auf unzählige Arten überall auf dem Globus, je nach Kultur, Tradition, Glaubensrichtung und Religion, durch Zeremonien, Opfergaben und Rituale, von denen ein jedes für sich genommen wichtig und bedeutungsvoll ist, stellen sie doch sicher, dass auch nach dem Tod noch eine emotionale Verbindung bestehen bleibt. Alte Bräuche werden abgehalten, und es ist eine Zeit für Familien, sich auf unterschiedliche Weise zu verbinden.

Zwischen Mai und Juni findet in Thailand zum Beispiel das *Boon-Para-Wate*-Festival oder der Tag der Toten statt, der sich über einen Zeitraum von drei Tagen erstreckt. Musik und Feierlichkeiten machen den ersten Tag aus, darauf folgen am zweiten Tag Fackeln, die das Ende der Prozession darstellen und später gelöscht werden, und es schließt am dritten Tag mit Gebeten von Mönchen, die die Wiedergeburt von Buddha verkörpern.

Das chinesische Äquivalent wird im Frühling gefeiert, am 4., 5. oder 6. April. Es heißt *Qingming* und ist das Fest des Lichts und der Wiedergeburt. An diesem Tag werden die Gräber gefegt, kaltes Essen wird serviert, und die Feuer bleiben aus. Eine einfache Angelegenheit, wenn man es damit vergleicht, dass anderswo Drachen aufsteigen wie bei den Guatemalteken in Aralys Geschichte, denn hier werden nur Teigtaschen gegessen und Opfergaben dargebracht, die im Jenseits als kostbar erachtet werden, wie zum Beispiel Tee oder Räucherstäbchen.

Mitte August lassen die Japaner Lampions aufsteigen und zünden Feuer an, um den Tag der Toten am Lichterfest des *Obon* zu feiern und so die Geister ins Licht zu führen. Auch Tänze (wie *Bon Odori)* gehören dazu, oder den Gräbern einen Besuch abzustatten.

Eine weitere, finstere Zelebration ist das jährliche Geisterfest, auch Fest der hungrigen Geister genannt, an dem Tag, an dem die Grenze zwischen dem Leben und dem Tod anscheinend am undeutlichsten ist. Während dieses Festes werden die Geister mit Musik unterhalten, außerdem zündet man Räucherstäbchen, sogenanntes Höllengeld und andere Gegenstände aus Papier an, die sinnbildlich für Gegenstände oder Habseligkeiten stehen, die die lebenden Angehörigen ihren Verstorbenen im Jenseits zusenden wollen. Außerdem schickt man schwimmende Laternen los, damit sie den Geistern den Weg zur Unterwelt weisen. Die deutsche Version davon, der Totensonntag, ist in dieser Hinsicht sehr zeremoniell, da er mehr ein Tag des Gedenkens ist. Er wird in Stille abgehalten, Tanzen und Musik sind an diesem Tag verboten.

Das entsprechende Fest der Hindus in Indien heißt *Mahalaya Amăvasyă* und findet bei Neumond im September statt. Dabei wird Durga, die Göttin des Schutzes, der Stärke, der Mutterschaft, der Zerstörung und des Krieges, in Zeremonien gehuldigt, in denen die Geister heraufbeschworen und die Verstorbenen mittels verschiedener Rituale verstoßen werden. Ein weiteres Hindufest ist das zwei Wochen andauernde *Pitru Paksha,* während dem die Teilnehmer davon absehen, neue Projekte in Angriff zu nehmen, die Haare zu schneiden oder Knoblauch zu essen.

Zum Ende der buddhistischen Fastenzeit, *Vassa* genannt, findet ein zweiwöchiges Fest, namens *Pchum Ben* oder auch »Ahnentag« statt, das in Kambodscha gemäß dem Khmer-Kalender entweder im September oder im Oktober abgehalten wird. Man verteilt draußen Essen, um die toten Seelen zu beruhigen, damit sie an den Toren zur Hölle zwischen den Lebenden herumwandeln und sich mit denen verbinden können, die ihnen wichtig sind, oder sich für Fehler in der Vergangenheit entschuldigen können.

Das *Chuseok*-Festival in Nord- und Südkorea dauert drei Tage im September beziehungsweise Oktober und ist dazu bestimmt, den Ahnen während des Vollmonds des achten Monats im Mondkalender Beachtung zu schenken, wozu auch Tanzen, das Säubern von Gräbern und Essensgaben zählen. Wörtlich übersetzt bedeutet *Chuseok* »Herbstabend«, und es werden unterschiedliche Riten durchgeführt, um eine gute Ernte zu ehren. Dabei werden Opfer in Form von Reiskuchen, sogenannte *songpyeon,* dargebracht, da man davon ausgeht, dass auch die Verstorben mit für die Ernte verantwortlich sind.

In Europa wird Samhain gefeiert, ein heidnisches Fest mit keltischen und römischen Wurzeln, abgewandelt durch das Christentum. Die Christen feiern Allerheiligen und Allerseelen zur Erinnerung an die Toten. Allerseelen findet am 2. November statt. Hierbei ehren die Lebenden die Toten, gedenken ihrer Seelen und statten ihren Gräbern einen Besuch ab. Eingeführt wurde es vom Abt von Cluny im Jahr 998, um auch in den Liturgien der Kirche an die Toten zu erinnern.

Am Abend von Allerseelen saßen die Familien die ganze Nacht zusammen und aßen kleine Kuchen, bekannt unter dem Namen Seelenkuchen. Zu diesem Brauch gehörte auch, dass Kinder von Tür zu Tür gingen, wo sie Gebete für die Toten sprachen, um dafür Kuchen oder Geld zu bekommen. Schlug es Mitternacht, wurde alles still, denn um diese Stunde suchten die Seelen der Verstorbenen ihr einstiges Zuhause auf. Man war der Überzeugung, dass die Seelen zu diesem Zeitpunkt auf die Erde zurückkamen, für Chaos sorgten und Unheil anrichteten, damit die Lebenden sich unter sie mischen und böse Geister vertreiben konnten. Die Ahnen kamen aus dem Jenseits, um das Land wieder auf null zu setzen, es neu zu starten, wenn man so will, ehe der Winter einsetzte, damit die Familien beschützt waren. Man ging davon aus, dass die Toten kommen konnten, weil sich die Grenze zwischen dem Land der Lebenden und dem der Toten verwischte.

Auch Halloween hat sich weiterentwickelt von einer Zeit mit fantastischen Laternen, die einst aus Rüben geschnitzt wurden und inzwischen vom bescheidenen Kürbis abgelöst wurden. Familien feiern, mit Verkleidung und Süßes oder Saures, mit unterschiedlichen Requisiten wie Kürbissen, Spinnweben oder Fledermäusen – es wurde zu dem Halloween, das wir heute kennen und lieben. Tatsächlich ist die Verkleidung inzwischen ein wesentlicher Bestandteil der Feiern in Amerika, eine Höflichkeit den Iren gegenüber, dazu gedacht, die Geister abzuwehren.[12]

In Mexiko feiert man *El Día de los Muertos* (den Tag der Toten) Anfang November. Dieser Feiertag mit vorspanischem Ursprung wird abgehalten, um die Verstorbenen zu ehren. Überall stehen Altäre, und es werden Opfergaben dargebracht, außerdem gibt es Essen, wie zum Beispiel *pan de muertos* (das »Brot der

Toten«) und *calaveras dulces* (»süße Schädel«). Durch unsere Verbindung zu Mexiko wird dieses Fest auch überall hier in Großbritannien gefeiert.

Brasilianer halten am selben Tag, dem *Día dos Finados* oder Allerseelen, ein ähnliches Fest ab, bei dem Familien zusammenkommen und die Gräber ihrer Angehörigen aufsuchen. Wie bei anderen Festen werden zur Feier des Tages Blumengaben gemacht und Kerzen angezündet. Grabsteine gehören auch zum russisch-orthodoxen Kirchenfest *Raduniza,* bei dem Ostereier auf den Grabsteinen abgelegt werden, ehe am Grab gepicknickt wird. An Fronleichnam oder »Donnerstag der Geheimnisse« genannt, den Muslime und Christen am östlichen Mittelmeer um Ostern begehen, wird Essen an die Armen verteilt, und Kinder bekommen bemalte Eier.

Im November kommen die Aymara in Bolivien am Tag der Toten mit den Schädeln der verstorbenen Angehörigen auf die Friedhöfe, um die *Fiesta de las Ñatitas,* das »Fest der Totenschädel« zu begehen. Sie glauben, dass die Schädel der Toten vom Jenseits über die lebenden Angehörigen wachen, und häufig werden die Schädel mit Blumen geschmückt oder in Kisten drapiert. Knochen von Angehörigen spielen auch in Indonesien eine Rolle, wo sie ausgegraben und über einen langen Zeitraum gereinigt werden, um so ihren Geist zu befreien. Dasselbe tut man auch in Madagaskar.

Die Nepalesen benutzen Kühe, um die Verstorbenen ins Jenseits zu führen. Und bei anderen Festen bleiben Plätze am Tisch frei, die für die Geister vorgesehen sind. Manche lassen auch Laternen aufsteigen oder werfen Reis. Außerdem sollte die Farbe Rot vermieden werden, um einem spirituellen Besetztwerden vorzubeugen. Jene, die reiner Gedanken sind, versammeln sich, um zu beten. Enthaltsamkeit oder eine Pilgerreise sind weitere Möglichkeiten, diejenigen zu ehren, die nicht länger in ihrer irdischen Hülle da sind. Unter den verschiedenen Bräuchen gibt es sowohl freudige wie heilige oder Unheil verkündende – und sie alle weisen viele Ähnlichkeiten zueinander auf.

Die Rituale und Zeremonien rufen die Schatten, Geister oder Gespenster im Leben der Menschen herbei und lassen uns nicht vergessen, dass unsere Ahnen unsere innigste Verbindung zur Geisterwelt darstellen. Die Ahnen stehen an der Pforte von Leben und Tod. Zeremonien und Feste werden ausgerichtet, um den Menschen beim Übergang vom Überleben zum Aufleben zu helfen, wie auch um jene zu ehren und in Erinnerung zu behalten, die vor uns hier waren – an Geburtstagen oder zu besonderen Feiertagen oder wenn eine Familie in Momenten von Geburt, Tod oder Übergang Hilfe braucht.

Kapitel 11

Das Vermächtnis

Deine Geburtsgeschichte ist die letzte Entwicklung deiner Familienlinie. Jede Generation, die zu deinen Lebzeiten geboren wird, kommt auf diese Welt und ist mit den einzigartigen Gaben versehen, die die familiäre Gemeinschaft benötigt. Durch die Geburt und die Prüfungen beim Aufwachsen vergessen wir häufig, weshalb wir eigentlich hier sind. Die Ahnen erinnern uns daran, und indem wir ihre Geschichten entdecken, werden wir dazu angeregt, uns zu überlegen, was wir unseren Nachfahren hinterlassen wollen. Ein Teil unseres Vermächtnisses basiert darauf, was unternommen werden kann, um Probleme aus der Vergangenheit zu beheben und hinter uns zu lassen.

Das Vermächtnis ist als ein Leitfaden von Ideen zu verstehen – es umfasst Ansichten zum Lebensstil, die von all denen hinterlassen werden, die je gelebt haben. So vieles von dem, was uns ausmacht, ist vererbt, doch aus dieser Form heraus entwickeln wir unsere individuelle Reise, ob wir nun weit weggezogen sind von unserem Geburtsort, unserer Familie und ihren Zwängen oder uns pflichtbewusst den Erwartungen einer eng verbundenen Familie fügen. Nichts ändert sich – nur die Zeiten, zu denen jede Generation sich der Aufgabe stellt, die Welt zu verändern, oder wenigstens hervorzustechen und sich von ihren Eltern zu unterscheiden.

Indem sie diesen Leitfaden vererbt bekommen, werden unsere

Nachfahren dazu ermutigt, in die Fußstapfen unseres Pioniergeistes zu treten. Das unterscheidet sich nicht sehr von vielen unserer Vorfahren, die Grenzen überschritten haben, die Grenzbewohner und Grenzbewohnerinnen, Forscher und Forscherinnen, Pioniere und Pionierinnen und so weiter waren. Mehr noch, es geht darum, anzuerkennen, dass die spirituelle Reise Grenzen überschreitet und nach Neutralität strebt. Wir alle haben Vorfahren, die sich bedeutenden Herausforderungen gegenübersahen. Unserem Wesen nach sind wir Nomaden, ausgewählt, die vielen Pfade zu erproben, die uns zu einer neuen Erfahrung führen.

Die Reise, zu der wir jetzt, ungeachtet unseres Alters, aufbrechen, ist eine spirituelle. Sie zeichnet die Errungenschaften auf, damit wir sagen können: »Ich habe mein Bestes getan«. Genau das macht eine spirituelle Reise aus – die Vision zu haben, dass nichts unmöglich ist, und zu erkennen, wann die Reise uns an den Punkt führt, der, symbolisch gesprochen, dieses Quäntchen mehr Anstrengung verlangt, um noch diesen einen Schritt weiterzugehen. Genau darin findest du die Kraft, das durchzustehen.

Die einzige Hoffnung, der sich die Menschheit in den nächsten Jahren zuwenden kann, ist die, dass eine Generation geboren wird, die die ältesten Weisheiten vererbt bekommt, in denen wir alle wurzeln – um sich voll und ganz darüber klar zu werden, dass wir die Hüter der Erde sind, die Wärter eines Vermächtnisses, das mit dem »Ersten Tag« begann. Unser Handeln heute wird über die nächsten sieben Generationen zu spüren sein, und dieses Konzept ermutigt uns, den Blick nach vorn zu richten, auf das, was nach uns kommt: Was wollen wir den uns Nachfolgenden hinterlassen? Was für eine Welt wollen wir vererben? In diesen schwierigen Zeiten sind es vielleicht unsere Gebete und Meditationen, unsere symbolischen Gesten, die wir in unseren Nachfahren wenigstens fördern können, damit sie hinter der materiellen nach einer spirituellen Sichtweise suchen.

Das spirituelle Vermächtnis

> »Unser Fall beweist, dass, wenn auch das Bewusstsein meilenweit von den uralten Vorstellungen des Erneuerungsritus entfernt ist, doch das Unbewusste diese in den Träumen dem Bewusstsein wieder nahezubringen versucht.«
> C. G. JUNG[13]

In Stammeskulturen schaffen die Nachfahren, bei denen die Ältesten das letzte Wort haben, ein spirituelles Vermächtnis für die nächste Generation, damit diese die Traditionen fortführt. Im Hinduismus gibt es ein Bild von Shiva mit einer Schädelkette zur Darstellung der Zyklen von Leben und Tod. Sie symbolisiert das gelebte Leben – denn es ist die Beständigkeit des Lebens und des Todes, die die Möglichkeiten für Veränderung verbessert, damit jede Generation besser werden kann als die, die sie hinter sich lässt.

Genauso symbolisiert eine Gebetskette (siehe Seite 28) unsere Fähigkeit, eine größere, weisere Macht als uns selbst anzurufen, wobei jede Perle jeweils nur einen Teil des Kontinuums unserer Abstammung darstellt, und jene, die an ein göttliches Prinzip glauben, dazu anregt, sich dies zunutze zu machen. Wir sind alle miteinander verbunden, ob wir nun die traditionellen Perlen eines Buddhisten oder den katholischen Rosenkranz benutzen. Die Schädel des Hindugottes Shiva und die Gebetsperlen eines Buddhisten oder eines Katholiken, sie alle symbolisieren eine Gelegenheit für Neubeginn. Für sich genommen versinnbildlichen sie Rettung und Erlösung, stellen symbolhaft einen ungebrochenen heiligen Kreislauf dar. Die Verbindung ist in jedem von uns angelegt und erinnert uns daran, dass das, was wir verloren haben, wenn ein Angehöriger stirbt, durch die Geburt eines Kindes neu zum Leben erweckt wird. Die Ahnen setzen ihre Hoffnungen in die nächste Generation, in der sie hoffentlich realisiert werden.

Der menschliche Geist beweist – wie er das schon in der Vergangenheit getan hat –, dass unsere Intelligenz uns auch dann mit ausreichend Erkenntnissen versieht, wenn wir Hindernissen auf unserem Weg begegnen, damit wir über das hinausgehen, was mit bloßem Auge zu sehen ist. Ob wir uns nun dazu entscheiden, ins All zu blicken, oder ganz beseelt an einen inneren Ort reisen, was zählt, ist das Vermächtnis, das wir hinterlassen. Somit ermuntern wir die Kinder der Kinder unserer Kinder, ihre Reise niemals aufzugeben, helfen ihnen, die Furcht des Unbekannten zu überwinden und zu besiegen.

Wir tragen das Licht unserer Ahnen in uns, und ungeachtet dessen, ob wir selbst Kinder haben oder nicht, wir geben dieses Licht an unsere Nachfahren weiter. Das Licht wiederum drückt sich auf unzählige Arten aus, durch unsere Kreativität, Talente, Entschlossenheit, unseren Mut, Humor und unsere Freundlichkeit. Betrachten wir unsere Nachfahren, so erkennen wir, dass jedes Kind mit einer anderen Gabe oder einem anderen Talent gesegnet ist. So wie unsere Ahnen das getan haben, können auch wir sie fördern, damit sie ihre Gaben ebenfalls mit der Welt teilen können.

Die spirituelle Reise

Sobald dir die Bedeutung der Ausübung von Ahnenheilung bewusst geworden ist, wird die Erkenntnis oder das Erwecken des Bewusstseins, wer du wirklich bist, anfangen, einen Sinn zu ergeben. Diese nächste Übung kann den Anfang einer Reise darstellen, auf der eine spirituelle Verbindung gefördert wird, indem du dich einem weniger ausgetretenen Pfad und der spirituellen Verbindung zuwendest. Beginne mit einer Visualisierungsmeditation und betrachte dabei die spirituellen, religiösen und kulturellen Archetypen, mit denen du dich identifizierst, genau wie du das mit deinen Ahnengeschichten gemacht hast.

Visualisierung ist eine Technik, um den Geist zu erwecken. Wer mit diesem Prozess vertraut ist, wird darin ein Verbinden mit der Quelle erkennen, mit der sein Geist bereits verbunden ist, die aber in einer höheren Frequenz vibriert als sein physischer Körper. Solltest du mit diesem Prinzip noch keine Erfahrung haben, so ist es ratsam, zunächst einen Kurs mit geführten Anleitungen zu absolvieren, ehe du dich auf eine heilige Reise oder ein Visualisierungsabenteuer begibst. Es ist ganz normal, dass dein Geist auf einer höheren Frequenz vibriert, doch es ist überaus wichtig, dass du erlernst, wie du dich wieder mit deinem physischen Körper verbindest, ansonsten fühlst du dich schwindlig, oder dir wird schlecht, wenn dein spiritueller und dein physischer Körper wieder zusammenfinden.

Visualisierung

- Mache es dir bequem, vorzugsweise im Sitzen oder in einer meditativen Asana (einer Yoga-Haltung).
- Lasse deinen Atem sanft fließen, atme durch die Nase ein und durch den Mund aus.
- Schließe die Augen.
- Nimm dir einen Moment Zeit, deinen Geist zu leeren – um dich von deinen Gedanken abzulenken, kannst du dich zum Beispiel auf deinen Herzschlag oder deinen Atem konzentrieren.
- Wenn du bereit bist, dann stelle dir vor, wie du mitten in einem Kreis sitzt, wo du auf die Ankunft der Ahnen wartest, sowohl auf jene, die erst vor Kurzem gestorben sind, wie auch auf deine Urahnen.
- Beobachte in diesem Moment, wie sich deine Füße mit dem Boden

verbinden und der Grund unter deinen Füßen zu vibrieren beginnt.

- Wenn du bemerkst, wie sich dein Körper zu dieser Vibration bewegt, dann wird sich das wie ein heiliger Tanz anfühlen – wie ein Erwecken in dir.
- Atme sanft weiter, nimm den Boden mit diesem Rhythmus an, als würde sich die Erde um dich herum öffnen.
- Stelle dir vor, wie die Ahnen aus der heiligen Erde aufsteigen und um dich herum Platz nehmen.
- Atme tief durch, öffne dein Herz und empfange ihre alte Weisheit.
- Richte deine Aufmerksamkeit nach ein paar Minuten oder dann, wenn du spürst, wie die Kraft abnimmt und die Vision verblasst, wieder auf einen ruhigen Atemrhythmus.
- Erlaube deinem Körper, sich wieder neu einzustellen. Konzentriere dich auf deine Füße, bewege die Zehen und balle die Hände zu Fäusten.
- Öffne die Augen, wenn du dazu bereit bist. Warte, bis dein Körper wieder ganz ruhig ist, ehe du aufstehst.

Wenn du diesen Schritten folgst, wirst du selbst zu einem Tor oder Portal, das die Vergangenheit mit der Gegenwart verbindet. Stelle dir vor, wie du es an die jüngere Generation weiterleitest.

Entdecke dein Vermächtnis – dein Moment, dich zu verabschieden

Dein Vermächtnis an deine Nachfahren weiterzugeben bedeutet, ihnen beizubringen, die transformative Reise des Lebens durch die Zyklen von Leben und Tod anzunehmen. Du hinterlässt ihnen ein materielles, emotionales, kulturelles und spirituelles Vermächtnis. Eine Möglichkeit, ein positives Vermächtnis weiterzugeben, besteht darin, dich auf deinen Tod vorzubereiten. Du kannst nicht planen, wie du sterben wirst oder wann das passieren wird, aber du kannst dich dennoch auf diese Möglichkeit vorbereiten. Je besser du vorbereitet bist, umso besser ist das für dich und dein Vermächtnis – in vielerlei Hinsicht.

Genau wie du während der Schwangerschaft wahrscheinlich die Geburt planst, solltest du in Erwägung ziehen, deinen Tod zu planen, um festzuhalten, wie du sterben möchtest. Vielleicht willst du zu Hause, umgeben von Familie sterben oder aber im Krankenhaus oder in einem Hospiz. Vielleicht verfasst du auch eine Patientenverfügung, um deiner Familie mitzuteilen, in welche medizinischen Eingriffe du einwilligst und welche du ablehnst. Möchtest du beerdigt oder eingeäschert werden? Welche Musik soll an deiner Beerdigung laufen? Wie möchtest du in Erinnerung bleiben? All diese Details helfen den Angehörigen, sich bestmöglich mit deinem Tod zu befassen. Ein Testament aufzusetzen ist nicht nur eine rechtliche, sondern auch eine seelische Angelegenheit. Erachte es als kraftvolle emotionale und psychologische Reise, die dafür benutzt werden kann, einen Raum zu schaffen, in dem deine Familie Probleme ansprechen kann. Lüftet Missverständnisse der Vergangenheit vorzugsweise von Angesicht zu Angesicht und hört einander dabei zu. Die Planung ist ganz entscheidend. Während du über deinen Tod nachsinnst, kannst du dir gleichzeitig Gedanken zu allen anderen Gaben machen, die du an deine Nachfahren weitergibst, was sie von deinem Leben lernen könnten, und inwiefern die Entscheidungen, die du getroffen hast, das Leben ihrer Kinder und der weiteren Familienlinie verbessern kann.

Zum Glück waren unsere Eltern in Bezug auf ihr Vermächtnis sehr offen. Doch gegenwärtig haben 70 Prozent der Menschen in

Großbritannien kein Testament gemacht, und jene, die eines aufgesetzt haben, haben es in den wenigsten Fällen vor ihrem Tod mit ihrer Familie besprochen, was für ihre Nachfolger zu jahrelangen Missverständnissen und Leid führen kann. Vielen fällt es außerordentlich schwer, dieses Thema anzusprechen, egal, ob es sich um ihre Angelegenheit oder um die eines Angehörigen handelt. Doch es ist wichtig, häusliche und finanzielle Vereinbarungen zu klären, genau wie auch das, was wir unseren Angehörigen hinterlassen wollen.

Dein Vermächtnis

Da das Konzept unseres Handelns heute die nächsten sieben Generationen über spürbar ist, sollte uns das ermutigen, nicht nur unseren Eigennutz im Blick zu haben, sondern zu überlegen, wie wir die Erde für die nächsten Generationen schützen können. Machen wir uns bewusst, dass wir ein Bindeglied in der Evolutionskette sind, dann erkennen wir auch, dass unserem Leben das Potenzial innewohnt, über die Zeit hinweg eine Änderung und Transformation für viele zukünftige Generationen herbeizuführen.

Um unser Vermächtnis zu entdecken, müssen wir manchmal einen Blick zurückwerfen, auf all die Geschichten, die wir während unserer Reise als Ahnenheiler entdeckt haben. Können wir in unserem Beruf oder bei unserer Arbeit eine Verbindung zu etwas finden, was unser Vater, unsere Mutter, unsere Großeltern oder andere Ahnen zu ihren Lebzeiten zu realisieren versucht haben? Was inspiriert uns? Was befeuert unsere Ambitionen? Gibt es eine Verbindung zwischen ihrem und unserem Leben?

Dieses Ideal gutzuheißen bedeutet, über unser eigenes Vermächtnis und über das nachzudenken, was wir an jene weitergeben werden, die nach uns kommen. In welchen Bereichen können wir unsere Ahnen als Mentoren oder Lehrer betrachten, die uns helfen, eine Inspiration für unsere eigenen Nachfahren zu werden? Und wie wollen wir in Erinnerung bleiben?

Dein eigenes Vermächtnis erschaffen

Indem du die nachfolgenden Punkte beachtest, kann dir dein eigenes Vermächtnis deutlich werden.

- Was haben deine Kinder oder Nachfahren von ihren Eltern und Großeltern vererbt bekommen?
- Welche Aspekte deines Charakters sollen deine Nachfahren von dir erben?
- Mit welchen drei Wörtern kannst du beschreiben, wer du bist?
- Aus welchen Fehlern sollten deine Nachfahren lernen?
- Nenne drei Dinge, die dir widerfahren sind und die du inzwischen anders angehen würdest.
- Schreibe auf, welche Weisheit du zu deinen Lebzeiten erlernt hast.
- Mache Kopien hiervon – eine für dich und eine für deine Nachfahren.

Überlege dir sehr genau, welches Vermächtnis du gern hinterlassen möchtest.

Nachwort

In frühen Jahren lernt das menschliche Ego mit all seinem Verlangen und seinen Gelüsten von der Sozialwelt. Das führt uns bei den Entscheidungen, die wir treffen, wobei wir unser Familienleben und unsere Ahnenverbindungen häufig hintanstellen, da wir sie als weniger wichtig einstufen, bis uns klar wird, dass wir nicht überlebt hätten, hätten die Ahnen uns nicht auf ihren Schultern getragen. Wie hätten wir überhaupt unseren Weg gefunden, wären wir nicht von den Gaben geleitet worden, die sie uns hinterlassen haben?

Wir lernen durch das Wissen, dass der Tod nur ein Übergang ist – dass ein Ahn werden bedeutet, über eine gesteigerte Vision und Weisheit zu verfügen, damit man den Lebenden zu Diensten sein kann. Wie weit du auch von deiner Heimat oder deiner lebenden Familie entfernt sein magst, deine Ahnen werden dich immer unterstützen und dir Führung anbieten, egal, wo du bist. Und auch du wirst dasselbe für die sein, die du liebst.

Gedenke mein, wenn ich gegangen bin,
gegangen in ein fernes, stilles Land,
wenn du nicht länger festhältst meine Hand
und ich, halb abgewandt und doch noch hier mein Sinn.
Gedenke mein, wenn du nicht länger schwelgst darin,

was einst als Zukunft du für uns geplant,
und doch gedenke mein, und du verstehst,
es ist zu spät für Rat schon und Gebet.
Wenn eine Zeit lang du mich dann vergisst
und wieder an mich denkst, sei traurig nicht,
denn Dunkelheit und Fäulnis sie vergehn
gleich den Gedanken, die von mir noch hier bestehn.
Statt Trauer soll ein Lächeln dich erfreun,
Also vergiss mich und vergiss die Pein.

Gedenke mein, Christina Rossetti

Anmerkungen

1 Rash, J., Matsuba, M., Prkachin, K.: »Gratitude and Well-Being: Who Benefits the Most from a Gratitude Intervention?«, *Applied Psychology: Health and Well-Being,* 2011, 3(3), S. 350–369.

2 McLuhan, T. C.: *The Message of Sacred Places. Cathedrals of the Spirit,* Thorsons 1996, S. 146.

3 Lawlor, Robert: *Am Anfang war der Traum. Die Kulturgeschichte der Aborigines,* Droemer Knaur Verlag 1993.

4 Lena and José Stevens talk: »The Three Ancestral Threads and How They Affect Your Present Life«, 10. April 2019.

5 Berg, Paul, Singer, Maxine: *George Beadle: An Uncomon Farmer: The Emergence of Genetics in the 20th Century,* NY, Cold Spring Harbor Laboratory Press Books 2005.

6 Plomin, R., Daniels, D. (2011): »Children in the same family are very different, but why?«, *Behavioral and Brain Sciences,* Cambridge University Press 1987, 10(1), S. 44–59.

7 Haque, F. N., Gottesman, I. I., Wong, A. H. C.: »Not really identical: Epigenetic differences in monozygotic twins and implications for twin studies in psychiatry«, *American Journal of Medical Genetics, Part C, Seminars in Medical Genetics 151C,* 2009, S. 136–141.

8 Angelou, Maya: *Ich kenne einen Ort weit weg von hier.* © der deutschsprachigen Ausgabe Suhrkamp Verlag AG, Berlin, 2022. © 1986 by Maya Angelou.

9 Donn: »der Dunkle/der Braune«, ein gälischer Vorfahre.

10 Khalil Gibran: *Der Prophet.* Aus dem Englischen von Ditte und Giovanni Bandini. © der deutschsprachigen Ausgabe: 2002 dtv Verlagsgesellschaft, München.

11 Rinpoche, Sogyal: *Das Tibetische Buch vom Leben und vom Sterben,* Knaur Verlag 2010, aus dem Englischen von Thomas Geist und Karin Behrendt.

12 Whistler, Laurence: *The English Festivals,* London, William Heinemann Ltd. 1947.

13 Jung, C. G.: *Gesammelte Werke 1–20,* Band 12. Psychologie und Alchemie © Patmos Verlag. Verlagsgruppe Patmos in der Schwabenverlag AG, Ostfildern 2021, 6. Auflage. www.verlagsgruppe-patmos.de.

Weiterführende Literatur

Nachforschungen zur Familiengeschichte

Adolph, Anthony: *Tracing Your Family History,* Collins 2004.

Barratt, Dr. Nick, et al.: *Researching Your Family History Online for Dummies,* John Wiley & Sons, Inc., Second Edition 2009.

Hendrickson, Nancy: *Unofficial Guide to Ancestry.com: How to Find Your Family History on the #1 Genealogy Website,* Family Tree Books, Second Edition 2018.

Herber, Mark: *Ancestral Trails: The Complete Guide to British Genealogy and Family History,* Sutton 2004.

Kershaw, Roger: *Migration Records: A Guide for Family Historians,* The National Archives 2009.

Mukherjee, Siddhartha: *Das Gen: Eine sehr persönliche Geschichte,* Frankfurt, S. Fischer 2017.

Pita, Juan: *Family Tree Notebook: 7-Generation Genealogy Charts, 127 Ancestor Data Sheets, Tips and Ideas for Further Family Research, Archive and DNA Logs, and a Dedicated Space for Family Stories,* Independently Published 2020.

Redmonds, George, et al.: *Surnames, DNA, and Family History,* OUP, Oxford 2015.

Ridley, Matt: *Alphabet des Lebens. Die Geschichte des menschlichen Genoms,* Berlin, Claassen 2000.

Smolenyak, Megan: *Who Do You Think You Are? The Essential Guide to Tracing Your Family History,* Viking 2009.

Sykes, Bryan: *Die sieben Töchter Evas,* Köln, Bastei Lübbe 2003.
Sykes, Bryan: *Blood of the Isles,* Corgi 2007.
Wilson, Ian: *Past Lives: Unlocking the Secrets of Our Ancestors,* Seven Dials 2001.

Persönliche Erfahrungsberichte und Selbsthilfe

Cooke, Ivan: *The Return of Arthur Conan Doyle,* White Eagle Publishing Trust 1980.
Estés, Clarissa Pinkola: *Die Wolfsfrau. Die Kraft der weiblichen Urinstinkte,* München, Heyne 1993.
Farmer, Dr. Steven D.: *Healing Ancestral Karma: Free Yourself from Unhealthy Family Patterns,* Hierophant Publishing 2014.
Foor, Daniel: *Ancestral Medicine: Rituals for Personal and Family Healing,* Bear & Company 2017.
Furlong, David: *Healing Your Ancestral Patterns: How to Access the Past to Heal the Present,* Atlanta Books 2014.
Hellinger, Bert, et al.: *Zweierlei Glück. Konzept und Praxis der systemischen Psychotherapie,* Goldmann 2002.
Linn, Denise: *Altars: Bringing Sacred Shrines into Your Everyday Life,* Rider Books 1998.
Linn, Denise: *Descendants. Tracking the Past … Healing the Future,* Rider Books 1998.
McAll, Kenneth: *Familienschuld und Heilung,* Salzburg, Otto Müller Verlag 1986.
O'Sullivan, Natalia, Graydon, Nicola: *The Ancestral Continuum. Unlock the Secrets of Who You Really Are,* Simon & Schuster 2013.
O'Sullivan, Terry und Natalia: *Soul Rescuers. A 21st Century Guide to the Spirit World,* Thorsons 2000.
Schützenberger, Anne Ancelin: *Oh, meine Ahnen! Wie das Leben unserer Vorfahren in uns wiederkehrt,* Heidelberg, Carl-Auer-Verlag 2001.
Wolynn, Mark: *Dieser Schmerz ist nicht meiner. Wie wir uns mit dem*

seelischen Erbe unserer Familie aussöhnen, München, Kösel Verlag 2017.

Tod und Sterben

Guggenheim, Bill und Judy: *Trost aus dem Jenseits. Unerwartete Begegnungen mit Verstorbenen,* Frankfurt, Fischer 2007.

Samuel, Julia: *Trauert! Geschichten über das Leben, den Tod und die Kraft zum Weiterleben,* Weinheim, Beltz 2018.

Sogyal Rinpoche: *Das tibetische Buch vom Leben und vom Sterben. Ein Schlüssel zum tieferen Verständnis von Leben und Tod,* München, Knaur 2010.

Warner, Felicity: *The Soul Midwives' Handbook. The Holistic & Spiritual Care of the Dying,* Hay House UK 2013.

Traditionelle Weisheiten

Black Elk (Schwarzer Hirsch), Neihardt, John G.: *Ich rufe mein Volk. Leben, Traum und Untergang der Ogalalla-Sioux,* Freiburg im Breisgau, Olten 1955.

Campbell, Joseph, Moyers, Bill: *Die Kraft der Mythen,* Mannheim, Artemis und Winkler 1994.

Dhyani Ywahoo: *Am Feuer der Weisheit. Lehren der Cherokee-Indianer,* Bielefeld, Theseus 2017.

Lambert, Johanna: *Weise Frauen aus der Traumzeit. Das geheime Wissen der Aborigines,* München, Droemer Knaur 2000.

Lawlor, Robert: *Am Anfang war der Traum. Die Kulturgeschichte der Aboriginis,* München, Droemer Knaur 1993.

McLuhan, T. C.: *The Message of Sacred Places. Cathedrals of the Spirit,* Thorsons 1996.

Mutwa, Vusamazulu Credo: *Song of the Stars. The Lore of a Zulu Shaman,* Barrytown Ltd 1996.

Mutwa, Vusamazulu Credo: *Indaba. Ein Medizinmann der Bantu erzählt die Geschichte seines Volkes,* München, Goldmann 1987.

Somé, Malidoma Patrice: *Die Weisheit Afrikas. Ritual, Natur und der Sinn des Lebens,* München, Diederichs 2001.

Die Nachwirkungen von Krieg

Levinson, Leila: *Gated Grief. The Daughter of a GI Concentration Camp Liberator Discovers a Legacy of Trauma,* Cable Publishing 2011.
Tremlett, Giles: *Ghosts of Spain. Travels Through a Country's Hidden Past,* Faber & Faber 2008.

Informationen für Psychotherapie

Therapeuten und Therapeutinnen, die in Bereichen tätig sind, die sich aus der psychodynamischen Herangehensweise entwickelt haben, tauchen häufig in die Vergangenheit ein. Transpersonale Therapeuten und Therapeutinnen beziehen auch einen spirituellen Aspekt in ihre Arbeit mit ein. Einige bieten ein erstes kostenloses Beratungsgespräch an, so kannst du herausfinden, ob sie richtig für dich sind. Familienaufstellungen gibt es als Einzelsessions oder Gruppenarbeit.

Websites zur Ahnenforschung

Wenn du mehr über deinen Stammbaum, deinen Ort oder deine Familie herausfinden willst, so bieten diese beiden Websites eine kostenlose Testversion an, um deinen Stammbaum zu erstellen, verloren geglaubte Familienmitglieder ausfindig zu machen oder dich mit ihrer Community auszutauschen.

www.ancestry.de
www.myheritage.de

Dank

Wir bedanken uns ganz besonders bei unserer Familie und unseren Freunden für ihr Engagement und ihre Ermutigung, durch die wir dieses Buch mit der Weisheit, Anmut und dem Mitgefühl vervollständigen konnten, die seinem Inhalt und seinem Zweck gebühren.

Alle Geschichten in diesem Buch stammen von unserer Familie, unseren Freunden und Kunden, die uns erlaubt haben, ihre persönlichen Berichte und das, was sie durch ihre Ahnenheilung gelernt haben, hierfür zu verwenden. Ohne die Menschen, die uns an ihrer heilenden Reise teilhaben ließen, würde es dieses Buch nicht geben. Wir sind zutiefst dankbar für ihre Großzügigkeit und das Vertrauen, mit dem sie uns ihre Geschichten erzählen lassen.

Unser Wissen und unser Verständnis für die Ahnenheilung rühren daher, dass wir uns mit unserem eigenen Ahnenerbe befassen und davon lernen.

Wir hatten das große Glück, Michelle Pilley kennenzulernen, die dem Beginn unserer schriftstellerischen Karriere mit *Soul Rescuers* beiwohnte. Es war uns eine Ehre und ein Vergnügen, bei diesem Buch ein weiteres Mal mit ihr zusammenzuarbeiten.

Außerdem danken wir Elaine O'Neill und Emily Arbis, unseren wunderbaren und großzügigen Verlegerinnen, die uns geduldig zur wahren Vision dieses Buches geführt haben. Vielen

Dank an das Hay-House-Team für die Unterstützung bei der Entstehung dieses Buches.

Weiterer Dank an alle Mitwirkenden

Ein ganz besonderer Dank geht an unsere Freunde und Mitwirkende, die uns mit ihrer Zeit, ihrem Rat und ihrer Großzügigkeit bei diesem Projekt zur Seite standen. Wir danken Mira Beattie, die uns mit ihrem Engagement und ihrer Kreativität unterstützt hat, damit dieses Buch ganz auf die Ziele unseres Schreibens konzentriert blieb. Ebenso danken wir Lisa Marraffa, die unser Exposé inspiriert hat.

Unseren lieben Freunden Julia Daniels, Philip Jones, Desi Kadra, Carla Santos und Mary Vanderhook danken wir für all die zusätzliche Unterstützung bei der Suche nach Quellen, Geschichten und redaktionellen Hinweisen.

Wir können uns glücklich schätzen, international mit so vielen fantastischen Menschen kommuniziert zu haben, die uns an ihren Erfahrungen mit ihren Ahnengeschichten teilhaben ließen, von denen viele hier zum ersten Mal erzählt werden. Diese Geschichten stellen das Herzstück des Buches dar, und auch jene, die wir nicht mit aufnehmen oder einbringen konnten, tragen zu seiner Lebendigkeit bei.

Alle Fehler oder Auslassungen sind allein uns zuzuschreiben.

Unser besonderer Dank geht an Janice Bailey, Olena Baker, Mira Beattie, Maria Bino, Laureen Bishop, Helena Boland, Lisa Bonnice, Jane Burns, Rosamund Burton, Julia Daniels, Anna Font, Atalanta Georgopoulos, Sera Golding, Lucia Hargasova, Desi Kadra, Ingeborg Hjelt Kamprud, Vos Kels, Louis and Joanna Kovacs, Amanda Lindsay, Jane Maunder, Kay Moseley, Bede O'Sullivan, Araly Padilla, Sarah Jane Pearson, Carla Santos,

Kristina Schreitel, Diana Scrimgeour, David Sye, Evelyne Valabregue, Liz Waldron, Rosemary Wanganeen, Angela Watkins, Laura Hayward White und Mark Wolynn.

Außerdem danken wir unseren Kindern Sequoia, Ossian und Bede für ihre einfühlsamen Vorschläge und ihre liebevolle Unterstützung, während wir an diesem Projekt gearbeitet haben. Wir sind allen drei für immer dankbar.

Zu guter Letzt danken wir unseren Eltern Patrick und Hazel O'Sullivan und Ferenc und Purita Kovacs Pando, ebenso wie allen Ahnen vor ihnen. Und wir danken allen O'Sullivans in Großbritannien und Irland, der Pando-Familie in Spanien und unserer geliebten Kovacs-Familie in Ungarn.

Kristine [illegible] Diana Scringeour, David Sye, Evelyne Vala-[illegible] [illegible] Angela W[illegible]

[illegible] and Mark [illegible]

[illegible]

Über die Autoren

Natalia und Terry O'Sullivan lernten sich bei einem Workshop zur Geistheilung kennen, den Terry als Schamane, Lehrer und berufenes spirituelles Medium leitete. Er hat die letzten 40 Jahre damit zugebracht, Kunden zu beraten und Studenten mehr über die spirituelle Welt beizubringen. Terry unterrichtet Menschen darin, wie sie sich mit ihren spirituellen und anzestralen Veranlagungen verbinden und sie mit ihrem Lebens- wie auch Arbeitsumfeld in Einklang bringen können, wodurch sich in ihrem Leben ein neues Gleichgewicht einstellt. Er verfügt über eine breite Erfahrung als Heiler in London und wird oft eingeladen, um mit Kunden und ihren Familien an der Heilung anzestraler und familiärer Einflüsse, die ihnen physische, emotionale oder psychologische Probleme bereiten, zu arbeiten.

Natalia O'Sullivan ist eine Naturheilerin, Medium und Autorin, die sich seit über 30 Jahren mit dem spirituellen und ganzheitlichen Gebiet befasst. Sie beherrscht unterschiedliche Methoden, von schamanischen Traditionen über Geistheilung bis hin zu Shiatsu, darunter auch Seelenrettung und Ahnenheilung, und wählt dafür einen modernen Ansatz. In ihren Heilsitzungen kombiniert sie altes Wissen und ganzheitliche Methoden mit modernem psychologischem Denken und Life-Coaching-Fähigkeiten, um vergangene negative Gefühle sowie physische und psychologische Leiden aufzulösen. Ihre Sessions, Vorträge und Workshops haben einen hellseherischen und psychologischen Ansatz. Natalias Arbeit als Ahnenheilerin erlaubt es den Verstorbenen, mit den Lebenden zu kommunizieren und ihnen bei Karriere, Beziehungen, Familienproblemen, allgemeinen gesundheitlichen Problemen, Trauer und psychischen Störungen wie Depression oder Angstzuständen zu helfen.

Zusammen haben sie die Soul Rescuers Foundation und die Sacred Healer Retreats gegründet – ein professionelles Lehrzentrum, das sich alter spiritueller Traditionen bedient. Außerdem haben sie ein Schulungsprogramm für praktizierende Seelenretter entwickelt, die sich auf heilige und anzestrale Heilermethoden sowie auf Seelen- und Landheilung spezialisiert haben.

Für weitere Informationen über Terry und Natalia O'Sullivans Soul-Rescuer-Workshops, Seminare und Retreats, oder um die Autoren zu ihrer Arbeit zu kontaktieren, kannst du ihnen an info@soulrescuers.co.uk schreiben oder auf ihre Website gehen: www.soulrescuers.co.uk.

Becki Rabin

Die Kraft des Manifestierens

Dein persönlicher Wunscherfüllungs-Coach für den Alltag

Wie wir mit der Kraft der Gedanken unser Leben gestalten

Gleiches zieht Gleiches an – das gilt auch für unsere Gedanken. Sie besitzen alle eine Energie, die entweder positive oder negative Dinge anzieht, welche sich dann in unserem Leben manifestieren. Die erfahrene Coachin und Speakerin Becki Rabin erklärt in ihrem Praxis-Guide, was hinter dem Gesetz der Anziehung steckt und wie wir das Potenzial des Manifestierens selbst nutzen können. Dank kreativer Übungen, leicht zugänglichen Takeaways und Gedanken-Experimenten kommen wir der Erfüllung unserer Wünsche immer näher …

KNAUR.LEBEN